하나님의 춤꾼이 되어

신 영 산문집

시와정신

시와정신 산문선 _012
하나님의 춤꾼이 되어

'하나님의 춤꾼이 되어' 일곱 번째 산문집을 준비하면서 | 006

1부

자유로운 영혼의 노래를 부르며 | 023
보스톤 '백조할매' 칠순을 축하드리며 | 026
멈추어야 할 때 나아가야 할 때 돌아봐야 할 때 | 029
꿈속에서라도 만나보고 싶은 얼굴 | 032
四가지 없는 사람 | 035
홀로서기 | 038
자기답게 살기 | 041
당신은 자석이다 | 044
나의 좌우명 | 047
그가 나를 단련하신 후에는 내가 순금 같이 되어 | 050
변하지 않기를 원한다면 스스로 조금씩 변화하라 | 053
사람과 사람 사이에 人間이 산다 | 056
평화를 원한다면 전쟁을 준비하라 | 059
인생의 세 갈래 길 | 062
지금 잠을 자면 꿈을 꾸지만 | 065
'상처'가 사명이다 | 068
길이 되어 그대의 길에서 | 071
'두나미스'의 권능과 '다이너마이트'의 힘 | 075
상담 심리학(counseling psychology) 공부를 하며 | 078
영적인 순발력 | 081
뉴욕을 선교 도시로 | 084
때를 얻든지 못 얻든지 | 087
대화의 원칙과 배려하기 | 090

시와정신 산문선 _012
하나님의 춤꾼이 되어

2부

MBTI(성격유형검사)를 마치고	095
한국외대 '경영대학원' 수강을	098
22년 만에 '나야가라 폭포'에 다녀와서	101
막내 아들 & 며느리 'Baby Shower'에 다녀와서	104
첫 손녀 Tessa의 할머니가 되어	107
〈노아의 방주〉 그리고 〈맘모스 동굴〉에 다녀와서	110
기림의 날, 2022년 일본군 '위안부' 피해자 기념식	113
'Porsche Cayenne Coupe'를 큰아들에게 선물받고	117
뉴욕에서 '상담 사역'이 시작되고	120
뉴욕 〈로고스 선교관〉 '상담실 개원' 감사예배를 드리며	123
세인트루이스 '평화의 마을'을 다녀와서	126
'전도사 고시'를 마치고 임명식에서	129
FM 87.7 뉴욕의 '라디오 방송'을 시작하며	132
작은 실천	135
때로는 백마디 말보다	138
신출내기 전도사의 고국 방문기	141
자연스러움이란	144
'니카라과 마사야 전도대회'에 참여하며	147
내가 돈을 어디에 쓰느냐에 따라 내 삶의 가치도	150
이런 사람과 만나라	153
남편의 2주기 기일을 보내고	156
인덕(人德)과 인덕(仁德)은 어디에서 오는가	159
손녀딸 '테사의 세살 생일'을 맞으며	162
"제13회 글로벌 자랑스러운 세계인 13인 대상" 특별상(언론미디어 부문)을 받고	166

시와정신 산문선 _012
하나님의 춤꾼이 되어

3부

미국 50주 중보기도 및 선포외침 전도미션 | 173
FM 87.7 〈신영의 파워인터뷰〉 | 176
상담학 박사과정을 시작하며 | 179
인천 〈참좋은우리교회〉 담임 '정 목사님 내외분'과 함께 | 182
미국 50주(USA) 선포외침전도 미션 '출판감사예배'에 다녀와서 | 185
제50차 한미연합 전국 10도 선포외침전도 순회전단 | 188
루틴 퍼포먼스 | 191
신영 선교사가 '만난 사람' | 194
쉼과 숨고르기 | 197
2023년 모국 청소년 초청 Summer Leadership Camp | 200
자유에는 책임이 따른다 | 203
가스라이팅(gaslighting) | 207
가정의 화목이 '하나님 나라'의 주춧돌 | 210
'카네기 홀(Carnegie Hall)'에서의 그녀와의 재회 | 213
신영 전도사의 미니 '로고떼라피(logotherapy)' | 216
'나비의 세상'에서 누리는 감사 | 219
그 누구보다 '나 자신'에게 진실하기를 | 222
제47차 선포외침 캘리포니아주 & 네바다주 전도를 다녀와서 | 225
300용사부흥단 정주갑 목사(대표 총재) 뉴욕에 '횃불' 들고 오다 | 228
나라와 민족을 위해 세계를 품는 "300용사 부흥단 '횃불기도회!'" | 231
제74주년 '6.25 한국전쟁 연합추모행사' 대회장으로 정주갑 목사 초청 설교 | 234
제 14회 두나미스 신학대학교(원) 졸업식에서 | 237
'최남단마라도교회' 300용사 부흥단 횃불 들고 다녀오다 | 240

시와정신 산문선 _012
하나님의 춤꾼이 되어

4부

사이판 〈태평양 교회(TaePyungYang Church)〉에도 "횃불"이 지펴지고 | 245
강남순종교회 '횃불기도회'에 참석하고 돌아와서 | 248
〈예수서원〉 고석희 목사님을 뵙고 오면서 | 251
〈300용사 부흥단〉 '뉴욕횃불기도회' 뉴욕 지부장 김영환 목사 | 254
'강도사(講道師, preacher) 고시'를 마치고 | 257
최 에스더 권사님을 생각하며 | 260
참좋은우리교회 담임이신 '정원석 목사님'을 뵙고서 | 263
『삶의 춤꾼이 되어』 여섯 번째 산문집 〈출판기념회〉를 마치고 | 266
전수영 목사(강남순종교회)와의 '만남의 축복'을 | 269
"제4회 두나미스 가족의 밤"에 참석하고 | 272
〈뉴욕선교센터(New York Mission Center)〉를 시작하면서 | 275
뉴욕 엘피스 장로교회 '영성 회복 기도집회'에 다녀와서 | 278
〈라디오코리아 뉴욕〉 '신영 선교사의 하늘스케치' 녹화를 마치고 와서 | 281
호성기 목사님을 모시고 '두나미스 신학수련회 및 영성집회'를 마치고 | 284
〈300용사 부흥단〉 제3차 필리핀 40여 개 지부 발대식을 마치고 | 287
GOODTV '러브쉐어' 방송 프로그램에 출연하고 | 290
파키스탄(Pakistan)에 다녀와서 | 293
허봉랑 선교사님 초청 뉴욕부흥성회 | 296
이에서 지나는 것은(마 5:33-37) | 299
그러므로 너희는 가서 | 302
찬양사역자 '이광선 전도사'를 만나며 | 305
300용사 부흥단 '창단 3주년 기념 감사예배'에 참석하고 | 308
홍콩 마카오까지 '횃불바람'이 불다 | 311
오승준 목사의 '영의 생각'으로 시작하는 왕의 오늘 | 314

자서

'하나님의 춤꾼이 되어'
일곱 번째 산문집을 준비하면서

지난해 2024년 12월 27일 남편 떠나보낸 빈자리 '환갑'을 자축하며 그동안 신문에 올렸던 칼럼 글들을 모아 '삶의 춤꾼이 되어'의 제목으로 여섯 번째 산문집을 출간했었다. 사실 두 권의 책 제목은 몇 년 전 사역을 시작하면서 정해 놓았지만, 사역에 열중하다 보니 책을 내는 것이 사치처럼 느껴져 미루고 말았었다. 지난 2018년 '자유로운 영혼의 노래를 부르며' 산문집을 내고 6년 만이었으며, 그 후부터 남편을 떠나보낸 2021년 3월까지의 이야기들이 담겨졌던 책이다.

그리고 이번에 준비하게 된 것은 2021년 후반부터 신학대학원 목회학 석사(M.Div) 공부를 시작하면서부터 목회상담학 박사과정(Doctor of Ministry in Pastoral Counseling)을 이수하는 중에 있다. 사역으로 〈뉴욕선교센터(NYMC)〉와 '라디오 설교방송 사역'과 '신문 문서사역'을 통해 나눴던 이야기들을 모은 것이다. 내년쯤 출간하려던 산문집 '하나님의 춤꾼이 되어'를 2025년 9월로 앞당겼다. 그 이유는 이번 가을에 '목사 안수'를 앞두고 있기에 하나님께 감사하는 마음으로 기도 중, 나의 사역의 많은 부분들이 들어 있고 사역을 함께 하는 동역자들과 나를 사랑하는 나의 가족들과 친구들 그리고 라디오 방송 청취자들과 신문 애독자들과 함께 나누고 싶었기 때문이다.

남편을 2021년도에 떠나보내고 지난 5년여 시간을 돌아보면 참으로 바삐 달려왔다. 공부하느라 바쁘게 보냈고, 사역하느라 바쁘게 보냈다. 생각해 보니 참 행복한 시간이었구나 싶다. 바쁘게 보냈던 시간이 내게는 은혜와 감사의 시간이다. 그렇지 않다면 많이 힘들었을 시간에 하나님은 나의 상황을 돌아볼 틈 없이 앞으로 또 앞으로 전진하기만을 바라고 재촉하셨던 것이다. 이제 조금 여유가 생긴다. '하나님의 섬세하고 세밀하고 완벽하신 그 손길을 느끼며 감사한 마음' 뿐이다.

'하나님의 춤꾼'으로 남의 눈치 살피지 않고 평안하게 살아간다. "너희 중에 누가 염려함으로 그 키를 한 자라도 더할 수 있겠느냐"(마 6:27) 우리는 경험했지 않은가. 내가 걱정한들 그 무엇하나 내 마음대로 되었던 것들이 몇이나 있었던가 말이다. 매일 기쁜 마음과 평안으로 어디에 얽매이지 않고 자유롭게 하나님께 나의 생각을 내어 드리고 들려주시는 음성으로 마음이 평안한 날이면 세상의 그 무엇과도 바꿀 수 없는 행복의 주인공이 바로 나인 것이다.

내게 불어닥친 갑작스런 환경에 당황스럽고 두렵기도 하고 무엇을 어떻게 해야 할지 모를 때를 한 번 정도는 경험하지 않았던가. 이것이 현실이 아니고 꿈이었으면 좋겠다고, 지금 서 있는 이 자리가 내 자리가 아니었으면 좋겠다고 말이다. 그러나 당장은 힘들어도 '이 또한 지나가리라'라는 말처럼 시간이 해결해 주는 것이다. 그러나 아플만큼 아프고 상처가 아물기까지는 혼자서 겪어야 할 몫임을 깨달아야 한다. 그 깨달음이 지혜가 되어 나의 삶에서 넉넉해지고 풍성해지는 감사를 배우는 것이다.

하나님의 말씀(성경)을 통해서 삶의 깊음을 깨닫는다. 어느 누구의 말보다도 말씀을 통해 깊은 묵상으로의 기도 시간은 '내게 주신 축복의 시간'이다. 그 누구에게도 제약받지 않으며 그 누구도 방해할 수 없는 소중한 시간이다. 이런 시간을 경험하면 복잡함의 세상 것에 얽매여 시끄럽게 이리저리 치우치는 일들이 줄어든다. 세상은 또 얼마나 혼돈스럽고 시끄러운가. 이럴 때일수록 나 한 사람이라도 나와 나의 가족들뿐만 아니라 주변의 이웃들과 사회 그리고 국가를 위해 기도해야 할 때이다.

2025년 가을 '목사 안수'를 받는다. 하나님의 길에서 바른 방향으로 푯대를 향해 나아가길 소망하며 기도한다. 내게 주신 소명을 따라 부르심에 순종하길 간절히 기도한다. 예수님의 제자로서, 자녀로서, 일꾼으로서, 용사로서, 군사로서 맡은 책임을 잘 완수하길 기도한다. 기도꾼, 전도꾼, 선교꾼, '하나님 나라 확장'을 위한 사역자로 제대로 바로 서서 나아가길 간절한 마음으로 기도한다. 부족한 나를 써주시는 하나님께 감사드리고, 나를 위해 기도해주시는 모든 분들께도 감사드린다. Hallelujah!! Praise the Lord!!

은혜와 감사의 시간들

자유로운 영혼의 노래를 부르며    꿈속에서라도 만나보고 싶은 얼굴

뉴욕 〈로고스선교관〉 '상담실 개원' 감사예배를 드리며

'Porsche Cayenne Coupe'를 큰아들에게 선물받고    FM 87.7 '라디오 방송'을 시작하며

남편의 2주기 기일을 보내고

FM 87.7 〈신영의 파워인터뷰〉    인천 〈참좋은우리교회〉 담임 '정 목사님 내외분'과 함께

미국 50주(USA)선포 외침전도 미션 '출판기념예배'에 다녀와서

제50차 한미연합 전국10도 선포외침전도단

제50차 한미연합 전국10도 선포외침전도단

2023년 모국청소년 초청 SummerLeaderdhip Camp

'카네기 홀(Carnegie Hall)'에서의 그녀와의 재회

제47차 선포외침 캘리포니아주 & 네바다주 전도

300용사 부흥단 정주갑 목사(대표총재) 뉴욕에 '횃불' 들고 오다

전문가칼럼·독자한마당   FRIDAY, JUNE 28, 2024

신영의 행복스케치

6·25 한국전쟁 제74주년 상기예배 및 연합추모행사

6·25 한국전쟁 제74주년 상기 예배 및 연합추모행사가 남가주한인목사회(회장 이현욱 목사)와 남가주한인여성목사회(회장 서사라 목사) 공동 주관으로 6월 23일 오후 4시 LA에 있는 주향교회(담임 김신 목사, 3412 W. 4 St)에서 열렸다. 주최측은 대회장으로 (300용사 부흥단) 대표총재 정주갑 목사, 부대회장으로 미스바구국기도운동본부 대표 박영은 목사를 초청했다. 이 자리에는 300여 명이 참석했다.

신영
《칼럼니스트·상담사역자》

6·25 한국전쟁 제74주년 상기 예배 및 연합추모행사가 남가주한 인목사회(회장 이현욱 목사)와 남가주한인여성목사회(회장 서사라 목사) 공동 주관으로 6월 23일 오후 4시 LA에 있는 주향교회(담임 김신 목사, 3412 W. 4 St)에서 열렸다.

이번 제74주년 상기 예배 및 연합추모행사 대회장으로 (300용사 부흥단) 대표총재 정주갑 목사, 부대회장으로 미스바구국기도운동본부 대표 박영은 목사를 초청했다. 이 자리에는 300여 명이 참석했다.

이날 (300용사 부흥단) 대표총재 정주갑 목사는 성경 출 14:10-14를 바탕으로 "우리를 위해 싸우시는 하나님"이라는 제목으로 말씀을 전했다.

정주갑 목사는 "죽은 자도 살리는 하나님, 천지만물을 창조하시고 생사화복을 주관하시는 하나님, 나의 마음 내 지식 나의 상식으로 살고 있지는 않은지 생각해 봅니다. 우리를 위해서 싸우시는 하나님, 우리가 살고 있는 지금 이 시대에 전쟁이 얼마나 많은지 모릅니다. 전쟁은 총성을 울고 하는 전쟁도 있겠지만, 국가와 국가의 전쟁, 부부끼리의 전쟁, 부모와 자식과의 전쟁, 직장에서의 상사와

이 자리에서 (300용사 부흥단)의 홍보위원장 신영 선교사(왼쪽)에서 두번째가 영 김 연방하원의원으로부터 표창장을 받았다.

부하직원과의 전쟁 등. 그러나 우리가 이기고 지는 것은 '하나님 손에 있다'라는 것을 잊지 마시기 바랍니다."라고 담부했다.

정주갑 목사는 이어 "다윗도 그랬거니와, 모세도 대한가지로 하나님의 오른손을 잡은 순간에 내리친 패배라는 하나님 말씀 속에서 볼 수 있습니다. 이스라엘 백성에게 반복해서 가르쳐 주신 말씀처럼 죽은 자도 살리시는 하나님, 천지만물을 창조하신 하나님을 우리는 믿고 순종해야 합니다. 조국을 떠나서 사시는 이민자 분들의 노고와 함께 하나님의 말씀에 순종하며 사는 분들을 존경합니다. 특별히 참전용사 한분 한분의 헌신이 우리의 자유와 평화, 번영의 기반이 되었습니다. 그리움과 슬픔을 자긍심으로 견뎌온 유가족 여러분들께 깊은 존경과 위로의 말씀을 전하며, 전우를 애타게 기다려온 생존 참전유공자분들에도 경의를 표합니다."고 말했다.

정목사는 이어 "(300용사부흥단)을 하나님께서 제게 맡겨 주셨습니다. 하나님께서 미국에 대한 큰 그림을 그려 주셨습니다. 우리는 미국에 많은 도움을 받았습니다. 미국 선교사님들이 와서 우리나라에 복음을 전해주지 않았습니까. 코로나 기간 동안 하나님께서 제게 주신 말씀은 미국이 다 죽어 가니 미국을 살려라는 그 마음을 주셨습니다. 미국이 그 첫걸도 정신을 잊지 말고 우리 뉴욕에 온 이유와 마나는 '복음의 빛'을 갚으려 왔다는 것입니다. 그리고 미국의 영적 토양을 갚아왔으로, 하나님을 그냥 알리는 정도가 아니라 타버진 영적 토양을 옥토로 만들고 명령을 받았습니다. 우리를 위해서 싸우시는 하나님이 우리를 도구로 사용해주시는 것을 깨닫고, 미국의 선교사님들이 우리에게 복음을 전해주었던 것처럼, (300용사 부흥단)을 통해 미국을 다시 갚아엎는 복음의 불을 타오르게 기도합니다."라고 외쳤다.

위트캅여성합창단(지휘/김상기반주 윤은정) 주 하나님 지으신 모든 세계' 를 찬양한 후 부대회장 박영은 목사(미스바 구국기도운동본부 대표)의 추모사가 이어졌다.

박영은 목사는 "올해는 6·25 한국전쟁 발발 제74주년이 되는 해입니다. 6·25 한국전쟁은 1950년 6월 25일 주일 새벽 3시에 북한은 사전 계획에 따라 북도선 전역에 걸쳐 대한민국을 선전포고 없이 가슴 남침하여 발발한 전쟁입니다. 1953년 7월 27일 정전협정이 체결되기까지 3년 1개월간 치열한 전투가 이어졌습니다. 대한민국은 그 어려운 시기를 잘 극복하여 세계 10위의 경제대국으로 성장하였으며, 자유민주주의 아름다운 꽃을 피우고 있습니다."라고 말했다.

박목사는 이어 "6·25 한국전쟁의 중요한 축을 이뤘던 것은 바로 한미동맹입니다. 한미동맹은 전쟁의 한복판에서 시작됐습니다. 군건한 한미동맹은 이제 한반도를 넘어 세계평화에 기여할 수 있는 전략적 파트너로 발전했습니다. 남가주한인목사회와 남가주한인여성목사회 공동주관으로 열린 이번 6·25 한국전쟁 제74주년 상기 예배 및 연합추모행사를 통해 나라를 위해 희생하고 헌신한 호국영령과 참전 유공자들의 명예를 선양하는 계기가 되길 바라는 데 큰 간절합니다."고 말하며, "6·25 전쟁의 평화협정, 즉 종전 및 강화 조약이 아직 체결되지 않은 상태입니다. 따라서 명복상이든 아직도 끝나지 않은 전쟁이라는 것을 우리는 한시도 잊어서는 안될 것입니다. 철저한 대비태세를 통해 우리의 조국 대한민국을 군건히 지켜 나갈 수 있게 되길 바라는 마음이 간절합니다."라고 고 말했다.

이 자리에서 (300용사 부흥단)의 홍보위원장 신영 선교사는 영 김 연방하원의원으로부터 표창장을 받았다.

제74주년 '6.25 한국전쟁 연합추모행사' 대회장으로 정주갑 목사 초청 설교

제14회 두나미스 신학대학교(원) 졸업식에서

사이판 〈태평양교회(Taepyungyang Church)〉에도 "횃불"이 지펴지고

강남순종교회 '햇불기도회'에 참석하고 돌아와서   〈예수서원〉 고석희 목사님을 뵙고 오면서

『삶의 춤꾼이 되어』 여섯 번째 산문집 〈출판기념회〉를 마치고

전수영 목사(강남순종교회)와의 '만남의 축복'을   뉴욕선교센터(New York Mission Center)를 시작하면서

〈라디오코리아 뉴욕〉 '신영 선교사의 하늘스케치' 녹화를 마치고 와서   그러므로 너희는 가서

GOODTV '러브쉐어' 방송 프로그램에 출연하고

300용사 부흥단 '창단 3주년 기념감사예배'에 참석하고

나라와 민족을 위해 세계를 품는 "300용사 부흥단 '횃불기도회'"

1부

자유로운 영혼의 노래를 부르며

 운명이라는 것에 내 삶을 걸고 싶지 않았다. 운명에 모든 걸 건다는 것은 삶에 자신 없는 이들이 자신의 게으름을 합리화하고 빙자한 못난 이름표 같았다. 적어도 나는 그렇게 살고 싶지 않았다. 삶의 길목마다 만나는 크고 작은 일들 앞에서 선택해야 하는 갈림길에서 그 누구의 선택이 아닌 바로 나 자신이 선택하는 것이라 생각하며 살았다. 늘 세 아이에게도 삶에서 특별하지 않은 일상의 소소한 일들을 통해 엄마의 경험과 이해를 토대로 그렇게 얘기를 해주었다. 어떤 상황에 처하더라도 귀는 있어 듣되 사람에게는 생각과 감정과 의지가 있기에 스스로 깊이 생각하고 선택하고 결정하라고 말이다.

 하지만 그것마저도 생각일 뿐 지금에 와 가만히 생각하면 운명은 이미 내 눈으로 감지할 수 없는 프리즘을 통해 와 있었음을 이제야 조금씩 깨달아 가고 있다. 그것은 세상에 대해 아니 젊음에 대해 아직은 자신이 있었는지도 모를 일이다. 거울을 볼 때마다 거울 속 여자는 여전히 늙지 않을 거라고 그렇게 믿고 자고 일어나면 언제나처럼 최면을 걸고 있었는지도 모른다. 어느 날 문득 거울 속 여자에게서 하나둘 늘어나는 흰 머리카락을 눈으로 보고 확인하고 인지하면서 순간 깜짝 놀라고 말았다. 늙지 않을 거라고, 운명이란 존재하지 않는다고 생각했던 교만이 무너지는 순간이었다.

이 세상에 존재하는 것들의 특성은 자신이 준비하지 않은 뜻밖의 시간과 공간에 부딪혀 깨져야 자신의 존재를 알게 된다는 생각이다. 거울 속에 비친 모습에 사로잡혀 착각을 사는 것뿐이다. 진정한 자신을 발견하지 못한 어리석음인 까닭이다. 사람들은 각자의 삶을 통해 다른 사람의 삶을 이렇다저렇다 말하기 좋아한다. 그것은 너무도 작고 초라한 자신의 삶의 일부분일 뿐인데 코끼리 허벅지를 만지고 다 보았다고 말하는 이치와 무엇이 다를까. 그저 삶은 말이 아니라 머리로 살든 몸으로 살든 가슴으로 살든 사는 것이다. 결국, 자신이 경험한 만큼이 자신의 삶이고 인생일 뿐이다.

내 어머니가 그랬고 내 할머니가 그랬을 그 인생은 뭐 그리 거창할 것도 그렇다고 또 초라할 것도 없다. 다만, 내게 주어진 삶에 주저하지 말고 당당하게 맞서 한 번쯤은 내게 허락된 운명과 대면할 줄 아는 한 번뿐인 삶에서 자신이 주체가 되는 멋진 삶이면 좋겠다. 다른 사람의 눈치나 처해진 환경을 미끼로 자신을 자책하거나 주눅이 들지 않는 존재 가치로 이미 충분한 누림의 삶이면 좋겠다. 바로 여기에서 지금을 충분히 사는 삶 그래서 지난 과거의 기억에 사로잡혀 살거나 아직 오지 않은 미래에 대한 불안으로 묶여 오늘을 잃지 않는 삶이면 좋겠다.

이 세상에 존재하는 모든 것들은 귀하다. 하지만 나 아닌 다른 것의 존재 가치를 인정하기 싫고 하지 않아 문제의 발단이 시작되는 것이다. 지금 여기에서 나로 충분히 살 수 있을 때만이 훗날 인생의 황혼길을 걸을 때 아쉬움이나 후회가 적지 않을까 싶다. 이 세상에는 노력 없이 얻어지는 것은 단 하나도 없다. 생명의 존귀함은 해산의 고통이 있었기에 가능한 것이다. 우리의 삶에서도 크든 작든 아픔과 고통과 기다림의 시간 없이 무엇을 얻을 수 있겠으며 쉬이 얻은들 그 기쁨이나 행복이 오래갈까 말이다. 내가 인정받고 싶으면 먼저 다른 것들의 존재를 인정하는 것이 지혜인 까닭이다.

　나 자신이 그 누구보다도 자신을 인정하고 사랑할 때만이 자유로운 나를 만날 것이다. 제아무리 생각으로 마음으로 주문을 외우듯 난 잘 살고 있다고 한들 무슨 의미가 있을까. 삶은 생각이 아닌 지금 여기를 사는 것이다. 이 너른 세상에서 자신의 작은 존재가 얼마나 귀하고 값진 것인지 생각하면 창조주에 대한 감사가 절로 오른다. 저 바닷가의 백사장에 반짝이는 작은 모래알 하나가 저 높은 산에 구르는 작은 돌멩이 하나가 그리고 저 하늘의 해와 달과 별들의 의미가 새롭게 다가오는 것이다. 눈에 보이지 않지만, 존재하는 아주 작은 미물들에게까지도 말이다.

　하늘이 내게 주신 낙천지명(樂天知命)의 삶의 노래를 부를 때만이 무한한 창조주에 대한 감사와 유한한 피조물인 나 자신의 존재를 알아차리고 인정하는 혜안이 열리는 까닭이다. 마음의 눈이 열릴 때만이 나의 존재 가치를 인정할 수 있고 그럴 때만이 온 우주 만물에 존재하는 생명에 대한 존귀함을 깨닫게 되는 것이다. 참으로 아름답지 않은가. 이 세상에 존재하는 수많은 것들 중에 내가 지금 여기에서 살아 숨 쉬고 있다는 사실 하나만으로도 이미 충분히 감사하지 않은가. 이처럼 나 아닌 또 다른 존재를 안 까닭에 사랑하지 않을 수 없고 행복하지 않을 수 없는 존재의 이유가 되었다.

보스톤 '백조할매' 칠순을 축하드리며

　평생을 '어린아이'처럼 사는 '보스톤 백조할매' 유정심 권사는 2021년 5월 5일 어린이날에 '칠순'을 맞았다. 플로리다로 이사를 한 언니 유영심 장로를 비롯 한미노인회(회장 윤철호)와 상록회(회장 이기환) 그리고 한인회장 서영애(한미노인회 총무) 씨를 비롯해 30여 명의 축하객들이 모였다. 한 열흘 전부터 준비한 '서프라이즈 칠순 잔치'였다. 유정심 권사와 가깝게 지내는 지인 몇이 의논을 하여 오늘과 같은 즐겁고 행복한 시간을 마련하게 되었다. 비 오는 오월의 수목들이 참으로 싱그러운 날 '보스톤 백조할매'의 칠순 잔치는 멋지고 아름다웠다.

　언제 어느 곳에서나 활달한 성격에 곁에 있는 이들을 즐겁고 활기차게 만들어주는 남·녀·노·소를 따질 필요도 없이 모두에게 재밌고 편안한 친구이다. 지난 12월에 가깝게 지내는 지인 집에서 플로리다에서 오신 유 장로님을 뵙고 인사하고자 들렀다가 유 권사님을 만났었다. 모두가 코비드 상황이니 조심을 하며 인사를 나누고 헤어졌었다. 그렇게 그분의 얼굴을 뵌 지 4~5개월이 다 되었다. 몇 달 전 건강검진을 하시다가 대장암을 발견했다는 소식을 들었다. 곁에 가깝게 지내던 지인들이 모두 놀랍고 황당한 일을 겪은 것이다.

　재주가 많으신 유 권사님은 몇 년 전에는 보스턴라이프스토리에 '삶의 이야기'를 기고하며 많은 이들에게 사랑을 받았다. 또한, 그림은 어찌 그리도 잘 그리는지 보스턴 지역 어른들 모임 카톡방에 삶의 이야기와 그림을 올리며 많은 이들에게 기쁨과 행복을 선사하고 있다. 어디 그뿐일까. 대장암을 마주한 환자로서 많이 힘겨움으로 있을 텐데도 매일 '병상 일기'를 올리고 있어 많은 이들에게 감동을 주고 희망을 주고 있다. 하나님의 자녀로서 꿋꿋하고 의연하게 병과 마주하며 이겨내는 모습에 참으로 감사하다.

　패션 감각이 유독 남다른 모습의 유 권사님은 오늘 칠순 날에는 보라색으로 차려입고 보라색 모자까지 써 화사한 오월의 주인공으로 있었다. 다른 사람들에게 배려하는 분이라 곁에 친구들이 참 많다. 그만큼 나 자신보다는 남을 위해 봉사하길 좋아하고 작은 일에도 실천하며 사는 분이다. 특별히 어른들께 따뜻하게 대하고 손수 음식이든 선물이든 챙기는 편이다. 해마다 음식을 손수 만들어 어른들을 모시기도 하고, 동생들을 불러 편안하게 먹고 재밌게 이야기를 나눌 수 있는 공간을 마련해주는 그런 편안한 사람이다.

　몸이 아픈 것도 아픈 것이지만, 가슴이 아픈 것은 이번 칠순에 플로리다에 사는 언니와 LA에 사는 남동생이 축하해주러 왔지만, 정작 보고 싶은 90이 훌쩍 넘으신 아버지께는 아프다는 말씀도 드리지 못했다는 것이다. 어머니를 먼저 보내신 아버지를 뵈러 해마다 한 번씩 인사를 다녀오곤 했었는데, 곁에서 바라보는 지인들의 가슴도 많이 아프기만 하다. 우리네 삶이 마음 먹은 대로 되지 않음을 알지만, 이 어려운 시기를 잘 이겨내고 다시 환한 웃음으로 곁의 친구들과 지인들에게 '웃음 선물'이 끊이지 않기를 기도한다.

어른들 단체 카톡 방에 '병상 일기'와 '재밌는 이야기'들을 옮겨 올려주시기도 하는데, 참으로 대단한 분이라는 생각을 한다. 내 몸이 이렇게 아픈데 이런 글들을 쓸 수 있으며, 그림을 그릴 수 있으며 재밌는 이야기들을 옮겨 올릴 수 있다는 것이 그저 사람의 생각으로만이 아니라는 생각을 했다. 내 몸이 아프면 원망도 있을 것이고 화도 치밀어 오를 처지에 있지 않겠는가. 그러나 정말 그토록 하나님을 고백하고 찬양하며 말씀을 나누던 유 권사님의 모습을 떠올리며, 바로 이것이 예수를 믿는 믿음이라는 생각을 거듭했다.

오늘 '보스톤 백조할매' 유정심 권사님의 칠순 잔치에 다녀오며 많은 생각들이 오버랩되었다. 하나님을 믿는 믿음에 대해서 그리고 신앙에 대해서 나는 지금 어디쯤에 서 있는가. 이렇게 집으로 돌아오는 길 나 자신에게 물어보았다. 내가 무엇이든 편안할 때는 별문제가 없다. 나의 삶이 버겁다고 느낄 때, 내가 힘들고 어려울 때, 그때의 나의 믿음이 신앙이 어디쯤에 있는지 묻는다면 제일 순수하고 진실하지 않을까 싶다. 유정심 권사님의 칠순을 진심으로 축하드리며, 아픈 가운데에서의 '신앙고백과 믿음'에 감사드린다.

멈추어야 할 때 나아가야 할 때 돌아봐야 할 때

저자는 인간을 지구를 여행하는 나그네라고 부른다. 때문에 우리가 이곳을 여행할 기회는 단 한 번뿐이다. 여행에서 중요한 것은 장비도, 동반자도, 목적지도 아니다. 단지 즐거운 마음가짐 하나면 된다. 이러한 마음가짐은 가벼운 정신과 성실한 태도에서 시작된다고 보고, 적당히 여유 있는 마음가짐을 가질 때 경쾌한 인생을 살 수 있다고 말한다. 이것이 이 책의 철학이자 믿음이다. 때로는 멈추고, 때로는 나아가고, 때로는 돌아보는 인생을 통해서 가장 행복한 지구 여행자가 될 것을 권하고 있다.

『멈추어야 할 때 나아가야 할 때 돌아봐야 할 때』는 얽히고설킨 인생의 매듭을 풀고 피곤하지 않게 사는 방법을 소박한 스토리와 담백한 인생철학, 그리고 다양한 전문적 지식을 융합해 입체적으로 풀어낸다. 저자는 집 앞에 피고 지는 꽃을 감상하는 것, 하늘에 떠 있는 구름을 따라 걸어보는 것 등 느리게, 단순하게, 여유로운 마음을 가져보라 말하며 화려하고 사치스러운 성공 일색의 인생 노선을 내려놓기를 제안한다.

일상의 평범한 이야기들이다. 내게도 일어났고 일어날 그리고 일어나는 일 말이다. 삶에서의 특별함이란 이처럼 평범한 일상이리라.

그러나 우리는 마음에서 남들은 매일 특별한 일을 하는 것 같은데, 나만 너무도 밋밋한 하루를 맞고 있다고 생각하며 자책하거나, 부러워하는 것이 아닐까 싶다. 오늘 살아있다는 그 사실 하나만으로도 우리는 아주 특별한 일상의 주인공들이다. '호'~ 하고 토해낸 숨을 '흡'~ 하고 들어마시고 뱉어내지 못한다면 어찌 저 파란 하늘을 볼 수 있겠으며, 솔솔한 바람을 맞을 수 있겠는가.

책의 저자 쑤쑤[素素]는 베스트셀러 작가, 마음의 멘토. 높은 연봉의 직장을 그만두고 베이징 시샨[西山]에서 은거에 가까운 생활을 하며 마음의 성장과 심리 치유, 힐링에 관한 글을 전문적으로 쓰고 있다. 가벼우면서도 부드럽게 톡톡 튀는 문체로 다양한 연령, 다양한 국가의 독자를 매료시킨 그녀의 두 번째 작품이 또다시 한국에 선을 보인다. 대표 저서로는 『인생을 바르게 보는 법 놓아주는 법 내려놓는 법[治愈系心理學]』, 『인생, 너무 진지할 필요는 없어[人生何必太較眞]』 등이 있다.

책 안의 제목들을 나누고 싶다. 혹여 이 가을 시간이 허락된다면 가볍게 편안하게 읽어보시면 좋겠다는 생각에서 나누는 것이다. 책의 Prologue "우리는 모두 지구 여행자이다" 참으로 마음에 와 닿았다. 첫 번째 Chapter에서 "삶이 피곤한 게 아니라 마음이 피곤한 것이다" 현대인이 피곤하게 사는 이유는 할 일이 많아서가 아니라 생각할 일이 많기 때문이다. 이때 우리가 스스로 생각의 주인이 될 수 있다면 꿈에서처럼 마음껏 날아다닐 수 있을뿐더러 피곤해지지 않을 것이다. 꿈이 실현되는 즐거움만 느끼고 꿈이 깨지는 고통은 느끼지 않을 것이다.

Chapter 1 삶이 피곤한 게 아니라 마음이 피곤한 것이다, Chapter 2 마음속 빈 곳을 채우고, 밝은 빛으로 나아가다, Chapter 3 마음을 열면 행복하고, 마음을 닫으면 불행하다, Chapter 4 느리게 더 느리게, 삶의 향기를 맡다, Chapter 5 단순한 삶이 가장 근사하다, Chapter 6 돈과 명예는 자유로워지기 위한 수단에 불과하다, Chapter 7 인생… 챕터 제목들이 편안하고 단순해 현대를 사는 우리들의 바쁜 마음을, 빠른 걸음을 잠시 멈추게 해주는 것이다. 그렇다, 우리는 생각이 너무 많아 피곤해지는 것이다.

단순한 삶이 가장 근사하다. '빼기'는 이미 하나의 인생철학으로 자리 잡았다. 그런데도 현대인은 쉽게 걸음을 멈추지 못한다. 그러나 '더하기'를 통해 Good도 얻고 Better도 얻지만, Best가 어디 있는지 찾지 못한다. 빼기의 생각 전환을 통해 삶을 단순화해보는 건 어떨까? 물질 생활에 대한 인간의 요구가 줄어들면 정신생활의 자유로움은 좀 더 커질 것이다. 빼기는 삶을 단순화하여 우리를 행복한 미래로 이끈다. 편안하고 마음에 와닿았던 책이라 이 가을 함께 나누고 싶어 책 이야기를 옮겨보았다.

꿈속에서라도 만나보고 싶은 얼굴

　이별은 참 슬프다. 사별은 참으로 고통스럽다. 훌쩍 떠난 빈자리에 꿈인가 싶어 정신을 모아보면 현실인 것에 가슴이 먹먹해 온다. 가끔 찾아오는 명치 끝 그리움에 몇 날을 몸 앓이한다. 남편이 우리 가족인 세 아이와 아내인 내 곁을 떠난 지 벌써 6개월이 지났다. 유난히 아이들을 예뻐하던 아빠를 떠나보내고 세 아이를 보며 엄마가 무너지면 안 되겠다 싶어 정신줄을 놓지 않으려고 애쓰다 보니 훌쩍 6개월을 보냈다. 저녁이면 자동차에서 내려 계단을 올라 현관문을 활짝 열고 신발을 벗으며 웃음 띤 얼굴로 들어올 것만 같다.

　남편의 묘지(Cemetry)는 집에서 걸어서 45분 자동차로는 7분 정도 걸린다. 비가 오는 날에는 자동차로 찾아가지만, 보통 날에는 걸어서 45분 도착해서 얘기를 나누고 30분 정도 세메터리 주변을 돌다가 다시 집으로 오면 45분이 걸린다. 그렇게 걷고 오면 딱 2시간이 걸린다. 마음을 가라앉힐 수 있는 시간이며 머리도 맑게 해줄 수 있는 시간이라 참 좋다. 감사한 것은 남편과 마주하고 이런저런 이야기를 하다 보면 마음이 평안해진다. 그것은 내 마음대로 할 수 없는 하나님이 주신 어려움 속에서의 연단이리라.

　아빠를 떠나보내고 아이들은 한 번씩 아빠 꿈을 꾸었다고 말해온다. 딸아이는 20대 초반의 아빠 얼굴로 만났다고 하고, 아들아이도 아빠를 만났다고 한다. 남편이 정말 보고 싶은데, 내 꿈에서는 한 번도 얼굴을 보여주지 않는 것이다. 꿈속에서라도 만나보고 싶은 얼굴 너무도 보고 싶고 사랑하는 남편을 꼭 만나보고 싶었다. 그러다가 알라스카 크루즈 여행 중 망망대해에서 하룻밤에 꿈에서 나타난 것이다. 너무도 반가워서 등을 몇 번이고 만지고 쓰다듬으며 내 남편이 맞다고 또 맞는다고 반복해 토해냈다.

꿈속에서였지만, 저쪽 편에 한 사람이 함께 와 있었다. 그러나 나와 함께 꼭 포옹을 하고 있었지만, 금방 떠나야 한다는 것이다. 나는 너무 다급한 마음에 그럼 전화번호라도 주고 가라고 그냥 가면 어떡하냐고 반문을 했다. 뭐라 뭐라 일러준 숫자는 정확히 생각이 나지 않았다. 다만 이 사람이 급하게 떠나며 크리스(큰아들)에게 번호를 주었다며 걱정하지 말라는 말만 남기고 떠났다. 아침에 눈을 뜨고 어젯밤 꿈을 생각하니 마음이 가라앉고 가슴이 먹먹했다. 순간 명치 끝 짙은 그리움이 뭉클뭉클거리기 시작했다.

그렇게 떠났던 여행 스케줄을 마치고 집에 도착했다. 큰아들이 여행은 즐거웠느냐고 묻는다. 좋았다고 답을 해주었다. 그리고 꿈 얘기를 나누었다. 아빠가 네게 전화번호를 주었으니 알 거라고 하시더라고 말이다. 함께 이야기를 주고받다가 서로 말이 없었다. 잠시 아빠를 생각하고, 남편을 떠올렸던 시간인 것이다. 이런저런 일주일간의 이야기를 다시 주고받았다. 그러던 중 큰아들이 콘도를 하나 보려고 계획 중이라고 엄마한테 말해준다. 그 얘기를 듣던 중 아빠가 네가 알 거라던 것이 바로 이것이었던 모양이라고.

큰아들과 엄마는 그 이야기를 마친 날 며칠 후부터 보스턴 시내의 몇 군데 콘도를 보기 시작했다. 떠나기 전부터 하나님께 욕심이 앞서지 않게 해주시고 지혜를 달라고 기도를 했다. 이 아이에게 꼭 필요한 곳과 인연이 되게 해달라고 말이다. 그러면서 남편에게도 부탁을 했다. 세 아이와 나와 함께 늘 동행해달라고 어느 것의 결정이 필요한 시간에 꼭 곁에 있어 달라고 말이다. 네다섯 곳을 돌아보며 마음에 드는 곳이 두 군데 있었다. 그렇지만 인연이 아니었는지 이어지지는 않았다.

그리고 3주 후 보스턴 시내의 콘도 두 곳을 다시 보게 되었다. 두 군데를 놓고 결정하기로 했다. 이번에는 딸아이도 함께 움직이게 되어 아들과 엄마와 셋이 움직이게 되었다. 또 간절한 마음으로 하나님께 기도했다. 올바른 선택을 할 수 있도록 지혜를 허락해달라고 말이다. 셋이서 서로의 의견을 내어놓으며 하룻밤을 고민하다가 그 다음날에 오퍼를 넣었고 사게 되었다. 큰아들이 자신의 집을 마련하는 것인데, 엄마의 결정을 많이 존중해줘서 고마웠다. 엄마, 아빠도 우리와 같은 의견과 선택과 결정을 했을 것 같다고 말이다.

四가지 없는 사람

  仁義禮智(인의예지)는 유학에서, 사람이 마땅히 갖추어야 할 네 가지의 성품(덕목)이라고 일컬었다. 곧 어질고, 의롭고, 바르고, 지혜로움을 말한다. 인(仁)은 사람을 사랑하는 마음이며, 남을 불쌍히 여기는 마음, 곤경에 처한 사람을 측은하게 여기는 마음이다. 의(義)는 의롭지 못한 일을 보면 부끄러워하고 분노하는 마음이며, 불의를 부끄러워하는 마음이다. 예(禮)는 남을 공경하고 사양하고 양보할 줄 아는 마음이다. 지(智)는 옳고 그름을 분별하는 마음이며, 학문 연구에서 진리를 밝히는 마음이다.

  우리는 바쁜 현대생활 속 각자의 자리에서 최선을 다하며 산다. 그러나 때로는 때와 장소를 구분 짓지 못하고 눈살을 찌푸리게 할 만큼 예절(매너) 없는 행동을 보기도 한다. 물론, 각자의 안경의 색깔에 따라, 어느 각도로 보는가에 따라 다르기는 할 테지만 말이다. 이렇듯 삶에서 仁義禮智(인의예지)의 덕목인 四(사)가지 없는 사람을 '싸가지 없는 x'라고 한다는 것이다. 들을 때는 그저 웃으며 듣고 말았는데, 가만히 생각해보니 정말 옳은 말이라는 생각을 해봤다. 요즘의 젊은 이들은 이를 보고 꼰대라고 할지도 모를 일이다.

  나 역시도 어려서 어른들의 채근에는 겉으로는 아니지만, 속으로는 불편한 마음을 갖곤 했었다. 요즘 커피 잔의 꽃분홍의 화려한 꽃 그림이 좋고, 유행가 가사가 삶의 한 부분인 듯싶은 것을 보니 어쩔 수 없는 나이가 된 모양이다. 제아무리 단발머리를 하고 짧은 청치마를 입었어도 흐르는 세월에 어찌 나만 한자리에 있을 수 있겠는가. 삶에서 제일 현명하고 지혜로운 것은 그것이 바람이든, 구름이든, 시간이든, 세월이든 흐르는 것에 나를 맡길 수 있는 용기라는 생각을 해본다. 그 흐르는 속에서 누림이라면 좋을 일이다.

이 仁義禮智(인의예지)가 어찌 유학에만 국한되겠는가. 불교의 가르침이나 경전 그리고 기독교의 성경에서 익히 다 듣던 내용이다. 시간과 공간 속에 세월이 흘렀다고 본질이 달라지지는 않는다. 다만, 그 세월의 흐름 속에 현대를 사는 젊은이들에게 다그치듯 몰아세우지는 말아야겠다는 생각이다. '싸가지 없는 사람'이 어찌 나이를 구분 지을 수 있겠는가. 연로하신 어른의 仁義禮智(인의예지) 四가지 없는 사람은 뭐라고 일컬을 것인가. 물은 언제나 위에서 아래로 흐른다. 누구를 가르치려 하지 말고 삶을 실천하면 될 일이다.

삶에서 노릇하기란 쉽지 않다. 부모 노릇, 자식 노릇, 선생 노릇, 제자 노릇, 목사 노릇, 성도 노릇, 스님 노릇, 불자 노릇 등. 이 모두가 어려운 자리이다. 그러나 그 누구 하나 이 자리를 비껴갈 수 있었겠는가. 누구의 자식이었으며 또다시 누구의 부모가 되는 일 말이다. 그러니 누구를 탓하기보다는 태어난 나의 기질대로 최선의 노력의 삶이면 좋겠다는 생각이다. 자신 본연의 일에 열중하다 보면 최고의 자리에 앉게 되니, 자연스럽게 그 자리가 그렇게 보여지지 않겠는가. 그렇지 않은 사람의 눈으로 보면 '싸가지 없는 x'.

요즘은 미국이든 한국이든 온 세계가 SNS로 스몰 월드 지구촌이 되지 않았던가. 새로운 소식의 뉴스도 좋지만, 극악한 사건·사고의 소식은 가슴을 철렁거리게 하며 속이 울렁거리기도 한다. 이처럼 빠른 속도의 현대를 사는 우리는 무엇을 어떻게 준비해야 할지 전전긍긍할 때가 많다. 새로운 핸드폰을 구입하고 이것저것 느린 속도로 배워나가다가 조금 알만하면 또 다른 전화로 바꿔야 할 시간이 흐르는 것이다. 모르는 것을 자식에게 물어보려면 야단맞는 어린애처럼 내심 편치 않은 마음으로 듣고 있는 것이다.

나의 부족함은 탓하지 않고 엄마를 가르쳐주는 아들 녀석에게만 깊은 숨을 들이마시며 속으로 '싸가지 없는 X' 해보는 것이다. 만약 입 밖으로 싸가지 없는 엑스를 내뱉으면 다음 배움의 일정은 약속할 수 없으니 참는 쪽은 엄마인 내 쪽인 것이다. 그렇다, 서로에게 '싸가지 있는 사람'이 되자. 仁義禮智(인의예지)의 어질고, 의롭고, 바르고, 지혜로운 삶인 四가지 덕목(성품)을 삶에서 실천하며 살자. 그것에 꼭 나이를 정해놓지 않더라도 서로에게 긍휼의 베풂이 되고 덕이 되고 사랑의 실천이 되는 삶을 살자.

홀로서기

시작했다. '홀로서기'를 2022 임인년(壬寅年) 새해 새 아침 산행을 하며 한 발짝 한 발짝 옮기면서 소원하며 기도했다. 이제는 시작이라고 말이다. 지난해 3월에 남편을 떠나보내고 홀로 겪었던 힘겹고 버거웠던 어려운 시간들이 올해에는 내 인생의 디딤돌이 되어 더욱더 단단하고 견고해져 남편의 몫까지 잘 살아가리라고 다짐을 했다. 매일 남편의 묘지를 찾으며 이런저런 삶의 이야기를 나누다 보면, 마음이 평안해진다. 이 어려운 시간 지금까지 인도하시고 동행해 주시는 하나님의 보살피심에 감사한 오늘이다.

지난 한 해를 돌아보니 바쁘게 보냈다. 3월에 남편을 떠나보내고, 8월에 '알라스카' 크루즈 여행을 다녀왔고, 10월에 포르투갈 '리스본' 여행을 다녀왔다. 여행을 좋아하고 사진 담기를 좋아하는 글쟁이라 이 어려운 시기를 잘 견뎠는지도 모를 일이다. 매일 아침 기도 노트에 일기를 쓰면서 내 속의 아픔과 슬픔과 고통과 그리움을 토해 낼 수 있었다고 생각한다. 그리움은 정말 어쩌다 한 번씩 파도처럼 밀려와 마음에 긴 포말의 여운을 남기고 떠난다. 그렇게 한 번씩 토해내는 그 파도의 포말에 내 마음도 씻어 내곤 한다.

남편이 중환자실에 2달을 있는 동안에도 나는 여전히 일주일에 3회의 Zoom요가에 참여했으며, 매일 2시간씩 동네를 걸었다. 그것은 나의 기도였으며, 나의 평정심의 중심점이었다. 매일 그 루틴을 애써 벗어나지 않고 계속적으로 했다. 내가 그 상황에서 울고만 있을 수는 없었다. 나는 내가 할 수 있는 것에서 최선을 다했으며, 세 아이와 며늘아이까지 네 아이들의 슬픔에 함께 머무를 수가 없었다. 엄마라도 든든히 서 있어야 무엇인가 제대로 바라볼 수 있고, 바르게 결정할 수 있겠다는 생각을 했다.

밝고 맑은 성격은 타고난 태생이라는 생각을 한다. 물론, 마음의 깊은 얘기들은 한국의 친정 언니와 화상통화를 하며 나누고, 어릴 적 친구가 곁에 살아 둘이 함께 나누곤 한다. 그래서일까. 주변의 가깝게 지내는 지인들에게 내 슬픔이나 아픔 등은 그렇게 쉬이 나누지 않는 성격이다. 만나면 그 시간이 '최고의 고마운 시간'이라고 생각하며 즐겁게 보내는 편이다. 어쩌면 주변의 분들은 남편을 잃고도 어떻게 저렇게 밝고 환하게 아무 일 없는 것처럼 지낼까 싶은 분들도 계실 것이다. 그러나 그런 사람이 나인 걸 어쩌랴.

어찌 슬프지 않고 아프지 않고 고통이 없을까. 모두가 각자의 방법으로 풀어내는 것일 게다. 그렇게 다 온 동네 사람들 만날 때마다 눈에 눈물을 그렁이며 매일을 산다는 것은 나 자신이 싫어 못 하거니와 아니 안 한다. 어차피 그것은 '내 몫'임을 안 까닭이다. 부모와 자식도 마찬가지라는 생각을 한다. 긴 병에 효자 없다는 말처럼 서로의 슬픔을 누구보다 잘 아는데, 얼굴 마주할 때마다 슬픔을 토해낸다면 서로에게 버거운 일이기도 하다. 서로 한 번씩 만나 슬픔을 토해내

기도 하지만, 서로의 슬픔은 서로의 몫으로 풀어야 한다.

'홀로서기'를 위한 첫 번째 시작은 예전처럼 여행을 계속하는 일이었다. 그리고 땡스기빙과 크리스마스를 어떻게 보내야 할까 생각을 했다. 그것은 남편과 아빠를 떠나보내고 처음 맞는 행사이기에 그랬다. 딸아이와 큰아들은 아직 결혼을 하지 않았는데, 막내아들이 지난 6월에 '스몰웨딩'을 하였다. 그래서 며늘아이에게 먼저 의견을 내었다. 땡스기빙에는 시댁 가족은 우리 가족과 만나고, 크리스마스는 친정 가족들과 만나는 것이 어떻겠냐고 제안을 했다. 그랬더니 흔쾌히 그렇게 하겠노라고 답을 주었다.

'홀로서기'를 위한 두 번째 시작은 '크리스마스 여행'이었다. 이렇게 막내아들과 며늘아이와 의견을 주고받은 후 크리스마스이브 24일 저녁을 며늘아이 가족들과 함께 일식집으로 예약하고 대접을 하였다. 그리고 25일 오전에 미리 딸아이와 큰아들이 준비해 놨던 '버몬트 여행'지로 출발해 2박 3일을 보내고 27일 저녁에 도착했다. 참으로 좋은 시간이었다. 아빠와의 추억과 남편과의 추억을 이야기하며 아이들도 고맙다고 말해주는 것이다. 엄마랑 아빠가 친구처럼 함께 살아줘서 고맙다고 인사를 해준다. 나도 고마웠다.

자기답게 살기

　우리는 모두 내 이름 말고도 남에게서 불리는 이름이 있다. 누구 엄마, 누구 아빠, 누구 남편, 누구 아내, 누구의 부모, 누구의 며느리, 누구의 사위 등 내가 말하지 않아도 저절로 붙여지는 이름표이다. 결국 그 이름표를 붙이고 돌고 돌아서 제자리에서 만나는 것은 바로 나인 것이다. 그것은 싫다 좋다의 문제가 아니라 자연스러운 우리 문화와 사회적 통념 속에서 이어진 것이기에 별 불편함 없이 지내왔다. 세상 나이 60이 될 때쯤에는 특별한 활동을 하지 않더라도 이제는 나의 이름으로 불리고 싶다는 것이다.

　'자기답게 살기'란 쉬운 듯하나 쉽지 않은 것이 사실이다. 우선 '나'에 대한 실체적인 정립이어야 한다. 도대체 나란 누구이며 이 세상에 무엇 때문에 왔을까. 그럭저럭 부모 밑에서 자라다 한 남자와 만나 결혼을 하고 아이를 낳고 기르다 아이들이 다 컸을 때 나를 뒤돌아보면 그때는 너무 늦어지는 것이다. 나의 깊은 내면에서의 '진정한 나'와 대면하며 나와 만나야 하는 것이다. 그렇게 하기 위해서는 홀로 있는 시간이 필요하다. 묵상(명상)의 시간을 마련해 어수선한 마음을 가다듬고 고요함 속에서 참 나를 찾아야 한다.

진정한 의미에서 자기답게 살기란 남을 카피하지 않고 비교하지 않고 사는 힘을 의미한다. 삶이 버거울수록 나는 힘들고 상대방은 뭐든 잘되는 것 같은 느낌을 받게 된다. 그러나 그것은 보여지는 단면일 수 있다는 것이다. 그 속에 가까이 가서 들여다보면 그 어느 곳이나 걱정이나 근심이 없는 곳이 없다는 것이다. 결국 모든 것은 내 마음 안에 있는 것이다. 슬픔이나 괴로움, 기쁨이나 행복도 마찬가지라는 생각을 한다. 어떤 환경에 놓여 있더라도 그것을 끌어안고 있으면 고통이지만, 이겨낼 힘이 바로 기쁨의 원천이다.

사람은 누구나 타고난 성향(성격, 성정)이 있다. 그러나 장점과 단점은 늘 함께 움직인다고 보면 된다. 너무 밝은 사람은 때로는 때와 장소에 따라 경망스러워 보일 때가 있다. 또한 너무 조용한 사람은 심심한 대신에 차분하니 남의 이야기를 많이 들어주는 경청자의 역할을 한다. 누구에게나 장단점이 있으니, 제일 중요한 것은 그 상대방을 위함이 아닌 나를 위해서 상대의 단점보다는 장점을 더 많이 볼 수 있으면 세상 살기가 편안한 것이다. 무엇보다도 감사의 마음이 내 마음에서 우러나올 수 있기를 바라는 것이다.

부부 사이에도 그렇지 않던가. 내 마음에 들지 않아 남편을, 아내를 고쳐보려고 애쓰지만, 내 마음에 화만 차오르고 짜증만 나고 결국에 되돌이표처럼 별반 변함이 없지 않던가. 그렇다, 그게 우리들의 모습이다. 극한 상황에 어쩔 수 없는 환경에 따라 삶의 모습이 조금씩 변화할 수 있을 테지만, 사람은 그리 쉬이 변하지 않음을 안다. 그러나 상대방이 변하기를 바라지 말고 내 마음을 바꾸는 편이 마음 편안해지는 것이다. 가만히 생각해 보면 자기 자신도 못 바꾸는 일을 상대방에게 요구하고 강요하는 것이 옳은 일이겠는가.

  삶의 작은 일상에서 소소한 기쁨을 시작하는 것이다. 요즘처럼 모두가 활동이 제약받고 제한되는 이때에 자연과 벗 삼아 걷고 계절에서 만나는 숲과 나무들 사이의 바람을 느껴본다면 내가 생각하지 못했던 또 하나의 세상과 만나는 것이다. 나도 그들과 함께 또 하나의 자연으로 머물러 교감하는 것이다. 그렇게 그 시간을 늘려간다면 마음이 평온해지고 내 속의 '깊은 나'와 대면하는 시간이 느는 것이다. 나는 나로서 '충분한 나'로 있음을 깨닫고 인식하게 되는 것이다. 나 아닌 다른 누구를 부러워할 이유가 하나도 없다.

  '자기답게 살기'를 실천하기 위해 나를 먼저 알아야 한다. 내가 무엇을 좋아하는지, 무엇을 하고 싶은지, 무엇을 할 수 있는지 시간을 내어 생각해 보면 좋을 일이다. 곁에 누가 무엇을 하니 나도 해야지 하는 마음이면 어리석은 마음이다. 그렇게 되면 내 마음이 조급해지고 불안해지는 마음이 일렁거릴 것이다. 그러니 그 곁의 사람이 하는 일에 칭찬해주는 마음이 중요하다. 그러다 보면 내 마음에 감사가 차오르고 내가 무엇을 좋아하고 무엇을 해야 하는지 깨닫게 되는 것이다. '자기답게 살기' 위해서는 감사의 마음이 우선이다.

당신은 자석이다

 당신은 자석이다. 작가 쑤쑤의 글을 읽다가 내 마음에 와닿는 문장이었다. 참으로 나 역시도 그렇다고 생각했다. 특별히 가까운 사람이 아니더라도, 어떤 자리에서 우연히 그 누군가를 만났더라도 밝고 환한 사람을 만나면 나 역시도 밝은 표정과 웃음을 짓게 된다. 그러나 어두운 낯빛과 우울한 표정의 사람을 만나면 반사된 거울처럼 나도 모르게 무표정으로 그 사람을 대하게 될 때가 있다.

 "당신은 자석이다. 스스로 행복하고, 자기 자신을 사랑하며, 이 세상을 향해 충만한 선의를 갖고 있으면, 아름다운 일들이 자연히 당신에게 달라붙는다. 그러나 늘 비관적이고, 우울하며, 주변의 모든 것을 향해 적대감과 원망만 뿜어내면 부정적인 일들이 연달아 딸려 온다. 왜냐하면 자신이 뿜어내는 아우라가 같은 성질의 일을 끌어당기기 때문이다. 그래서 행복한 사람에게는 행복한 일이, 불행한 사람에게는 불행한 일이 계속 반복되는 것이다. 행운과 악운은 모두 당신이 당신 마음의 자력을 어떻게 쓰느냐에 달렸다. 이것이 바로 마음의 비밀이다."

 요즘 현대를 살아가는 우리는 더욱이 바쁘고 빠른 시대를 살고 있기에 나 아닌 다른 사람에게 신경 쓸 겨를 없이 지나간다. 바쁜 중에 시간을 내어 그 누군가를 만났는데 얼굴 표정이 굳어 있거나 분위기 흐리는 말만 반복해 쏟아놓는다면, 그 다음의 만남은 이루어지기 어려운 까닭이다. 밝고 환한 사람을 만나면 무엇인가 궁금해지고 신선한 느낌에 자꾸 만나고 싶어진다. 그 사람과 함께 있는 것만으로도 밝은 에너지를 받아오는 이유이다. 그렇다, 우리는 이렇듯 기분 좋은 사람에게는 곁에 친구들이 많음을 눈치 챘다.

여행을 좋아하는 나는 함께 여행하는 이들에게서 내가 갖지 못한 것들을 많이 배운다. 물론, 웬만하면 단점보다는 장점을 보려는 나의 태도도 있을 테지만, 내 생각과 상관없이 어찌 그리도 똑똑하고, 야무지고, 부지런하고, 책임감 있고, 따뜻하고, 배려와 사랑이 넉넉한지 여행을 마치고 돌아오면 늘 감사가 차오르는 것이다. 사람마다 생김새가 다르듯 어찌 그리도 각각 사람들의 역할과 챙김이 색다른지 혼자서 생각하는 시간을 갖게 한다. 매일 배우며 산다. 이렇듯 나와 다름이 있어 모두가 조화로워 더욱더 아름다운 것이다.

친구들과 만나도 밝은 친구에게 더욱 신바람이 일렁이게 마련이다. 화들짝거리며 이런저런 이야기에 시간 가는 줄 모르고 즐겁기 그지없다. 그러나 조용한 친구랑은 소곤소곤 이야깃거리가 많아 또한 좋다. 나 역시도 밝은 성격이라 조용한 친구나 선배 언니들이 좋아하는 편이다. 뉴욕에는 40년이 다 된 오랜 세월 친하게 지내는 선배 언니가 산다. 오랜만에 한 번씩 마주하면 시간 가는 줄 모르고 이야기보따리를 풀어놓고 밤을 새우고 오곤 한다. 산을 함께 오르는 친구 중에도 조용한 친구와 많은 이야기를 나눈다.

곁에 좋은 친구들이 많다는 것은 그 무엇보다 감사하고 축복받은 삶이다. 타고난 성품이 밝은 편이라면 하늘이 주신 아주 특별한 선물이다. 우리가 더 나아가 신앙인이라면 그 밝음을 나 혼자만 누리면 욕심쟁이라는 생각을 한다. 그 밝은 에너지를 다른 사람들과 나누어 더욱더 밝은 만남과 더 나아가 사회에 환원할 수 있어야 하겠다는 생각을 해본다. 우리는 모두 혼자서는 살 수 없는 세상에 놓여 있다. 이렇듯 알게 모르게 다른 이의 도움에 의해 날실과 씨실처럼 엮이고 엮여져서 살아가는 것이다.

 요즘처럼 팬데믹으로 사회활동이 제약을 받고 바깥 활동이 적으니 움츠러들고 외로움으로 우울해지는 이들이 많아지고 있지 않은가. 보고 싶은 가족들과의 나눔이 줄어들고 소원해지는 느낌에 서운함이 엄습하는 가족들 간의 틈이 생기는 것이다. 이럴 때 그 누구보다도 밝은 성격의 가족이 있다면, 이 어려운 시기에 밝은 에너지를 나눌 수 있으면 좋겠다. 가족들에게 전화라도 걸어 안부를 물을 수 있다면, 그 외로움이나 우울함 그리고 불안과 초조가 조금은 나아지지 않을까 싶다.

나의 좌우명

글을 읽다가 책 속의 저자가 '나의 좌우명'에 대해 묻는 것이었다. 그렇다면, 나에게는 '나의 좌우명'이 있나? 아니면, 있었나? 특별히 좌우명이라고 이름 붙여놓지는 않았지만, 마음 속에 늘 생각하는 것이 있었다. '순간이 영원이다'라고 생각하며 산다. 무슨 철학적인 이야기이고 그 어느 종교적 신앙적인 말 같지만, 이 마음을 갖게 된 것은 여행을 좋아하고 글쓰기를 좋아하는 이유로 오래 전부터 어느 곳을 가든지 사진으로 자료를 담기 시작했을 때이다. 그 사진을 담기 위한 렌즈 속 세상에서 '순간'과 '찰나'를 배운 것이다.

자연을 좋아하는 내게 뉴잉글랜드 지방 보스턴의 사계절을 만나고 느끼고 표현할 수 있게 해주시니 하나님께 더욱더 감사한 일이다. 글쓰기를 좋아해 자료로 사진을 담기 시작하면서 작은 렌즈 속 세상이 어찌나 아름다운지 놀라웠다. 그리고 그 순간이 영원임을 깨닫게 된 계기가 되었다. 순간을 놓치지 않는 삶의 지혜를 얻게 된 것도 사진이라고 생각한다. 사진은 내 인생의 또 하나의 하나님이 주신 큰 선물이다. "어찌 이리 아름다운지요?" 하고 자연을 통해 하나님의 창조를 더욱더 깊이 깨닫게 되었고, 작은 피조물임을 고백하게 되었다.

그래서 '순간이 영원이다'라는 것을 좌우명으로 바꾸면

"범사에 감사하라!"

"항상 기뻐하라
쉬지 말고 기도하라
범사에 감사하라
이는 그리스도 예수 안에서
너희를 향하신 하나님의 뜻이니라."
(살전 5:16~18)

    자연을 좋아하는 나는 산으로 들로 바다로 혼자 다니길 좋아한다. 세상 나이 60을 앞둔 나이지만, 가끔은 친구들과의 수다에 흠뻑 젖기도 한다. 친구들과의 수다가 하루였다면, 사흘 정도 혼자 있는 시간(충전의 시간)을 갖는다. 다음 수다를 위해 '내 속의 에너지'를 채워야 하는 이유이다. 무엇인가 생각할 것이 많을 때 하나님께 기도하면서 사람보다는 자연과 가까이 지내는 편이다. 가끔은 뒤뜰의 큰 나무를 매만지며 내 힘든 얘기를 들려주고, 듣곤 한다. 때로는 사람에게 한 말로 뒤가 휑~해지는 때도 있지 않던가.

    사람마다 생김새만큼이나 삶의 색깔과 모양과 소리가 다를 테지만, 서로의 믿음(신앙) 생활을 통해 소통하며 함께 나누고 봉사활동을 하면서 서로에게서 많은 것을 배운다. 내게 없는 것을 나 아닌 다른 이에게서 배우는 것이다. 우스갯소리처럼 하는 얘기 중에 나는 요즘 다른 사람이 맛낸 음식(떡과 케잌 그 외 음식 등)을 만들며 배우려 하지 않는다니까. 맛나게 만든 음식을 맛있게 먹어주는 사람도 있어야 하니까 라고 얘기하며 웃기도 한다. 그것은 음식뿐만이 아니라 다른 일에서도 다른 사람의 것을 존중한다는 얘기일 것이다.

이렇듯 감사로 시작하는 하루는 온종일 감사로 가득하다. 그것은 마음에서의 시작일 것이다. 좋은 일만 있어서가 아니라, 내 마음에서 그 버거운 일들도 기도하며 내 마음에 평정심을 얻기 때문이다. 화가 난다고 화내서 되는 일이 몇이나 있을까. 결국 내 속만 상하고 그날의 일들이 내 손 안에서 엉망진창이 되는 것이다. 그렇다면 조금씩 내 마음을 가라앉히고 다스리는 일이 중요하지 않겠는가. 처음은 어렵지만, 조금씩 아주 조금씩 연습하다 보면 마음의 평안이 찾아오고 평정심이 생긴다.

매일 연습과 훈련이 중요하다는 생각을 한다. 내 속 깊은 곳의 무의식적인 것을 의식화하기 위해서는 반복 훈련의 루틴이 꼭 필요하다는 생각을 한다. '감사'도 마찬가지라는 생각이다. '말의 힘'을 믿는 것이다. 내 입술을 통해 나오는 말은 생각의 표현이기도 하다. 그렇게 다른 사람의 장점을 보려고 애쓰고, 칭찬에 후하고, 환한 웃음을 선사하다 보면 어느 날엔가 나도 모르는 사이 내가 그렇게 되어가고 있음을 인식하게 되는 것이다. 그래서 이렇게 노력하며 살려 한다. "범사에 감사하라!"가 나의 좌우명이 되었다.

그가 나를 단련하신 후에는 내가 순금 같이 되어

"그러나 내가 가는 길을 그가 아시나니
그가 나를 단련하신 후에는 내가 순금
같이 되어 나오리라."
(욥기 23:10)

남편을 떠나보낸 지 10개월을 보내고 있습니다. 지난해 남편은 1963년생, 만 58살(한국나이 59살)이었습니다. 저는 남편보다 한 살 아래입니다. 너무도 그립고 보고 싶고 '남편의 수다'가 너무도 그립습니다. 아이들을 생각하며 슬픔과 보고픔을 절제하려고 많이 노력하고 있습니다. 주님, 이 마음을 아시니 저를 붙잡아 일으켜 주세요, 쓰러지지 않도록. 이 아픔과 슬픔의 시간이 헛되지 않도록 돌보아 주세요. 저를 단련하신 후에는 저를 순금 같이 만들어 쓰소서.

매일 남편의 묘지에 다녀옵니다. 집에서 걸어서 45분이면 찾을 수 있는 곳이라 마음 편안히 다녀올 수 있어 감사합니다. 남편을 찾아가면 늘 감사하다는 얘기만 들려주다 옵니다. 착한 세 아이들을 내 곁에 두고 떠나서 얼마나 고마운지 모른다고, 각자의 길에서 성실히 그리고 열심히 '자리매김'하면서 살아서 고맙다고, 그렇게 든든한 세 아이와 며늘아이를 두고 가서 또 고맙다고, 남편에게 인사를 하고 옵니다.

 남편의 친구들이나 지인들이 그리고 멀리 타주로 떠났던 지인들도 보스턴에 다니러 왔다가 남편 묘지를 찾아주면 그렇게 고마울 수가 없습니다. 친구들과 지인들이 남편 묘지에 찾아왔던 발자국을 보면, "어떻게 죽어서까지 나를 감동시키느냐고 또 고맙다고…" 인사를 하고 옵니다. 다른 이들이 내게 들려주는 위로의 말이 그렇듯이…
"남편은 떠났지만…"
"산 사람은 살아야겠지 않겠느냐고." 들려주는 이 말이 참으로 싫었지만, 현실은 현실입니다.

 남편은 1970년, 만 6살에 미국에 이민을 와 51년을 미국에서 살다가, 지난 2021년 3월 말에 하나님 나라로 갔습니다. 10여 년 전 지병은 있었지만, 비즈니스를 하며 사는 데는 큰 지장이 없었습니다. 남편과 35년(1986년) 전 만나 2년을 연애하고 결혼 32주년을 보냈으니 너무도 편안하고 친구 같은 사람이었습니다. 세 아이에게 참 좋은 아빠였습니다. 아내인 제게는 친구 같은 좋은 남편이었습니다. 그러다가 지난해 1월 중순 면역성이 약한 가운데, 코로나에 걸렸습니다. 결국 병원 중환자실에서 2개월을 치료하다가 2021년 3월 28일에 하나님의 부르심을 받았습니다.

 남편의 이름으로 되어 있던 모든 것이 제 이름으로 옮겨지고, 이제는 현실임을 깨닫습니다. 남편이 워낙 성실하고 책임감이 강하고 똑똑한 사람인지라, 아내인 저를 혼자 남겨두고 떠날 것을 미리 염려하고 알았던지 경제적인 부분은 잘 관리를 해놓고 가서 또 감사했습니다. 세 아이들에게 엄마가 경제적인 도움을 받지 않아도 되고,

세 아이들에게 경제적인 부담을 주지 않아도 될 만큼 남편이 준비해 놓고 갔습니다.

  이처럼, 남편이 곁에 없어 보고 싶고 서운하지만, 제 곁에 든든한 세 아이와 며늘아이가 있어 감사합니다. 남편의 빈자리와 처음 맞는 생일과 명절(부활절, 땡스기빙, 크리스마스 등)날에, 아빠와 남편이 없음을 확인하는 처음의 자리가 참으로 버거웠습니다. 그러나 하나님은 저를 주저앉지 않도록 붙들고 계셨습니다. 믿기지 않을 만큼 너무도 담대하고 씩씩하게 잘 지내고 있습니다. 저는 글을 쓰는 사람이고, 사진을 담고, 걷기와 산을 좋아하는 사람이라 늘 기도하면서, 걸으면서, 글을 쓰면서 많이 치유를 얻었습니다.

  주님, 이 어지럽고 혼돈스러운 세상에서 저를 무엇으로 쓰시려고, 이토록 도망치려 하면 다시 꼭 잡고 계시니 궁금합니다. 어느 길로 저를 인도하시려고, 무슨 뜻이 계획이 있으시길래 남편을 이토록 일찍 데려가셨나요? 말씀해 주소서! 주님, 이제는 듣겠나이다. 이제는 주님의 말씀에 순종하며 따르겠나이다. 주님, 오늘도 지켜주시니 감사합니다. 제 길 위에서 늘 함께 동행해 주실 당신을 믿습니다. 모든 것을 주님께 맡기며, 예수님의 이름으로 기도합니다. 아멘!

변하지 않기를 원한다면 스스로 조금씩 변화하라

모든 것이 변하지 않고 그대로 있기를 바란다면 모든 것을 조금씩 변화시켜야 한다.

삶이란 게 그렇지 않던가. 부부나 가족 그리고 인간관계에 있어서 서로 바라는 것이 더 많기 마련이다. 그래서 내가 원하는 만큼 상대가 대해주지 않으면 서운하고 섭섭하고 그것이 더 길어지면 서로의 대화마저 뜸해지고 마음도 멀어지는 계기도 되는 것이다. 그렇다고 너무 친절히 대해주면 당연한 듯이 대하는 무성의한 언행에 상대는 또 화가 치밀곤 하는 것이다. 그렇다면 뭘 어쩌란 말인가. 이래도 어렵고 저래도 어려운 이 인생살이를 말이다.

부부의 관계도 생각해보자. 서로 너무 잘 알 거라는 착각을 하고 사는 것이다. 그래서 편안한 관계이니 무얼 그리 이리 따지고 저리 따지고 하냐고 말이다. 말로 표현하지 않아도 아내가, 남편이 너무 잘 알고 있기에 요목조목 따지지 않고 살아 서로 대화를 별로 하지 않는다고 하는 부부들을 본다. 세상살이에 정답은 따로 없을 것이다. 각자의 색깔과 모양과 소리대로 살면 최고의 삶이란 생각을 한다. 그러나 한 가지 분명한 것은 물도 고여 있으면 썩는다는 것이다. 서로 변화하지 않으면 지루함이 된다.

변해야만 변하지 않을 수 있다. 부부관계에서도 그렇다. 살다 보면 어느 부부에게나 권태가 오는 시기가 있다. 그 시기가 오기 전에 서로 각자 노력하며 살아야 싫증 없이 부부관계를 잘 유지할 수 있겠다고 생각한다. 나의 결혼 생활 32년을 생각해 보면 서로 그 권태기를 잘 이겨냈던 것 같다. 부부가 서로 같은 취미 생활을 하면 좋은 이유도 되지만, 서로 다른 취미 생활을 해서 또 다른 좋은 결과를 가져오기도 한다. 내 경우가 그랬다. 남편은 골프를 좋아했지만, 나는 산을 좋아하고 조금은 몸이 힘든 경험하는 쪽을 좋아했기에 남편이 보기에 색다른 모습으로 남았던 모양이다. 그래서 남편은 내게 응원과 박수를 주었다.

그 어떤 관계에서도 마찬가지다. 처음 어느 장소에선가 만났을 때 눈에 띄는 예쁘다, 아름답다기보다는 무엇인가 끌림이 있는 사람들이 있다. 그것은 매력 있는 사람이 상대의 마음을 끌리게 한다. 그 매력이라는 것이 딱히 한 단어로 표현하기 어려운 것이지만, 나도 그런 매력적인 사람이길 은근히 바라는 것이다. 그렇지만, 그 매력 있는 사람이 되기까지는 타고난 것도 있으려니와 나름 조금씩 자신을 갈고닦은 시간과 세월이 있으리란 생각이다. 화난 얼굴보다 온화한 얼굴이 보기 좋은 것처럼, 일그러진 표정보다 환한 웃음이 좋지 않은가.

오래전부터 내려오는 얘기 중에 다섯 씨를 떠올려 본다. 맘씨, 맵씨, 솜씨, 말씨, 글씨 등이 있다. 이 이야기를 들으면 무슨 조선 시대로 되돌아간 느낌을 받을 수 있겠지만, 나는 그렇지 않다고 생각한다. 세월이 제아무리 변하고 있어도, 자신을 표현하는 세상이라고 해도 사람의 기본 도(道)는 중요하다고 생각한다. 굳이 유교 공자의 말씀을 인용하려는 것이 아니라, 세상을 사는 사람의 도를 생각하면 인의예지신(仁義禮智信)을 떠올리지 않을 수 없다. 기독교에서도 이 인의예지신이 삶의 밑바탕이라 생각한다.

친구 관계나 그 어떤 관계에서도 예의와 관계의 거리를 잘 지킬 수 있어야 오래도록 유지가 된다. 좋은 친구로 오래 남기를 원한다면 본인 스스로 어떻게 해야 하는지 조금씩의 노력의 변화가 필요하다는 것이다. 너무 지루하지 않을 만큼에서 너무 멀지 않을 만큼의 그 거리를 유지하는 것이 좋다. 그러나 그것이 귀찮다면 안 해도 좋은 일이다. 그 친구와의 인연은 여기까지인가 보다 생각하고 마음의 아쉬움이나 불편함이 없다면 된다. 하지만 우리네 삶이 어찌 그리 쉬이 버리고 쉬이 얻어지는 것이겠는가.

모든 것이 변하지 않고 그대로 있기를 바란다면 모든 것을 조금씩 변화시켜야 한다. 정말 옳다는 생각을 한다. 부부관계도 그렇고, 친구 관계도 그렇고, 자식과 부모 관계에도 꼭 필요하다는 생각을 한다. 서로 바쁘게 사는 현대의 삶에서 부모를 챙겨주기란 쉽지 않은 일이다. 그런 것을 이미 삶을 통해 경험한 부모는 너른 마음으로 자식을 품어주어야 하는 작은 변화의 노력을 실천해야 한다. 그래야 자식들과 원만하고 평탄한 남은 여생을 누리는 지혜이다. 그저 손자·손녀 챙겨주며 고맙다는 인사가 최고의 변화 노력이다.

사람과 사람 사이에 人間이 산다

　늘 버겁다, 사람과 사람 사이에 사는 일은. 사람이 사람답게 사는 일이 뭘까. 인간이 인간답게 사는 것은 또 무엇일까. 문득, 나의 주변을 돌아보면 중앙에 서 있는 나를 발견한다. 무심코 던진 말 한마디가 어떤 이에게는 희망과 꿈이 되기도 하고 또 어떤 이에게는 절망과 좌절 그리고 비수로 꽂히기도 한다. 물론, 건너간 말에 큰 의도나 뜻이 있을 리 없다. 사람이 사는 일상에서 주고받는 그런 일상적인 얘기일 뿐이다. 삶에 지쳐 넋두리 삼아 던지고 받아주는 그런 무심한 듯 무심하지 않은 일상의 대화이다.

　사람과 사람 사이에는 소통이라는 문이 하나 달렸다는 생각을 한다. 나의 마음은 이런 색깔과 모양으로 상대에게 전해주었는데, 받아들이는 이는 전혀 다른 또 다른 저런 색깔과 모양으로 받아들이는 일이 뜻밖에 많다. 요즘 젊은 아이들의 표현을 빌리자면 '황당하다'의 표현이 적절하지 않을까. 서로 마주한 얼굴로 앉아 얘기한다고 모두가 같은 생각을 할 수는 없다. 또한, 살아온 삶의 색깔이나 모양도 모두가 다르다. 좋아하는 취미나 기호도 모두 다르고 신앙의 색깔과 모양도 생각하는 사상이나 문화 철학의 부분도 감이 잡히지 않을 만큼 다른 이도 많다.

다른 것 속에서의 조화는 쉽지 않지만 어우러져 더욱 아름답다. 가끔 남편과 가깝게 지내는 부부들이 만남을 가진다. 각양각색의 부부들이 함께 어우러져 만들어 내는 삶의 모습은 희망이다. 서로 어울리지 않을 듯싶은 사람들이 어찌 그리 잘 어울려 재미있는지 모른다. 서로 다른 얼굴의 표정만큼이나 삶의 색깔이나 모양도 다양하다. 살아온 인생 여정의 굴곡의 높낮이만큼이나 각자의 삶의 등선이 보인다. 사람과 사람 사이에 인간이 있는 것이다. 서로 세워주고 받쳐주고 밀어줄 수 있는 등받이처럼 편안하고 믿을 수 있는 사람이 곁에 있다는 것은 어제의 감사이고 오늘의 행복이고 내일의 희망이다.

요즘 같은 세상에야 더욱이 남을 믿을 수 없는 세상이다. 사람 사는 집이야 걸어 잠그고 살면 되겠지만, 사람의 마음이야 걸어 잠글 수 있을까. 혹여, 닫아 놓은 마음의 문이 있다면 문을 활짝 열고 세상에 많은 마음을 만나야 하지 않겠는가. 내가 믿을 수 없었던 것처럼 그들도 나를 믿지 못했을지도 모를 일이다. 때로는 남보다 가족들의 관계에서도 마음의 문을 닫아 놓고 열지 않는 이들도 많지 않은가. 때로는 부부 사이도 마음이 통하지 않아 서로 겪는 고통도 있을 테고, 부모와 자식 간에도 대화의 소통이 이루어지지 않아 서로 마음의 문을 닫아버리는 일도 종종 있다.

살면서 마음과 마음이 원활히 소통될 수 있는 사람을 만나는 일은 축복이다. 또한, 삶 가운데 좋은 친구이고 인생의 동지가 될 수 있다. 서로 격려해줄 수 있고 염려해줄 수 있는 마음이 사람과 사람 사이에 이어진 것이다. 하지만, 중요한 것은 그 사이에서는 서로 지켜야 할 기본 예의가 있어야 한다. 가끔 서로 바라볼 수 있는 거리가 필요하다. 각자 다른 남남들이 모여 우리로 만나는 일에서 서로 존중하고 배려할 수 있어야 한다. 다른 사람이 마음의 문을 열어주기를 기다리는 일보다 자신이 먼저 마음의 문을 활짝 열어 맞아준다면 이미 서로의 소통이 이루어진 것이리라.

　삶의 생활이 힘들수록 마음의 문 열기도 어려운 일이다. 남을 배려할 여유가 없기에 건너오는 말 한마디에도 발끈 화를 내기도 하고 가슴에 담아두기도 한다. 결국, 담아 놓았던 남은 화가 독이 되어 자신의 몸을 상하게 하고 마음을 상하게 하는 것이다. 그렇다면, 삶의 생활이 어려울수록 마음의 여유를 가지는 연습을 해야 할 것이다. 건강은 돈을 주고도 살 수 없는 일이기 때문이다. 누구를 위해서가 아닌 내가 먼저 건강하고 행복하고자 마음 문을 활짝 열고 소통의 길을 터놓는 것이다. 사람과 사람이 소통하는 길을 열어 내가 살고 네가 살고 우리가 사는 문이 人間이 인간답게 살 수 있는 사람과 사람 사이였으면 바라는 마음으로.

평화를 원한다면 전쟁을 준비하라

"평화를 원하거든 전쟁을 준비하라(Si vis pacem, para bellum)"는 4세기 로마의 병법가 푸블리우스 플라비우스 베게티우스 레나투스가 남긴 말이다. 논지는 이 세상에 악(惡)이 존재하는 이상 국방에 충실해야 역설적으로 평화가 보장된다는 것으로 유비무환(有備無患)과 일맥상통한다. 이 격언은 3차 세계대전 억제 원인으로 작용했다. 냉전 시기 국제사회는 미국·소련을 맹주로 하는 자유·공산 진영으로 나뉘어 범지구적으로 대립했다. 양측 간 전면전이 발발하지 않았던 배경에는 상호확증파괴(MAD) 전략이 있었다.

우크라이나–러시아 전쟁을 보면서 어린아이들의 눈망울과 처참한 상황에 가슴이 아프고 화가 치밀어 오른다. 우리는 여기저기 미국 한국의 매체를 통해 눈으로 보면서 그 무엇 하나 할 수 없음이 죄스럽고 황망한 마음이다. 어린아이들의 전장 놀이에도 '도(법/약속)'가 있지 않던가. 어찌 이렇게 무차별하게 민간인들에게까지 포탄과 미사일을 떨어뜨릴 수 있는가 말이다. 가슴이 답답하다. 시간마다 기도하지만, 상황이 어떠한지 궁금하고 견딜 수 없어 수없이 셀폰을 만지작거린다. 참으로 비통한 일이다.

러시아의 우크라이나 침공을 규탄하고 즉각 철수를 요구하는 유엔 결의안이 145-5의 압도적 다수 표결로 통과됐다. 유엔은 한국시간 3일 뉴욕의 뉴욕유엔본부에서 우크라이나 사태에 관한 긴급특별총회를 열어 결의안을 찬성 141표, 반대 5표, 기권 35표로 채택했다. 결의안은 193개 회원국 중 표결 참가국 3분의 2 이상이 찬성해야 채택된다. 유엔안전보장이사회(안보리) 결의안과 달리 법적 구속력은 없으나 140개국 이상의 찬성표가 나온 만큼 러시아로서는 상당한 압박을 느낄 것으로 보인다. 반대표를 던진 국가는 북한 외에 벨라루스, 에리트리아, 러시아, 시리아에 불과했다. 그밖에 러시아와 가까운 중국, 인도, 이란 등은 기권했다.

유엔 결의안은 "러시아의 2월 24일 '특별 군사작전' 선언을 규탄한다"고 되어 있다. 또 "무력 사용 또는 위협으로 얻어낸 영토는 합법적으로 인정될 수 없다"는 내용도 들어갔다. 결의안은 또 "러시아의 우크라이나 침공을 가장 강력한 용어로 개탄한다"며 "러시아가 우크라이나 영토에서 즉각적이고 완전하며 무조건적으로 군 병력을 철수할 것을 요구한다"고 밝혔다. 결의안은 이어 우크라이나의 주권, 독립, 영토보전에 대한 약속 재확인, 우크라이나를 상대로 한 러시아의 무력 사용 즉각 중단 요구, 벨라루스의 불법 무력사용에 대한 개탄 등을 명시하고 있다.

이번 결의안은 유럽연합(EU)이 주도했다. 결의안 채택 후 안토니우 구테흐스 유엔 사무총장은 "유엔총회의 메시지는 아주 분명하다. 지금 우크라이나에서 적대 행위를 끝내고 총성을 멈추며 대화와 외교의 문을 열라는 것"이라고 말했다. 이번 긴급 특별총회는 1950년 한국전쟁 이후 유엔 역사상 11번째로 열렸다. 이번 긴급특별총회소집의 근거가 된 '평화를 위한 단결'(Uniting for Peace) 결의는 한국 전쟁 때 소련의 거부권 행사로 안보리 기능이 마비된 것을 계기로 마련된 것이다.

이번 우크라이나-러시아 전쟁을 보면서 참으로 많은 생각을 했다. 어디 이 두 나라만의 문제일까. 대한민국 제20대 대선 투표(2022년 3월 9일)일을 앞두고 정말 제대로 된 지혜롭고 이 어려운 시기에 적합한 대통령이 되어야 할 텐데 하고 마음을 조아리며 매일 기도하는 것이다. 미국 시민권자라 투표권은 없지만, 내 조국이 든든하고 튼튼해야 타국에 사는 우리도 평안한 마음으로 당당하게 살 수 있는 까닭이다. '평화를 원한다면 전쟁을 준비하라!'라는 글을 보면서 무엇보다도 유비무환(有備無患)의 중요성을 생각했다.

인생의 세 갈래 길

"언제나 한 번쯤은 어디로 가야 할지 몰라 방황한 경험이 있을 것이다. 앞만 보고 최선을 다해 열심히 달려왔는데도 어느 순간 길을 잃어버리는 경우가 생긴다. 네비게이션도 없고, 길을 알려주는 사람도 없다. 그럴 때는 어떻게 해야 할까? 결론부터 말하면 길을 잃지 않도록 수시로 점검하면서 살아야 한다. 내가 지금 어디에 있는지, 그리고 어디로 향하고 있는지 계속 확인해 봐야 한다. 그것이 깨어 있는 삶이다."『그대로의 나로 잘 살고 싶다면』_김용태 교수의 글 중에서.

그렇다, 우리는 어제를 살았지만, 내일을 자신할 수 없는 존재다. 그저 오늘 이 시간에 충실하며 맞고 보내고 또 오늘과 다른 어제를 만들며 산다. 단 한 번도 미래는 살아 본 일이 없지 않은가. 그래서 불안하고 때로는 어느 길로 가야 할지 갈팡질팡하는지도 모른다. 그것이 당연한 일이라는 생각을 한다. 그만큼 우리는 유한한 존재이며 불안한 존재인 까닭이다. 현대인들은 바쁘지 않은가. 그 빠른 걸음으로 어느 목적지를 향해 걷고 있는지, 어느 방향을 향해 가고 있는지 정확히 알고 가는 것일까.

"우리는 되고 싶은 자신의 모습 그리고 기대하는 생활을 그리며 산다. 문제는 자신의 현실과 그 간극이 커지면 생기게 되는데, 자신의 현실과 받아들이지 못하면 그때부터 사는 게 괴로워진다. 자신을 있는 그대로 받아들이기 어려운 이유는 자기의 실체보다 더 큰 자기의 모습을 만들고 그 모습으로 살고 싶어하는 욕구가 강해서일 것이다. 우리는 과거나 미래가 아닌 지금 주어진 현재를 살아간다. 그런데 어떤 사람들은 괴로운 과거에 빠져 사는가 하면, 허황된 미래에 빠져 살기도 한다. 몸은 현실에 존재하는데 엉뚱한 곳에서 방황하며 정작 자신이 어디에 사는지 알지 못하는 것이다."

남을 의식하지 않고 열심히 살아왔다고 하는 이들 역시도, 살아온 세상의 경험만큼이나 보람과 영광의 산 정상의 높이보다 찢기고 얽힌 상처의 아픈 골이 깊디깊은 경우가 많다. 그것이 우리네 삶이란 생각이다. 유한적인 삶과 인생의 우리 모두에게 똑같이 주어진 것이 있다면 그것은 '죽음'이다. 그 누구도 거부할 수 없고 도망칠 수 없는 것이다. 그렇다고 지금 여기에서 모든 것을 포기하고 주저앉을 수 없는 것이 또 우리네 인생이 아니던가.

산을 올라본 이들은 알 것이다. 산을 오르는 안내표지판이 트레일 입구에서부터 시작해서 계속 안내를 하고 있다. 그것은 산속에서 눈 깜빡할 사이에 길을 잃을 수 있다는 것을 반증한다. 설령 같은 산 같은 트레일을 여러 번 올랐다고 해서 방심하면 그것은 큰 오해이고 교만이다. 그것처럼 우리네 인생도 마찬가지란 생각을 한다. 과거에 경험했던 일들이 지금의 삶에 지혜가 되는 것은 사실이지만, 그 경험이 인생의 모든 답은 아니라는 것을 명심해야 할 일이다. 지금의 현재가 어제의 현재였으며 내일의 현재인 것이다.

지금 내가 서 있는 '현 위치'가 어디인가 점검해 봐야 한다. 쇼핑몰을 가서 가고 싶은 장소를 찾으려면 내가 서 있는 정확한 위치를 알아야 갈 방향을 정하고 찾는 곳으로 향하지 않겠는가. 내 현 위치를 안다는 것은 나를 안다는 것과도 같은 의미를 담는다. 겉모습의 내 모습뿐만이 아닌, 내 내면의 내가 어디쯤에 있는가를 확인해 봐야 하는 까닭이다. 나의 건강이 어떤지를 알 수 있어야 내가 발을 얼마만큼 앞으로 내디딜 수 있고, 또 높이 올라갈 수 있는지 알지 않겠는가. 무작정 마음만 앞서다간 낭패가 아니던가.

우리는 이처럼 현재에서 과거의 길을 생각하다가 지금 나의 현 위치를 잃게 될 수 있다. 또한, 미래에 대한 너무도 허황된 부푼 꿈으로 현재를 놓쳐버릴 수 있는 것이다. 내가 지금 어디쯤에 있는지 늘 확인해 봐야 한다. 삶뿐만이 아닌 신앙생활(믿음생활)도 마찬가지다. 점검이 꼭 필요하다. 확실한 목적지가 지금 나의 현 위치에서 어디쯤에 있는지 확인하고 방향이 틀어졌다면 다시 제대로 된 목적지 방향으로 놓아야 한다. 우리의 삶도 지금 나는 어느 위치에 있는가 점검하는 오늘이면 좋겠다.

지금 잠을 자면 꿈을 꾸지만

엊그제는 멀리 플로리다에서 유영심 장로님이 보스턴에 오셔서 어른들과 함께 파네라에서 만남의 시간을 가졌다. 언제나 만나면 반가움과 함께 오가는 이야기들의 즐거움에 시간 가는 줄 모른다. 결혼 전 뉴욕에서 2년을 보내고 남편과 결혼하여 보스턴에 와 33년을 살았다. 시어머님의 친구분이셨던 이 숙 권사님과는 30년이 넘도록 가깝게 지내는 어르신이다. 이날 말씀 중에 귀한 명언을 나누어 주신 것이다. 하버드 도서관 30가지 명언 중 제일 유명한 명언을 말이다.

"지금 잠을 자면 꿈을 꾸지만 지금 공부하면 꿈을 이룬다."

이 숙 권사님은 한국 연세로 올해가 80세라고 하시는데, 언제 만나도 젊은 친구들과 대화하기를 좋아하시고, 서로 대화가 통하는 멋쟁이 권사님이시다. 성경에 대한 말씀 지식도 풍부하시고 모태 신앙인으로서 생활에 실천하며 사시는 분이라 좋아하고 존경하는 분이다. 우리는 커피를 마시다가 이 명언을 들려주시는 권사님의 말씀에 귀를 기울이며 그래 정말 맞는 이야기라고들 서로의 마음을 나눴다. 공부에는 나이가 없다는 것에 모두 동의한 것이다. 그래서 배움의 이야기는 또 시작되었다.

배움이란, 그 어떤 것이라 할지라도 참으로 귀한 것이다. 굳이 학위를 위한 공부가 아니라 할지라도 말이다. 요즘에는 인터넷과 유튜브, SNS를 통해 배우려는 마음만 있으면 무엇이든 배울 수 있지 않던가. 너무 많아서 버거운 세상, 홍수처럼 범람하는 정보로 무엇이 진짜이고 가짜인지를 모를 시대에 살고 있지 않던가. 그러니 그 많은 것 중 선택할 수 있는 나의 선택의 질과 지식을 높이는 것만이 나를 살릴 수 있는 열쇠이기도 하다. 그 많은 것들에 쏠려 쓸려가지 않으려면 나 자신이 든든히 힘을 갖춰야 한다는 이야기다.

어른들의 말씀처럼 '배움에도 때가 있다'라는 것을 실감하기도 한다. 성경 말씀을 하나 외우려고 해도 어찌 그리 쉽지 않은지 몇 번을 읽고 외워도 생각처럼 마음처럼 외워지지 않는 것이다. 그러나 하지 않는 것보다는 해보는 것이 내게 유익하다는 생각을 거듭한다. 요즘처럼 뒤돌아서면 훌쩍 시간이 저만치 가 있는 때에는 더욱이 그렇다. 시간 관리를 잘하며 살아야겠다고 생각한다. 누구에게나 주어진 24시간은 똑같지만, 살아내는 삶은 모두가 똑같지 않기 때문이다. 그렇다면 더욱이 시간의 중요성을 인식해야 한다.

어르신들의 배움 이야기를 듣노라면 그분들의 삶에 스민 배움들의 무늬를 알 수 있다. 지금의 모습에서 살아오신 그리고 살아내신 삶의 흔적들, 훈장들이 여기저기에 붙어 있는 것이다. 어른들의 얼굴 주름에서 환한 빛을 발견하는 순간이다. 연신 그 모습을 바라보는 내가 더욱 행복해진다. 나도 저렇게 늙어가고 싶다고, 아니 익어가고 싶다고 말이다. 나이를 먹는다는 것은 어떤 의미일까. 나이가 든다는 것은 또 어떤 의미일까. 그렇다면 모두가 나이를 먹고 싶은 걸까. 나이가 들기를 원하는 걸까. 또 아니면 멈추고 싶은 걸까.

교학상장(敎學相長)이라는 사자성어가 있지 않던가. 가르치고 배우는 과정에서 스승과 제자가 함께 성장한다는 뜻이다. 우리는 늘 배우며 산다. 아이들은 어른들을 보면서 배우고, 젊은이들은 노인들을 보면서 배우고, 노인들은 젊은이들을 보면서 배우는 것이다. 삶의 배움도 마찬가지라는 생각을 한다. 어느 어른의 태도와 말씨를 살펴보며 나도 저렇게 나이 들어가야겠다고 생각하는 어른이 있는가 하면, 바라보는 나의 눈살을 찌푸리게 하는 어른들도 간혹 있다. 그렇다면 선택하는 것은 바로 나의 몫이다.

"지금 잠을 자면 꿈을 꾸지만 지금 공부하면 꿈을 이룬다." 아직은 공부하고 싶다. 그것은 꿈을 이루고 싶은 마음일 것이다. 100세 시대에 60은 공부할 나이가 아니겠는가. 무엇인가 목표가 있다는 것은 그 과정의 삶에서 꿈틀거림으로 신바람이 일렁거리는 것이다. 그렇게 살고 싶다. 신바람 일렁이는 삶으로 나도 좋고 너도 좋아 우리 모두가 함께 좋은 그런 인생을 사는 것이다. 서로에게 유익한 삶으로의 행진이 모두에게 즐거운 삶이길 오늘도 기도한다.

'상처'가 사명이다

"내가 이 말을 듣고 앉아서 울고 수일 동안 슬퍼하며 하늘의 하나님 앞에 금식하며 기도하여(느헤미야 1장 4절)"

'상처'가 사명이다. 눈물과 아픔과 상처는 사명과 맞닿아 있다. 하나님은 당신의 뜻을 이루는 '사명의 도구'로 사용하신다. 상처에는 눈물이 있다. 그 상처의 눈물은 하나님이 꼭 사용하신다. 그 눈물은 회복하는 도구로 쓰시는 까닭이다. 남이 겪어보지 않은 '내 일'에 대해 어찌 알 수 있겠으며, 나 또한 다른 이의 아픔과 상처와 고통에 안쓰러운 마음은 있지만, 얼마나 그 마음을 알 수 있겠는가.

지난 3월 28일(월) 남편의 기일 1주기를 보냈다. 한 열흘은 마음이 안정되지 않아 기도하며 마음의 평정심을 찾으려 애썼다. 세 아이들과 막내 며늘아이를 생각하면 마음이 더욱 아파져 왔기에 마음의 안정을 위해 기도를 많이 했다. 한 달여 전부터 교회 담임 목사님께 1주기 '추도예배'를 위해 부탁을 드렸었다. 그리고 한 교회에서 30여 년 함께 오래도록 지내오며 마음을 나누던 몇 분들만 초대를 했다. 담임 목사님께서 초를 준비하시고 한 사람 한 사람에게 촛불을 켜 함께 놓고 기도와 함께 말씀을 전하며 참으로 감사한 시간이었다.

사람을 그리워한다는 것은 참으로 안타깝고 슬프고 버거운 일이다. 그러나 천국의 소망을 둔 믿음의 사람으로서 나 역시도 언젠가 하늘나라에서 만나리란 그 믿음으로 오늘의 안타까움과 슬픔과 힘듦을 기도로 이겨내는 것이다. 연애를 포함 35여 년 시간을 함께했던 남편과 즐겁고 행복했던 기억과 추억들을 어찌 가슴에서 떠나보낼 수 있을까. 예고도 없이 성난 파도처럼 그리움은 한 차례씩 내 가슴을 후비고 훑으며 지나간다. 누구나 어느 때인가 단 한 번은 서로 겪어야 할 일들이지만, 내가 먼저 겪었을 뿐이다.

세상에 태어나 세상을 살아가는 우리에게 미래의 일들 가운데 똑같이 약속된 일은 '죽음'이라는 것이다. '죽음'이란 단어를 떠올린다는 것은 왠지 내 일 같지 않아 듣고 싶지도 않고 보고 싶지도 않을지도 모른다. 그러나 우리의 삶 가운데 약속 없이 찾아오는 불청객이 아니던가. 우리는 지금 현재의 삶도 중요하지만, 앞으로 내가 경험하게 될 죽음을 준비하는 마음은 그 한 사람의 삶을 많이 바꿔놓기도 한다. 하루의 삶이 헛되지 않고 보람 있고 가치 있는 삶, 시간을 아끼며 사람을 살리는 일에 더욱 초점을 맞출 수 있는 것이다.

남이 겪지 않은 일을 겪는 일은 참으로 버거운 일이다. 그러나 그 시간을 잘 견뎌내고 이겨내면 그 버거운 일은 나의 앞으로의 삶 가운데 디딤돌이 되어 나를 더욱더 든든하고 힘있게 만들어 준다. 그 경험으로 아픈 상처가 있는 사람에게 더욱 가까이 깊이 다가갈 수 있는 기도자가 될 수 있고 힐러가 될 수 있는 것이다. 서로 마음을 깊이 나눌 수 있는 치유자가 되는 것이다. 세상을 더 멀리 더 높이 더 깊이 바라볼 수 있는 마음의 눈이 생기면 혜안이 열리니 세상을 더 품을 수 있는 넉넉한 가슴의 사람이 되는 것이다.

남편이 떠난 빈자리는 많이 버겁고 힘든 시간이었지만, 하나님의 사람으로 더욱 깊이 기도의 사람으로 살 수 있어 감사했던 시간이다. 또한 그 빈자리를 마무리 못 했던 대학원 상담학 공부를 다시 2월 말부터 준비해 3월 초부터 시작했다. 시간이 반이라더니 벌써 한 달을 보냈다. 참으로 감사한 시간이다. 대학원 공부를 마치면 상담학 박사과정도 준비하려고 한다. 세상 나이 60이 다 되어 시작하는 공부니 머릿속에 잘 들어가지도 않지만, 기도하면서 열심히 최선을 다하고 있다. 끝까지 마무리 공부 잘하길 기도한다.

　특별한 타 주에 볼일이 있지 않다면 남편의 묘지에 매일 찾아가 이야기를 나누고 온다. 나 잘 살고 있지? 이렇게 남편에게 물으며 중얼거리다 돌아오곤 한다. 걸어서 찾아가는 길은 남편 만날 생각에 좋고, 자동차로 가는 날에는 이야기를 좀 길게 하다 오곤 한다. 가끔, 아주 가끔은 '남편의 수다'가 그렇게 그리울 수가 없다. 남들 앞에서는 무뚝뚝한 사람 같지만, 매일 내게 끊임없는 수다로 있던 정 깊고, 속 깊은 남편이었다. 지금 생각해도 참으로 편안한 남편이고, 참 좋은 친구였다. 늘 지켜봐 주길, 열심히 살께!!

길이 되어 그대의 길에서

떡가루처럼 뽀얗게 쌓인 눈을 보면 언제나 그런 생각을 한다. 온 세상을 누가 이토록 하얗게 만들어 놓았을까. 어떻게 이렇게 하얗게 만들 수 있을까. 감동의 그 순간에는 내가 가진 것은 아무것도 없음을 또 고백하게 된다. 그것은 이 세상을 창조한 창조주에 대한 경외가 절로 넘쳐흐르기 때문이다. 무어라 표현할 수 없는 그 느낌들 말이다. 그 어떤 말로도 형언할 수 없는 신비로움과 경이로움에 신에 대한 감사와 찬양이 절로 나오고 너무도 나약하고 보잘것없는 피조물임을 고백하고 마는 것이다. 자연 앞에서 인간은 너무도 작디작기에 그렇다.

길이 되어

멈추지 말고
뒤돌아 보지 말고
길이 되어
그대의 길에서
하루를 살고.

산 넘어 산

끝이 없는 길
길이 되어
그대의 길에서
오늘을 살고.

보이지 않는 길
마음의 눈으로
길이 되어
그대의 길에서
지금을 살고.

어제와
내일 사이의 오늘
길이 되어
그대의 길에서
순간을 살고.

크든 작든 모든 이의 삶의 무게는 가볍지 않으며 삶의 골은 깊고 좁기에 쉽지 않음을 안다. 그저 내 짐이 아니기에 가벼워 보일 뿐이다. 때로는 그것이 내 무게로 쏠리기도 해 속이 상하고 답답할 때도 있는 것이다. 그것은 누구로부터가 아닌 바로 내가 내 생각대로 이리저리 옮겨놓다 그만 자신에게로 가져온 까닭이다. 누구를 탓할 이유나 명분은 더욱이 없다. 다만 자신의 삶만 고달플 뿐이다. 생각하면 참으로 어리석지 않은가 말이다. 모두의 삶이 같을 수 없기에 그 다른 인생에 대한 것도 인정을 해야 한다는 것이다. 그래야 내 삶이 편안해진다.

누구 때문에 사는 삶은 참으로 어리석고 바보 같은 짓이다. 왜 자꾸 나의 삶을 다른 이와 비교해서 자신을 더욱 초라하게 만들어야 하는지 잠시 생각해 보자. 그것은 자신이나 상대에게 아무런 도움이 되지 못한다. 적어도 부부의 인연으로 만났다든가 가족이라든가 아니면 친지나 친구라 할지라도, 서로 만나서 서로에게 유익한 존재로 마주할 수 있어야 좋은 관계를 계속 유지할 수 있다. 서로에게 무익하고 해가 된다면 그 관계를 계속 이어갈 그 어떤 이유나 까닭이 없다. 물론, 서로에게 진정 기다림의 시간이 필요하다면 모를까.

우리는 삶에서 늘 두 개의 갈림길에서 어느 길을 선택해야 할지 멈칫 서서 머뭇거리게 된다. 그것은 누구에게나 비슷한 경험일 것이다. 하지만 그 선택의 기로에서 무엇을 선택하는가에 따라 인생은 많이 달라지기도 한다. 그것이 올바른 결정이었든 그렇지 않든 간에 다른 사람이 아닌 자신이 선택하고 결정해야 한다는 것이다. 그것만이 인생에 있어 후회의 횟수를 줄일 수 있으며 명치 끝 가슴 쓰림의 아픔도 줄이게 되는 것이다. 내가 스스로 결정했기에 그 어떤 결과에 대해서도 받아들일 수 있고 남의 탓으로 돌리지 않게 되는 것이다.

내일의 미래가 있어 오늘을 열심히 사는 것이리라. 하지만 내일로 인해 지금의 이 순간을 놓치지 않기를 바라는 마음이다. 때로는 바쁘다는 이유로 순간순간을 쉬이 넘겨버릴 때가 얼마나 많던가. 결국, 우리의 삶은 순간을 잘 살고 지금을 잘 살고 오늘을 잘 살면 후회를 줄이는 하루를 살게 되는 것이다. 그래서 먼 훗날의 오늘이 바로 여기이고 지금이며 순간이라 생각된다. 그러니 먼 훗날만 계획하다 오늘의 소중한 것을 잃지 말아야 할 일이다. 무엇보다도 가까운 가족에게는 더욱이 그렇다. 가깝다는 이유로 소홀히 여기거나 홀대하지 않기를 말이다.

'두나미스'의 권능과 '다이너마이트'의 힘
신영의 세상 스케치 839회
보스톤코리아 2022-04-25, 11:22:12

'두나미스'($δυναμις$)는 헬라어로 성경에서 성령의 능력(能力)을 말하며, 영어 '다이너마이트'(dynamite)의 어원이다(행 1:8; 10:38). 지난주 기독교인들에게는 사순절의 의미와 고난주간과 함께 부활주일 날 부활하신 예수님을 기념하며 기뻐하는 날로 보냈다. 그렇다면 거룩함을 추구하는 성령의 능력(能力, $δυναμις$)은 어떤 능력이고 무엇을 의미하는 것일까. 여기저기 전쟁의 소리 끊이지 않고, 그 전쟁으로 가족을 잃고 울부짖는 애끓는 소리와 모습들 폐허가 된 도시. 원인을 알 수 없는 바이러스의 공포는 우리를 묶어 놓는다.

노벨상을 만든 스웨덴의 알프레드 노벨(Alfred Bernhard Nobel/1833년 10월 21일~1896년 12월 10일)은 스웨덴의 공학자이자 사업가이고 과학자이다. 그는 고체 폭탄인 다이너마이트를 발명했다. 노벨은 안전한 고체 형태의 폭약인 다이너마이트를 만들어 많은 돈을 벌었다. 그러나 다이너마이트가 전쟁 무기로 쓰이는 것을 지켜보며 큰 절망을 느꼈다. 오랜 고민 끝에 그는 자신의 유산 대부분을 기금으로 해 인류에게 공헌한 사람들에게 주는 상을 만들라는 유언장을 남기고 1896년 12월 10일 숨을 거둔다.

100세 시대라고들 하지만, 세상의 소리(NEWS, SNS 등)에 귀를 기울이다 보면 정말 사는 것이, 아니 살아남는 것이 쉽지 않은 세상이구나 싶다. 세상을 사는 우리는 늘 불완전하고 여기저기에서 전쟁의 소리 들리고, 원인과 이름도 모를 만큼의 바이러스들이 삶의 틈을 위협하는 오늘에 우리는 더욱 움츠러들고 위협당하고 있는 것이다. 이런 세상에서 우리는 무엇을 의지하며 살아야 할까. 그저 나 혼자 밖에 나가지 않고 남들과 접촉하지 않으면 안전할 거라는 생각으로 혼자 사는 것이 최선의 방법일까.

인간은 혼자 살 수 없는 사회적 동물인 것을 이번 2년여에 거쳐 경험하고 깨닫지 않았던가. 나 혼자만 안전하다고 되는 일이 아님을 말이다. 그 누구와 접촉하지 않고 살면 안전이 보장된다고 하지만, 결국은 혼자 있으므로 감당해야 할 것들이 많지 않던가. 무엇보다도 정신적인 문제에서 고립되어 우울해지고 답답해지는 그것이 어찌 삶이라고 할 수 있겠는가. 할 수 없기에 그것을 받아들인 것이 아니겠는가. 그렇지만 이 어려운 가운데 나보다 더 어려운 이들을 돕는 손길에 놀라고 감동하곤 했었다.

알프레드 노벨의 '다이너마이트'가 처음 시작과 달리 지금에도 전쟁으로 쓰이는 무기의 기초가 되지 않던가. 우리의 삶에서도 늘 양날을 가진 칼처럼 좋은 곳에 쓰이면 다른 사람의 병을 고치기도 하거니와, 잘못 사용하면 사람을 해치는 흉기도 되지 않던가. 그러니 우리의 일상에서도 강자와 약자 사이에서의 힘을 어떻게 잘 사용해야 하는지 생각해 볼 일이다. 또한 어떻게 지혜롭고 명철하게 살아야 하는지 늘 기도하며 자신을 돌아보는 시간을 가져야겠다는 생각이다. 세상을 바라보는 마음이 참 아프다.

헬라어 '두나미스'($\delta \upsilon \nu \alpha \mu \iota \varsigma$)는 성경에서 권능과 폭발적인 능력을 뜻한다고 한다. 다이너마이트의 원뜻인 이 권능과 능력으로 기독교인과 개신교인들은 무엇을 할 수 있을까. 모두가 선교사가 되어 선교사로 갈 수 있는 일도 아니고, 목사, 전도사 그 외의 직분 자들이 될 수 있는 것은 아니지 않던가. 그러니 우리는 무엇보다도 지금에 처한 세상의 일들을 직시하며 간절한 마음으로 기도하는 것이다. 지금 당장 그들의 아픔과 고통과 상처와 위로를 위해 함께 도울 수 있는 방법을 찾아 실천하는 것이 최우선이라 생각된다.

세상에서 가장 강한 폭탄이 있다면 그것은 원자탄이다. 이름만 들어도 무서운 무슨 무슨 미사일 등, 세계 모두를 공포의 도가니로 몰아넣지 않던가. 그것은 온 인류를 파괴하는 것이며 창조 질서를 무너뜨리는 행위이다. 그러나 소리 없이 더욱더 강력한 힘으로 세상을 바꿀 수 있는 것은 바로 폭발적인 능력의 '두나미스'($\delta\upsilon\nu\alpha\mu\iota\varsigma$) 우리들의 기도인 것이다. 평화를 원하고 화평을 원하는 이들이 많아지는 세상 말이다. '하나님 보시기에 좋았더라(창 1:1~31)'의 그 아름다운 세상을 위해 오늘도 함께 기도드린다.

상담 심리학(counseling psychology) 공부를 하며

옷이나 신발이나 주인에게 편안해야 자연스러운 것처럼 공부도 그렇다는 생각을 한다. 사람은 생김새만큼이나 좋아하는 일이나 공부 또는 잘하는 일이나 공부가 있다. 똑같이 배워도 익히는 속도와 받아들이는 정도의 차이가 있는 것이다. 어려서는 그림을 좋아하고 글쓰기를 좋아하고 손으로 만들기를 좋아했다. 특별히 패션에 대한 감각이 남달라 패션 일러스트가 되고 싶었다. 그 꿈은 이루지 못했지만, 분장 메이크업을 공부하게 되었고, 글도 쓰고 사진도 찍게 되었다. 그리고 상담 심리학 공부를 20여 년 전 시작했다.

지금 생각하면 상담 심리학(counseling psychology) 공부는 내게 참 잘 어울리는 공부였음을 깨닫는다. 글쓰기와 접목해 내 깊은 내면의 나와 만날 수 있는 시간을 많이 가졌으며, 그로 인해 나의 삶이 풍요로워졌고, 그 누구를 위한 삶이라기보다는 나를 챙길 수 있는 시작이 되었다. 사물을 보더라도 쉬이 지나치지 않는 연습과 훈련이 되었으며 작은 일에 대해서도 분석하는 능력도 키워갈 수 있었던 계기가 되었다. 울컥 화가 날 때도 나를 다스리며 평정심을 찾을 수 있는 공부가 되었으며, 상대방의 입장이 되어보는 공부도 된 것이다.

"상담 심리학(counseling psychology)은 상담의 목적이나 방법,

과정 따위를 연구하는 심리학의 한 분야이다. 개인의 정서적, 행동적, 직업적, 사회적 측면 및 교육, 건강 등과 같은 영역에서의 적응과 기능등도 함께 연구한다. 상담 심리학은 상담(counseling) 과정 및 결과와 같은 다양한 영역에서 연구 및 응용 작업을 포함하는 심리전문 분야이다. 감독 및 훈련, 경력 개발 및 상담, 그리고 예방과 건강 등 상담 심리학자들 사이의 통합 주제에는 사람과 환경의 상호 작용, 교육 및 경력 개발, 건강한 성격에 대한 초점이 포함된다."

10여 년을 상담 심리학 대학원 공부를 시작했다가 마무리를 짓지 못하고 시간을 흘려보냈다. 남편을 지난해 떠나보내고, 시간을 헛되이 보내면 안 되겠다는 생각을 했다. 내 앞으로의 삶에 대한 시간표를 그려보면서 하나님 앞에서 무릎 꿇고 깊은 기도를 올렸다. 마음에 와닿는 울림이 공부를 다시 시작해야겠다는 것이었다. 시작하다 끝맺지 못했던 대학원 공부를 이제는 마무리 지어야겠다고 마음먹었다. 그리고 준비를 시작하고 3월부터 상담 심리학 대학원 공부를 다시 시작하게 되었다.

세상 나이 60이 다 되어 공부한다는 것이 그리 쉽지 않았다. 어려서부터 아트 공부는 좋아했지만, 공부를 위한 공부를 그리 좋아하지 않는 편이기에 복습과 예습 과정에서도 몇 번을 반복해야 외워지곤 했다. 그렇지만 열심히 하고 있다. 때로는 수강 시간에 녹음을 해 다시 들어보기도 하고 반복해 써보기도 하고 내 목소리를 녹음해 반복으로 들어보기도 한다. 그러나 하나님께 감사하다는 고백을 매일 한다. 바쁜 삶으로의 문을 다시 열어주시고 이렇게 공부할 수 있는 여건을 허락하신 하나님께 감사의 고백을 올리는 것이다.

하나님께 무릎 꿇고 간절한 마음의 기도 중에는 지금의 상담 심리학(counseling psychology) 공부가 나 자신만을 위한 공부가 아닌, 다른 사람과 소통하고 사람을 살릴 수 있는 통로로 사용해달라는 기도를 매일 하는 것이다. 그래서일까. 공부가 점점 재밌어지고 마음이 설레고 꿈틀거리는 것이다. 분명 내게 '소망'이 생긴 것이다. 아니 어쩌면 내게 '소명'이 생긴 것일 게다. 남은 내 인생을 어떻게 이끌어가실까. 내 마음 깊은 곳에서부터 설렘과 궁금증이 일기 시작한 것이다. 분명한 것은 그분이 나를 쓰실 것을 안 까닭이다.

세상은 어지럽고 뿌옇고 앞을 분간할 수 없는 혼돈의 시간 속에 있지 않은가. 많은 사람들 가운데 홀로 외로움에 지쳐 우울해지고 불안해지고 여기저기 전쟁의 소리 들려오니 안정되지 않은 오늘을 사는 것이다. 이렇듯 혼돈의 때에 더욱더 정신 줄을 놓지 말아야 한다. 나를 지키기 위해 내 가족을 지키기 위해서는 더욱이 그렇다. 내가 든든히 서서 평정심을 잃지 않고 무엇이 옳고 그른지 구분할 수 있는 분별력이 중요하다. 가짜가 진짜보다 더 화려해 보이는 이 시대에 어디에 휩쓸리지 않도록 나의 중심을 잃지 말아야 한다.

영적인 순발력

훌쩍 5월을 맞았다. 누군가 그 말을 참 잘 만들어 놓았다는 생각을 한다. 시간의 빠름을, 세월의 흐름을 자동차 속도에 맞춰 40대에는 40마일로 달리고 50대는 50마일로, 60대는 60마일로, 70대는 70마일로 달린다는 그 이야기는 가끔 나의 삶 속에서도 생각나게 한다. 긴 겨울을 마무리할 때쯤에 봄은 이미 와 있고, 봄인지 겨울인지 모를 오락가락 사이에 여름은 슬쩍 고개를 내밀 것이다. 그러니 우리는 그저 오늘의 날에 나누고 누리고 만끽하는 일만이 최선의 선택일 것이며 최고의 삶을 누리는 것일 게다.

21세기는 관계의 시대이다. 이해관계에 따라 만나고 헤어지고 그 속에서 이해타산을 따지며, 득이 될지, 해가 될지 가늠하면서 말이다. 눈치 빠른 사람이 성공하는 시대라는 말이 마음에 들지 않지만, 어찌 됐든 곰보다는 여우가 더 낫다는 면에서 마음이 조금 누그러지기는 한다. 나는 그렇다면 어느 편에 더 가까울까. 생김새만큼이나 성격이나 성향이 모두가 다르지 않던가. 그러니 세상에 '정답'이 없음을 다시 또 말하고 싶은 것이다. 다만 내 마음에 거슬리는 것은 나와 잘 맞지 않는 이유일 뿐이다.

지난주는 내게 참으로 바쁜 한주가 되었다. '2022 세계 여성위원 컨

퍼런스'가 달라스에서 있어 4/29~30(토~일)까지 다녀왔다. 5/1(월) 아침에 뉴욕에서 수강이 있어 보스턴 집에서 새벽 5시에 출발했는데, 커네티컷을 지나는데 어찌나 트래픽이 심하던지 자동차 안에서 40여 분을 그냥 서 있던 기분이었다. 수업 시간에 늦어질까 염려스러웠는데 다행히도 뉴욕에 거의 도착해서는 도로가 편안하게 뚫려 시간에 맞출 수 있었다. 하지만 차 안에서 자동차 속도가 제자리일 때의 심정을 생각하면 한숨이 나온다.

  사람을 많이 만나면 만날수록 그 속에서의 다양함을 느끼며 집에 돌아와 많은 공부를 하게 된다. 물론 그 생각 속에는 내가 중심이 되어 생각하고 나름 평가하는 것이리라. 삶에서 '훈련'이라는 것이 꼭 필요하다는 생각을 해본다. 다른 사람에 대한 배려와 관심 그리고 기다림 등은 머릿속에서 생각은 하지만 실천이 어려운 것이다. 그러니 보통 때에 의식적으로라도 자신을 일깨워야 한다. 우리가 세상을 살아보지만, 삶의 현장은 그리 만만치 않다. 나 자신을 위하고 또 다른 너를 위하고 우리를 위하는 길인 까닭이다.

  툭~ 던지고만 말 한마디가 어느 사람에게는 큰 상처가 되기도 한다. 너무도 쉬이 던져져 내동댕이쳐진 말을 물끄러미 쳐다보며 누구의 편을 들어 위로를 해주고 위로를 받을까. 상담학 교수님의 강의 시간에 이런 말씀을 들려주신다. '영적인 순발력'이란 낱말을 또박또박 하얀 칠판에 검정 매직펜으로 적으시면서 우리는 '하나님의 자녀'라는 사실적인 인식이 필요하다고 말이다. 그 인식으로 인해 참을 수 있는 힘을 얻는 것이라고 들려주신다. 하고 싶은 말이 목에 깔딱깔딱 올라올 때 마음을 가라앉히는 힘이 바로 '영적인 순발력'이라고.

삶은 훈련이다. 5월은 가정의 달이다. 교육은 가정과 학교 사회에서 배우고 익히고 실천하며 쌓이는 것이다. 자녀들은 부모의 언행을 알게 모르게 익히며 자란다. 학습지로 교육하고 교육받는 그런 교육이 아닌 일상에 배어져 있는 삶을 그대로 그림자처럼 배우는 것이다. 부모라는 자리가 그래서 참 어렵고 힘든 자리임을 깨닫는다. 하고 싶은 말을 다 하는 것이 꼭 옳은 일은 아니라는 것이다. 자신의 의견을 표현할 수 있는 것은 좋은 일이겠으나, 상대방의 입장을 고려해서 생각하고 표현하는 것이 좋겠다는 생각이다.

'영적인 순발력'은 무엇보다도 '훈련'이 필요하다는 생각이다. 훈련이 되지 않는다면 마음의 생각이 정리도 되기 전 툭~ 튀어나오는 이유이다. 그 어떤 자리에서도 생각을 빨리 정리·정돈해 이 자리에서 이 말이, 이 의견이 꼭 필요한지의 순발력을 말하는 것이다. 그러니 훈련되지 않으면 엉뚱한 말이 튀어나올 수 있고, 때로는 그 말로 상대방이 상처받을 수 있으며, 또 그 정리되지 않은 의견이 툭~ 튀어나와 생각지 않게 당황하는 일을 겪기도 하는 것이다. '영적인 순발력'은 서로를 위해 꼭 필요한 훈련이다.

뉴욕을 선교 도시로
신영의 세상 스케치 844회
보스톤코리아 2022-05-30, 11:43:17

"뉴욕을 선교 도시로!"라는 캐치프레이즈 아래 뉴욕지구한인교회협의회 주최 Good TV 후원으로 오는 5월 26일(목)~5월 29일(주일)까지 〈뉴욕선교대회〉가 열린다. 뉴욕에 수업이 있어 오가며 각 나라에서 세계 선교지에서 선교사님과 사모님 몇 분 포함 34분이 세계의 심장이라 여기는 뉴욕에 오신다는 소식이다. 이 때가 기회다 싶어 계획을 잡고 이 시간을 기다리고 있다. 이번 선교대회를 위해 준비하시는 손길들을 보며 감사와 축복에 가슴의 뜨거움으로 이미 성령 충만으로 차오르는 것이다.

이번 선교대회 참석 사역 나라는 코스타리카(조운제 선교사), 파라과이(양찬근 선교사, 박경주 선교사), 태국(박대성 선교사), 몽골(고엘리사 선교사), 콜롬비아(김선훈 선교사, 김현주 선교사), 불가리아(배점선 선교사), 인도네시아(안태롱 선교사), 말레이시아(박상배 선교사), 키리기스스탄 아이티(예레미아 박 선교사), 북한(이순례 선교사), 유대인(이스라엘/김현일 선교사, 고운정 선교사), 엘살바도르(황영진 선교사, 황은숙 선교사), 인도(이태진 선교사), 일본(최영호 선교사), 에콰도르(김창호 선교사, 김영애 선교사). 캄보디아(곽시온 선교사, 정바울 선교사), 과테말라(유광수 선교사, 윤영숙 선교사), 국제도시선교(김호성 선교사, 김미라 선교사), 아프카니스탄(이라합 선교사), 우크라이나(김주순 선교사), 아프리카 가나(홍수정 선교사). 이렇듯 세계 각국의 선교사님들이 총출동하신다.

　뉴욕은 세계의 심장이라고 일컫지 않던가. 각계각층에서 세계 최고를 꿈꾸는 사람들이 여기저기서 몰려드는 미국의 중심 도시가 뉴욕이다. 나 역시도 미국에 처음 도착했던 곳이 뉴욕이다. 20대 초반의 꿈이 넘실거리고 꿈틀대던 추억이 고스란히 남아 있다. 보스턴에서 30여 년을 살며 뉴욕을 한 번씩 방문하면 어릴 적 그 시절로 돌아가는 것이다. 내 꿈들이 몽실거리고 짝꿍(남편)과 즐겁고 행복했던 그 어린 시절로 돌아가는 것이다. 그래서일까. 보스턴에서 뉴욕까지의 4시간 정도의 운전이 그리 지루하지 않은 이유이기도 하다.

　세계 각국 각처에서 3년이 다 되는 시간 동안 코로나바이러스와 변이 바이러스 오미크론으로 얼마나 힘들었던가. 아직도 끝나지 않는 시점에서 러시아-우크라이나 전쟁은 부모를 잃고 고아가 되고 자식을 잃고 망연자실한 우크라이나 국민들뿐만 아니라, 세계 각 나라마다에 근심과 걱정과 위기 속에서 앞이 보이지 않는 안보와 경제에 대한 불안감에 시달리고 있는 것이다. 개인도 그러하거니와 나라도 넉넉하지 않은 나라일수록 현실에 처한 상황은 비참하리만큼 힘든 상황인 것이다. 이런 때에 나와 내 가족만 내 나라만 안전하면 될까.

　이제는 세계 각국이 우리 몸의 각 지체처럼 한 나라가 망하고 폐허가 되면 간단하게 처리되는 것이 아니다. 환경이나 경제나 그 어떤 것일지라도 그 여파로 영향을 받게 되어 있다. 그래서 서로를 돕고 서로를 위하고 함께 나아가야 개인이든 나라든 살아남을 수 있는 것이다. 개인이든, 나라든 '독불장군'의 시대는 아주 오래 전에 지나갔다. 현대의 시대 속에서 어떻게 하는 것이 제일 현명한 일인지 우리는 지혜롭게 대처해가야 한다.

2022년 〈뉴욕선교대회〉를 총괄하는 김희복 목사(두나미스 신학대학교 학장(교수/박사)는 〈뉴욕지구한인교회협의회〉 회장을 맡고 있다. 이번 뉴욕선교대회는 뉴욕지구한인협의회 50년 동안에 처음으로 큰 선교 잔치가 열리게 될 것이라고 한다. 이 어렵고 힘든 이 시점에서 세계 각국 선교사들을 모시고 각 지역의 사정들을 함께 듣고 나누고 서로에게 치유의 장이 될 수 있기를 간절히 기도한다고 한다. 〈뉴욕을 세계 선교 도시로!〉라는 캐치프레이즈를 착안하고 그를 위해 기도하는 또 한 사람은 김경렬 목사(두나미스 신학대학교 구약학 교수/박사)이다. 합력하여 선을 이루시는 놀라운 역사가 뉴욕에서 일어나기를 기도한다.

그 외 공동준비위원장으로 뉴욕장로교회(김학진 목사)에서 장소를 나누시고 34명의 선교사들과 참여하는 모든 이들에게 점심·저녁 모두를 책임지신다고 한다. 또한 공동준비위원장으로 이번 대회 모금을 위해 골프대회를 준비하신 이준성 목사(두나미스 신학대학교 신약학 교수/박사)의 준비와 기도가 있었기에 이 대회가 가능했으리란 생각이다. 모든 일정을 하나님께 맡겨드리며. Praise the Lord!!

때를 얻든지 못 얻든지

오랜만에 가슴이 뚫리는 시간을 갖고 돌아왔다. 지난 5월 26일부터 29일까지 뉴욕에서 '뉴욕을 선교 도시로!'라는 주제로 〈뉴욕선교대회〉가 있어 참석하며 감사한 시간을 보내고 왔다. 늘 무덤덤하리만치 세상과 함께 미지근한 신앙생활을 해 왔었다. 일요골프팀에 있던 남편 따라 골프도 두 번 정도 가고 두 번은 교회에 가는 그런 부끄러운 신앙을 갖고 살았다. 그것이 그렇게 큰 죄라는 생각도 없이, 남편과 함께 움직이는 것이 가정을 위한 것이라는 생각이 더 컸었다. 결국 남편은 예수님을 영접하고 하늘나라에 갔다.

유교 집안에서 태어났던 나는 초등학교 3학년 때 처음 친구 따라 교회에 갔었다. 그리고 자라며 열심은 아니었지만, 시간이 허락되면 교회에 참석하곤 했었다. 무엇보다도 친정엄마께서 교회에 다니지 않으셨지만, 교회에서 배우는 것이 많지 않겠느냐며 격려해주셨다. 하지만 아버지는 늘 평상시에는 조용하시고 자상한 아버지셨지만, 교회에 대한 이야기에는 언성을 높이시곤 하셨다. 어려서 시골에서 자라던 나는 부모님 곁을 떠나 서울 큰언니네 집에서 살게 되었다. 그때부터 나의 신앙생활은 더욱 깊어졌다.

세례는 〈새문안교회/고 김동익 목사〉 장로교회에서 받았다. 대한민국 최초의 장로교 교단인 대한예수교장로회(통합)였다. 세례 전 교리 공부를 6개월 했었던 기억이다. 연로하신 장로님들께서 철저하게 교육을 담당하셨으며 신앙에 관한 철저한 교육을 담당하셨다. 청년부/대학부 언니 오빠들 중 신학을 하는 이들이 여럿 있었으며, 30여 년이 훌쩍 지나 나중에 생각이 나서 이름을 찾아보니 여기저기 선교지에 가 있는 이들이 보였다. 나는 어디 있는가. 한 남자의 아내와 세 아이의 엄마 그리고 한 가정의 며느리 자리에 있었다.

이번 〈뉴욕선교대회〉에 참석한 35명의 선교사님들의 간증을 들으며, 나 자신을 잠시 돌아보는 시간을 가졌다. 열심히 살았다고 생각했는데, 그 열심이 나와 내 가족 외 더 생각나질 않았다. 나만을 위해서 지독히 이기적인 삶을 살아왔다고 생각했다. 세 아이를 대학 보내고 마치고 대학원을 보내고 마치고 학교 선생이 되고, 변호사가 되고 비즈니스를 하는 부모로서 자식들을 썩 괜찮게 키워냈다고 생각했다. 그리고 여행을 좋아하는 나는 그 누구를 개의치 않고 내가 가고 싶은 곳을 가고 오곤 했다.

"너는 말씀을 전파하라 때를 얻든지 못 얻든지 항상 힘쓰라 범사에 오래 참음과 가르침으로 경책하며 경계하며 권하라"(디모데후서 4:2)

내가 무엇인가 꼭 필요한 것이 있을 때는 특별히 그것이 자식에게 필요한 것이라면 자존심이 상하더라도 상관하지 않고 고개를 숙이는 일이 우리 삶 가운데에서는 있지 않던가. 그러나 '영혼 구원'을 위해 누군가를 찾아가서 내 전심을 다해 전도한 일이 별로 없었다. 그저 '홈레스 사역'이나 그 외의 돕는 일에 도움의 손길을 보태는 정도였다. 이번 행사를 통해 참으로 부끄러운 나를 만났다.

　남편의 형님인 시아주버님은 미 공군대령으로 계시며 무관으로 한국에서 5년을 외교관으로 계셨다. 대령으로 예편하신 다음에 신학박사를 받으시고 지금은 '영어 목회'를 하고 계신다. 남편은 형이 목사이고 아내가 집사인데도 '예수 영접'하기가 참으로 쉽지 않았다. 생각해보니 그 사람은 부족한 것이 별로 없었다는 것이었다. 만 6살 때 이민을 와서 남들이 버거워하는 영어에도 능통하고 남들이 가고 싶어 했던 아이비리그 코넬 대학에서 졸업하고 보스턴에서 비즈니스 공부를 1년여 했었다.

　그 사람에게는 하나님의 도움 없이도 별 어려움이 없었다고 생각해본다. 신앙생활을 했던 아내인 내 기억 속에도 믿음이 좋다는 그 어느 크리스천들보다도 정직했으며 진실했던 착한 사람이었다. 다만, 하나님을 믿지 않으려 도망쳤던 일 말고는 그랬었다. 형의 기도가 얼마나 오랜 기간 있었겠는가. 나 역시도 남편을 위해 기도를 많이 했었다. 나중에야 깨달았지만, 인간의 목숨이라는 것이 종잇장보다 낫지 못하다는 것을 깨달았다. 불에 타 부서져 재가 되는 너무도 나약한 존재가 사람이라는 것을 말이다.

대화의 원칙과 배려하기

21세기는 관계의 시대이다. 나 혼자가 아닌 너와 함께 우리가 되어 살아가는 세상이다. Small World의 작은 지구촌이 되어버린 SNS의 세상에서 나라, 인종, 종교와 상관없이 그 누구와도 쉬이 만날 수 있는 세상이 되지 않았던가. 이렇듯 세계 각국의 친구들과 대화를 쉬이 나눌 수 있는 요즘 정작 가까이에 있는 가족이나 친구와 이야기를 나눌 시간이 줄어들었다. 짧은 채팅 방식의 표현을 하다 보니 얼굴을 마주하고 이야기하는 식(법/예절)을 점점 잊어버리고 잃어버리는 것 같아 안타까움이 이는 것이다.

우리는 매일 배우며 산다. 아이는 어른을 통해 배우며, 어른은 아이를 보면서 또 배운다. 친구를 통해, 이웃을 통해 관계 속에서 우리는 매일 배우며 사는 것이다. 때로는 대화법을 몰라 서로에게 상처를 주고받기도 한다. 그것은 특별히 누구의 잘못이라기보다는 제대로 대화법을 배운 적이 없기 때문이다. 대화의 원칙에는 배려의 마음이 있을 때 시작해야 한다. 대화라는 것은 각자의 입장을 말하는데, 그 입장이란 상황이나 사건에 대해 아주 주관적인 것임을 기억해야 한다. 서로의 연약함을 인정하고 이해하면서 대화를 시작해야 한다.

대화에서 중요한 것은 배려하는 마음이다. 배려는 성숙한 인격과

거듭난 영성에서 나온다. 대화의 기술은 있으나 배려하지 않는 태도, 대화의 기술은 있으나 서로 배려하지 못하는 태도, 배려하는 태도를 불분명하게 하여 오해를 만들기도 한다. 대화의 기술도 있고 배려하는 태도도 있을 경우 우리는 서로 마음을 주고받을 수 있다. 서로에게 좋은 친구가 될 수 있으며 치유자가 되기도 한다. 우리는 무엇보다도 기다릴 수 있는 여유의 마음이 필요한 것이다. 상대가 나에게 들려주고 싶은 말이 무엇일까 생각하면서 말이다.

대화를 할 때는 'I message 대화법'으로 하는 것이 중요하다. 예를 들어 '네가 ~했을 때 나는 이런 생각이 또는 이런 느낌이' 등으로 상대방의 말이나 어떤 행동이나 행위를 틀렸다거나 비난하지 않고 자신의 솔직한 생각과 느낌을 전달한다. '나 때는 말이야'가 아닌, 대신에 '내가 느끼기에'라는 등의 대화법이 중요하다. '너를 주어'로 대화를 하게 되면 상대방의 행동에 대한 판단이나 비난을 하게 된다. '나를 주어'로 대화를 하게 되면 개방적이고 솔직한 인상을 전달하게 되고 상호이해를 증진시키며 상대에게 협력을 구할 수 있다.

내 경우를 말하자면, 나는 급한 성격이 아니라 말하기도 좋아하고, 듣는 것도 좋아하는 편이다. 상대방의 이야기를 들으면서 '얼쑤, 얼쑤!!' 맞장구를 쳐주며 흥을 돋워주기도 한다. 그렇게 되면 말하는 사람도 절로 신바람이 나서 즐겁지만, 듣는 나 역시도 마음에 흥이 오르니 서로에게 좋은 에너지를 주게 된다. 이보다 더 좋은 일이 또 있을까. 이렇듯 서로에게 용기를 주고 힘이 되어주는 관계는 오래갈수록 더욱 깊어지니 나이가 들수록 편안하고 진솔한 친구로 남는 것이다. 살면서 한둘은 서로 너무 안 통하는 경우도 있기는 하다.

삶에서 열 사람 중 일곱 사람 정도만 나를 좋아해 주는 내 편이 되어준다면 그 인생은 성공한 것이 아닐까 싶다. 열 사람 모두가 나를 좋아해 주기를 바라면 그것은 너무 큰 욕심일 게다. 그저 자연스럽게 흘러가는 것이 최고이다. 사람의 관계도 물길 따라 물이 흘러가는 것처럼 자연스럽게 놔두면 된다. 굳이 빨리 만나려고 인위적으로 땅을 파 물길을 돌릴 필요까지는 없다는 생각이다. 내게 주어진 사람이나 사물이나 그 어떤 관계에서도 섣부르지 않은 태도와 상대에 대한 배려와 기다림이 있다면 최선인 것이다.

우리는 살면서 '내 인생의 멘토!!' 한둘 정도는 있는 것이 좋겠다는 생각이다. 부모·형제·자매 등도 편안하지만, 때로는 내 속의 말을 다 할 수 없을 때가 있는 것이다. 그럴 때 친구나 선후배, 어릴 적 은사님들이 곁에 있다면 인생의 든든한 울타리와 버팀목이 되어주는 것이다. 내게도 친정 언니들 말고 가까이에 어릴 적 친구 하나가 있고 뉴욕에 40년이 다 된 선배 언니와 한국에도 40년이 다 된 선배 언니가 있다. 한국에 가면 친구들과의 만남이 즐겁긴 하다. 그리고 어릴 적 은사님들 세 분 정도가 내 곁에 계셔서 감사하다.

2부

MBTI(성격유형검사)를 마치고

　십여 년(2008년) 전 Bible study group에서 좋은 시간을 가졌었다. 다름 아닌, MBTI(성격유형검사)를 한국에서 오신 강사님이 진행하면서 자녀 교육에 대한 좋은 말씀을 들었다. 20년 전, 에니어그램(Enneagram)을 접할 기회가 있어 내게는 그 무엇보다도 좋은 경험의 장을 만날 수 있었다. 또한, 한국을 방문 중에도 명상과 치유에 관한 강의가 있으면 머무는 시간이 빠듯했지만 참여를 하곤 했었다.

　동네의 한 아는 분이 에니어그램에 대해서 얘기를 하다가 심리학과 치유명상에 관심이 많은 내게 말씀을 해주신다. 동생이 OO대학에서 가르치고 있는데 에니어그램에 관한 내용을 많이 다루더라는 얘길 들은 적이 있었다. 그렇게 듣고 흘려보내고 말았었다. 한국에서 동생이 안식년을 맞아 1년을 공부도 할 겸 언니네 집에서 머무는 중이었다. 우연하게도 Bible study group에서 이 교수를 모시고 MBTI(Myers-Briggs Type Indicator)-성격유형검사를 하게 되었던 것이다.

　모두들 가정에서 남편과 아이들을 키우는 주부가 많기에 관심도는 더욱 높았다. 모인 중에는 젊은 주부들도 많았으며 남편이 공부하는 젊은 주부들도 많은 탓에 스트레스도 더 많다는 것이다. 아이들이 어리니 자기 하고 싶은 공부도 할 수 없고 남편의 뒷바라지와 아이를 키우는 일 그리고 미국에 온 지 오래되지 않아 언어적인 스트레스도 높은 것이다. 이런 상황에서 남편이나 아이에게 화를 자주 내는 자신과 자신을 컨트롤 못하는 자신에 대한 자괴감에 빠지고 만단다.

또한, 다른 젊은 주부들과 한참 이것저것을 재어보기도 하고 샘도 부리고 질투하다 보면 자꾸 비교하는 버릇만 커지니, 자신에게 필요치 않은 열등감에 에너지를 낭비하는 것이다. 저녁에 들어오는 남편에게 짜증이 늘고 아이에게 화를 내고 점점 하루의 생활에 지쳐가는 본인을 만나며 실망하고 만다. 나 자신도 때로는 나를 잘 모르기에 속상하기도 하다. 헌데, 어찌 다른 사람이 나를 안다 말할 수 있을까.

더욱이 남편이라고 해서, 아내라고 해서 마음대로 할까. 상대를 바꾸려고 애쓰다 보면 아이들은 훌쩍 자라 있고 바꾸고자 원했던 사람은 정작 그대로인데 애쓰려 했던 사람인 나 자신이 바뀌어 있는 놀라운 사실. 아마도 그렇게 사는 것이 삶인가 보다, 그렇게 사는 일이 내 어머니도 그랬으리라, 내 어머니의 어머니도. 얼마간의 삶의 오솔길을 걸어오면서 잠시 뒤돌아 본 뒤안길, 아직은 갈 길이 먼 길일 테지만 사는 동안 따뜻한 정을 나누며 삶을 살기를 소망해 보았다.

부족한 나의 모습에 속상해하지 말고 나의 성격을 보듬으면서 사랑스러운 나 자신의 장점을 살피며 혼자가 아닌 함께하는 삶이 감사하다고 고백하는 날이길, 그래서 오늘이 더욱 소중하고 감사하다고, 축복인 날이라고 표현하는 오늘이면 좋겠다. 너의 부족함은 내가 안아주고 나의 부족함은 네가 감싸주며 그렇게 우리로 오늘을 살 수 있기를 마음의 기도를 드려본다.

MBTI의 16가지 유형 중 MBTI 검사 결과 나는 ENTP 유형으로 나왔다. 살펴보면 진취적인, 독립적인, 솔직한, 전략적인, 창의적인, 융통성 있는, 도전적인, 분석적인, 영리한, 자원이 풍부한, 의심스러운, 이론적인 이 결과를 살펴보면서 내 성격과 참 많이 닮았구나 싶었다. 에니어그램(Enneagram)이나, MBTI(Myers-Briggs Type Indicator)가 우리에게 주는 것은, "나와 다르다고 해서 '틀린 것'이 아님을…" 전하는 것이다.

나도 나를 잘 모르는 나인데 남이 어찌 나를 알 수 있으며 이해를 받길 기다릴까. 기다림, 기대감은 때로는 실망과 상실을 가져다주기에 그보다 조금 더 깊이 생각을 만날 수 있다면 이해가 간다. 이렇게 깊은 사고를 할 수 있다면 삶이 조금은 편안해지는 일, 상대방도 본인 자신에게도 모두가 이해의 폭이 넓어진다. "완전해지는 것이 아니라, 원만해지는 것이다" 이 프로그램 MBTI를 통해 더욱 나를 들여다볼 수 있어 고마운 시간이었다.

한국외대 '경영대학원' 수강을

뉴욕에서 신학대학원(상담학) 공부를 지난 3월부터 시작했다. 매주 보스턴에서 뉴욕을 오가며 6월 말에 한 학기를 마치고 종강을 했다. 세상 나이 60이 다 되어 하는 공부가 쉽지는 않지만, 또 그리 나쁘지만은 않았다. 무엇인가 배우고 익히고 삶에 적용하며 산다는 것은 얼마나 큰 기쁨이고 행복인가. 무엇보다도 중요한 것은 자신의 환경을 살펴보고 그에 따른 선택과 결정이 꼭 필요하다는 이야기다. 나 역시도 남편을 먼저 떠나보낸 후 지인으로부터 공부를 계속하는 것이 어떻겠느냐는 제안과 함께 기도 중 결정한 일이다.

또한, 지난해 지인(남진병 수석/12기)으로부터 뉴욕에서 외국어대학교 경영대학원(G-CEO)/E-MBA) 과정이 코로나-19로 몇 년 쉬었는데, 2022년도에 다시 시작하게 될 것이라고 들었었다. 그러나 관심은 있었으나 신학대학원(상담학) 공부를 시작한 시점이라 시간이 쉽지 않으리란 생각을 했었다. 그런데 수강 날짜가 7월 11일부터 8월 6일까지라는 이야기를 듣고 여름방학 동안에 한국에 다녀오려던 계획을 취소하고 비행기 티켓도 캔슬하였다. 이 참에 잘 되었다 싶은 마음에 학교에 등록을 마치고 7월을 기다리고 있었다.

지난 주일 예배를 마치고 뉴욕으로 출발했다. 뉴욕의 숙소는 정해졌으니 마음이 편안했고, 앞으로 한 달을 어떻게 알차게 계획표를 잘 짜서 시간을 보낼 것인가. 한국외대 경영대학원(G-CEO) 수강 일정은 7월 11일(월)~8월 6일(토)까지다. 이번 첫 주 강의를 위해 한국외국어대학교 조준서 경영대학원장이 수업을 진행했다. '빅데이터와 고객관계관리'라는 주제로 시작된 첫날 수업부터 재미가 있었다. 귀로는 들어봤으나 그리 가깝게 느껴지지 않았던 용어들이 줄줄이 사탕처럼 나오는 것이다. 빅데이터와 인공지능 등….

첫 수업 중에 조준서 교수께서 질문을 하셨다. 맞추는 학생들에게는 특별한 선물이 있다는 것이다. 맨 앞줄에 앉아 있던 내가 묻는 질문에 대답을 했다. 쉬운 문제이지만 오랜만에 공부하는 평균 나이 55세 정도의 분들이 다 비슷하지 않던가. 그렇게 생각지도 않은 선물(한국외대 로고가 있는 펜)을 받게 되었다. 그리고 둘째 날 또 몇 번의 질문이 있었다. 두 분 정도가 대답을 해 선물(한국외대 로고가 있는 모자)을 주셨다. 나도 기회가 되어 답을 하고 모자 선물을 받아왔다. 어찌 그리도 즐겁고 행복하던지 말이다.

"한국외대 경영대학원은 한국외대의 강점을 살려 해외 각국의 시장과 문화의 변화에 민첩하게 반응하고 대처할 수 있는 글로벌 경영 리더를 길러내는 것을 목표로 한다. MBA과정, 글로벌 CEO 국내과정, 글로벌 CEO 해외과정이라는 3개의 축을 중심으로 막강한 글로벌 동문 네트워크를 형성하고 있는 것이 특징이다. 실제 한국외대 MBA는 2007년 국내 최초로 미국의 한인 상공회의소와 협약을 맺고 뉴욕, 로스앤젤레스, 샌프란시스코, 워싱턴에서 성공한 재미사업가를 대상으로 최고경영자 과정(EMBA)을 개설해 동문을 배출했다."

2008년부터 시작되어 16년이란 세월이 이어져 온 것이다. 2022년 한국외대 경영대학원(G-CEO) 수강생들이 14기이며 35명이다. 지난 13기까지 뉴욕 총원우회 인원이 590여 명이 되었다고 하니 이번 14기를 합하면 600명이 훌쩍 넘은 숫자가 된다. 이렇게 뉴욕 뿐만이 아닌 뉴저지, 워체스터, 애틀랜틱 시티, 그리고 보스턴에서까지 수강을 하게 된 것이다. 원우들이 함께 만나 공부하며 나누는 일이 참으로 감사하게 느껴졌다. 선배들의 이야기를 들어보니 기수별로 만나 나누고 봉사하며 움직이는 일이 많다고 한다.

한국외대 경영대학원(G-CEO) 뉴욕 총원우회(이현탁 회장) 선배들이 후배들을 위해 일정과 식사를 일일이 챙겨주는 모습에 정을 느끼게 되었다. 여느 이해타산을 따지는 모임들보다는 배움이라는 공통분모가 있어 조금은 더 솔직해지고 편안한 모임이 아닐까 싶다. 뉴욕 총원우회에서 홈레스 사역과 봉사활동을 많이 하고 있다고 들었다. 이제 나 역시도 한 일원이 되어 함께 나누고 봉사할 수 있음에 감사한 것이다. 소중한 인연으로 선후배로 만났으니 서로에게 배우고 익히는 실천하는 삶이면 좋겠다.

22년 만에 '나야가라 폭포'에 다녀와서

만 22년 만이다. '나야가라 폭포'와 마주했던 감동적인 시간과 맞닿았다. 여름방학 동안 뉴욕에서 한국외대 경영대학원(G-CEO 과정) 수업을 시작하며 뉴욕에서 머물고 있다. 뉴욕에서 활동하시는 몇 목사님들과의 만남도 내게는 또 하나의 공부이고 즐거움이다. 뉴욕 로고스교회 담임 목사이신 임성식 목사님을 통해 KWMC 제9차 한인선교대회(와싱톤중앙장로교회) 참석을 위해 필리핀에서 오신 선교사(박광하)님 부부와 만남을 갖게 되었다. 대회에 참석하시기 전 이런저런 필리핀 현지에서 복음 사역하시는 이야기를 들었다.

'예수 온 인류의 소망'이라는 주제로 버지니아 〈와싱톤중앙장로교회〉에서 세계 각국에서 모인 선교사님들과 한인 성도들이 약 2,500여 명 참석했다고 한다. 3박 4일간의 일정을 마치고 필리핀 선교사 부부는 다시 뉴욕으로 돌아와 재회의 만남을 갖게 되었다. 약 일주일 정도 함께 지내며 중국 선교지에서 20년을 지내다가 필리핀 선교지로 가게 된 이야기 등 정말 많은 삶 가운데 하나님의 동행하심을 고백하는 귀한 이야기들을 들었다. 내게 감동을 넘어 어떻게 저렇게 살 수 있었을까. 가슴이 뭉클해지는 시간이었다.

지난 주일(7/17/22) 예배를 마치고 설교를 하셨던 권극중 목사님 내외분과 임성식 목사님 내외분 그리고 필리핀 선교사님 내외분과 함께 7명이 RV를 타고 '나야가라 폭포'를 향해 출발했다. 선교사님 부부도 화요일에는 한국을 경유해 필리핀에 다시 돌아가시니 갑작스럽게 의견이 모아진 1박 2일의 멋진 여행이었다. 사모님들과 함께 간단하게 음식을 준비하며 많이 감사하고 행복했다. 목사님들을 모시느라 여간 힘들지 않으시련만 말없이 묵묵히 맡겨진 일에 충실하는 삶을 만나며 잠시 나의 삶을 돌아본다.

22년(1999) 전 한국에서 친정 엄마와 친정 막내 언니와 조카들이 다니러 왔었다. 그때 우리 가족들과 함께 장모님과 처형을 모시고 사위인 남편이 9시간 여 운전을 해 다녀왔었다. 이번 '나야가라 폭포' 여행을 하며 친정 엄마의 얼굴과 오버랩되는 그리움의 시간이었다. 남편의 얼굴도 함께한 시간 모두가 소중하다고 생각하며 하나님께 기도하는 시간이었다. 비까지 내려주는 날에 온몸의 세포들이 일어나 감동의 춤을 춘다. 기쁨과 감사와 그리움이 함께 뒤범벅이 된 그런 시간을 보내고 왔다. 결국 내가 살아 있다는 사실을 깨닫고 왔다.

"세계에서 가장 유명한 폭포인 나야가라 폭포는 높이 55미터 폭 671미터에 달하며 미국과 캐나다 국경 중간에 위치하고 있다. 예로부터 인디언들에게는 잘 알려져 있었으나 백인에게 발견된 것은 1678년 프랑스 선교사 헤네핑에 의해서였는데, 신대륙의 대자연을 상징하는 대표적인 것으로 선전되어 전 세계에 알려지게 되었다."

임 목사님의 RV는 10명 정도는 거뜬히 함께 움직일 수 있겠다 싶었다. 뉴욕에서 2시 정도에 출발 국도 87번 노스를 타고 가다가 90번 웨스트를 옮겨 탔다. 몇 시간을 가서 다시 290 웨스트를 타고 목적지 Microtel Inn & Suites by Wyndham Niagara Falls에 도착하기까지 11시간 정도가 소요됐다. 비가 내리는 구간이 있어 하이웨이 길 운전하시느라 임 목사님과 사모님이 수고를 아끼지 않으셨다. 이 지면을 통해 또 한 번 감사하고 행복했다고 말씀을 드리고 마음을 전해드린다. 박 선교사님 부부와 권 목사님 부부는 호텔에서 묵으셨다.

무엇인가 경험하기 좋아하는 나는 이 밤, 밤하늘과 땅을 이어 부어지는 빗속에서 RV 천정에 부딪히며 후드득거리는 빗소리를 듣고 싶어 RV에서 자기로 했다. 비 오는 날에 집에서도 이층에서 내려와 패밀리룸 선루프에 떨어지는 빗소리를 놓치기 아까워 남편을 혼자 방에다 두고 내려와서 잤던 생각이 났다. 아, 정말 환상이었다. RV 안에서 듣는 빗소리는 온몸의 세포를 두드리며 나를 깨웠다. 이 행복과 감사로 앞으로 6개월은 넉넉히 힘을 얻고 활동하리란 생각을 해본다. 이렇듯 필리핀에서 오신 선교사님 내외분 덕분에 갑작스럽게 '나야가라 폭포' 여행을 다녀왔다. 모두가 맡겨진 사역지에서 성실하고 충성된 '하나님의 일꾼'으로 살기를 기도한다.

막내 아들 & 며느리 'Baby Shower'에 다녀와서

막내아들과 막내며느리가 지난 2021년 6월에 결혼했다. 그리고 8월 말이 예정이라고 한다. 그러니 나는 이제 '할머니'가 되는 것이다. 물론 실감나지 않는 일이라 마음에 와닿지는 않는다. 연년생인 세 아이 중 막내가 지난해 6월 만 30살에 동갑내기 여자 친구와 결혼을 한 것이다. 대학 1학년 때 만났으니 10년이 다 되도록 이어진 인연이었다. 아직도 여전히 손을 잡고 다니는 모습을 보면 엄마의 마음도 흐뭇하다. 요즘처럼 쉬이 만나고 쉬이 헤어지는 세상에서 이렇게 서로 사랑하며 사니 두 아이가 귀하게 여겨졌다.

며늘아이가 미국 아이라 특별히 시어머니 노릇을 할 일도 별로 없다. 한국 며느리 같았으면 아마도 몇몇 시어머니 잔소리를 했을지도 모를 일이다. 그저 아들아이와 며늘아이가 재밌게 사는 그 모습을 바라보는 것만으로도 엄마는 고맙고 행복하다. 더욱이 며늘아이가 예쁜 것은 조용한 성격이기도 하지만, 한국 음식을 맛나게 잘 먹어준다는 것이다. 언젠가는 막내아들이 청국장을 좋아해 먹은 후 돌아가는 길에 싸서 보낸 일이 있었다. 물론, 며늘아이에게 물어본 후 보냈지만, 한국 사람도 부담스러운 그 냄새를 이해해준 것이다.

7월 24일(일)에 Sturbridge, MA 소재에 있는 'The Barn at Wight

Farm'에서 'Baby Shower'가 있어 다녀왔다. 7월과 8월 한 달 반 정도를 수강하는 공부가 있어 뉴욕에 와 있는 중이었다. 12시 30분의 약속이라기에 뉴욕에서 아침 9시 정도부터 준비하고 출발했다. 커네티컷이 며늘아이의 친정이라 커네티컷에 가까운 곳이라고 생각했는데, 2시간 30분 운전을 해서야 목적지에 도착했다. 그 목적지에서 1시간 여 더 가면 우리 집이 더 가까운 장소였다. 마치고 집으로 갔다가 하룻밤 묵고 뉴욕으로 출발할까도 생각했었다.

나와 딸아이 가까운 친구와 지인들이 참여했고, 사돈 댁 친구들도 여럿 참석해 축하해 주었다. 한국 사돈이었더라면 모두가 더욱 편안했을지 모르지만, 아닌 것에 대해 논할 필요가 뭐 있겠는가. 좋은 것만 생각하자고 마음먹으니 모든 것이 감사이고 축복이라고 고백을 했다. 맛난 음식과 세팅은 모두 친정어머니(사돈 댁)가 하셨기에 우리는 모두 맘껏 먹고 웃고 기꺼이 축하해 주었다. 선물을 꺼내어 보여주고 모두가 박수를 보내고 화들짝거리는 이 시간이 또한 어느 날엔가 또 하나의 추억이 되겠구나 싶으니 가슴이 뛰었다.

며느리의 베이비 샤워를 하면서 문득 33년 전 나의 모습이 떠올랐다. 아, 세월이 이렇게 빨리 흘러갔구나 싶었다. 세상 나이를 먹는 것에 대해 아쉬움이나 서운함이 별로 없다. 누구나 그때그때의 나이에서 충분히 행복하길 바라는 마음이다. 나이를 먹으며 편안한 것들이 꽤 많아진다고 생각을 해본다. 사람 관계에서 누구와 견줄 필요도 없으니 편안해져 좋고, 다른 사람들의 장점을 맘껏 칭찬해 줄 수 있는 나이가 되어 감사하다. 나보다 나이 어린 젊은 친구들을 만나면 그들 속에서 배우기에 좋고 나도 함께 젊어진다.

나는 연년생인 세 아이를 정신없이 키웠다. 등교할 시간이면 이른 아침부터 우리 집은 부산스럽고 시끄러워진다. 완전 군대식이다. 샤워를 누가 먼저 하든 간에 딸아이와 큰아들 그리고 막내아들 아이의 윗옷과 아래 옷 그리고 양말을 줄 세워 놓는다. 그러면 아이들은 의례 자기 옷을 스스로 챙겨 입고 아래층에 내려와 밥을 먹고 등굣길에 오르곤 했었다. 지금 생각하니 그 모든 것이 행복이었다. 연년생인 세 아이가 책가방을 메고 셋이서 걸어가는 모습을 보면 그렇게 부러울 수가 없었다. 나는 언니들이랑 나이 터울이 컸다.

막내아들과 막내며느리 사이에서 태어나는 아이는 딸이라고 한다. 우리 시댁은 딸이 귀한 집이다. 시고모님도 외동딸 우리 시누이(누나)도 외동딸 그리고 우리 집 딸아이도 외동딸이다. 우리 첫 손녀도 외동딸이지 않을까 싶다. 미국 이름은 둘이서 생각하다가 Tessa Jane Shin으로 지었다면서, 엄마와 누나 그리고 형에게 묻는다. 한국 이름은 무엇이라 지으면 좋겠느냐고 말이다. 서로 이야기를 나누다가 딸아이(고모)가 8월에 낳으니 '여름'이라고 하면 좋겠다고 말이다. 모두 좋다고 해서 '신 여름'으로 지었다. 어서 보고 싶다!!

첫 손녀 Tessa의 할머니가 되어

첫 손녀 Tessa(07/30/2022)를 만났다. 하나님께 감사를 올려드렸다. 너무도 앙증스럽고 예쁜 손녀를 주셔서 감사하다고 간절한 마음으로 기도를 올렸다. 막내아들이 만 서른이 되었다. 대학 1학년 때 만난 동갑내기 오랜 친구와 지난해 6월 간단하게 결혼식을 올렸다. 그리고 올 8월 말 정도가 예정일이었는데, 7월 30일 새벽에 태어났다. 그날은 남편(할아버지)의 생일이었다. 할아버지 생신에 첫 손녀가 태어난 것이다. 우리 가족에게 '아주 특별한 선물'로 이 땅에 온 것이다. 먼저 떠나보낸 남편을 잊지 말고 기억하라는 것 같았다.

아기가 예정일보다 일찍 세상에 나와 걱정과 염려가 되었다. 인큐베이터에 들어가 있어야 하나 싶어서였다. 그러나 그렇지 않아도 괜찮다는 담당 의사의 말과 함께 며칠 병원에 있다가 집으로 퇴원했다. 사진으로 전해오는 첫 손녀의 모습이 너무도 예쁘고 사랑스러웠다. 아직도 막내아들은 내게 우리 집 귀염둥이 같은 느낌을 떨쳐버리지 못하고 사는 터였다. 누나와 형보다 먼저 결혼하고 아기도 먼저 낳았다. 이제는 어엿한 딸아이의 아빠가 된 것이다. 맘껏 축하를 해주었다. 아빠가 되고 엄마가 되어 행복하라고 말이다.

아기의 미국 이름은 Tessa J. Shin이고 한국 이름은 8월에 태어날 예정일이라 '여름'이라고 지어 '신 여름'이 되었다. 첫 손녀딸을 보면서, 32년 전 딸아이가 처음 태어났을 때 시어머님과 시아버님께서 손녀딸을 보시고 좋아하시던 때를 생각했다. 아, 시부모님께서도 이런 마음이셨겠다 싶어 마음이 뭉클해졌다. 그렇게 우리 집 세 아이를 예뻐해 주셨고 곁에서 많이 돌봐주시고 키워주셔서 내가 많이 편안했었다. 이 아침 모두가 감사하다는 기도가 차오른다. 서로 손자·손녀 그리고 할머니·할아버지로 만나는 인연에 대해서 잠시 생각해 본다.

엄마의 뱃속에서 한 달을 일찍 나와 가족들이 염려스러웠지만, 5파운드 정도의 몸무게로 있어 감사했다. 그 앙증스러운 얼굴에 눈과 코 그리고 입과 귀를 보면서 너무도 신기했다. 다섯 손가락과 다섯 발가락을 보면서 생전 처음 아기를 보는 것처럼 귀엽고 사랑스럽고 신비스러웠다. 볼도 만져보고 머리숱도 얼마나 많던지 그저 예쁘기만 했다. 아이를 안아보면서 혹여 놓치면 어쩌지 싶어 아이를 낳아보지 않은 사람처럼 첫 손녀딸을 그렇게 안아보았다. 고맙다고, 이렇게 우리 가족의 인연이 되어 고맙다고 인사를 해주었다.

할머니·할아버지는 자식이 아니고 손자·손녀라서 교육에 대한 책임이 덜하다. 그래서 그저 예쁘기만 하기에 칭찬만 해주고 단 것을 좋아하면 단 것도 먹이고 하고 싶다는 것을 부모보다는 너그러이 넉넉하게 해준다는 것이다. 나도 그렇게 될 것 같다는 생각을 했다. 예쁘기만 한 손녀에게 뭘 더 바랄까. 내 앞에서 재롱부리고 할머니가 좋다고 한다면 더 바랄 것이 무엇이 있을까. 벌써부터 '손녀바보'가 된 할머니가 되고 말았다. 이 험한 세상에서 건강하고 맑고 밝게 하나님 자녀로 자라길 간절히 기도한다.

지금까지는 아기들 장난감과 옷에 관심이 없었는데, 쇼핑몰에 가면 아마도 눈길이 그쪽으로 쏠리지 않을까 싶다. 이런저런 생각을 하면서 오늘따라 '내 시어머님'이 많이 그립다. 우리 집 세 아이를 키우며 참으로 정성스럽고 사랑하시는 마음을 아끼지 않으셨던 시어머님이셨다. 내게는 좋은 시어머님 아들에게는 자상한 엄마 그리고 손자·손녀에게는 따뜻하고 사랑 많으신 '우리 할머니'셨다. 아, 내가 할머니가 되어보니 더욱 그리운 '시어머님'이시다. 어머니, 아낌없이 주신 그 사랑 많이 고맙고 사랑합니다.

큰아들이 한국에 나가셔서 살고 계시는 할머니·할아버지를 뵈러 한국에 일주일 다니러 가 있다. 아빠를 여의고 처음 할머니·할아버지를 만나는 자리라서 엄마는 큰아들이 한국에 가 있는 동안 마음이 무겁다. 서로 슬픔이 가득 차 있을 이들의 만남이 생각만으로도 버겁다. 그러나 이 모든 것이 우리의 마음대로 할 수 없는 인생이 아니던가. 아빠를 잃은 슬픔이 안타깝고, 아들을 여읜 시부모님들의 그 가슴이 먹먹해 오지만, 이 모든 것을 어찌할 수 없어 그저 하나님께 마음을 내어놓고 기도를 드리는 일뿐이다.

〈노아의 방주〉 그리고 〈맘모스 동굴〉에 다녀와서

주일 예배를 마치고 켄터키주 〈노아의 방주〉를 향하여 7명이 출발하였다. 2시 정도 출발 7시간 여 가서 숙소에 도착했다. 숙소에서 묵고 다음 날 이른 아침 출발하기로 했다. 여행은 언제나처럼 마음 설레는 일이다. 이번 여행은 뉴욕 로고스교회 담임 목사이신 임성식 목사님 부부와 권극중 목사님 부부 그리고 로고스 교회 두 교인과 나 이렇게 일곱 명이 조촐하게 떠난 여행이었다. 긴 준비 없이 며칠날 여행을 떠나면 어떻겠습니까. 가능하신 교인들 신청 바랍니다. 이 한 마디 전달하시고 며칠 후 여행이 시작되었다.

이렇듯 우리네 삶은 긴 준비가 필요 없을지도 모른다. 이리 재고 저리 재다 보면 생각이 너무 많아져 결정을 못 하고 머뭇거리다 시간은 가고 돈도 가고 사람도 떠난다. 그러나 곁에서 손발이 되어 움직이는 사모님이 없었더라면 불가능했을 일임을 짐작으로도 알았지만, 여행을 함께 해보며 더욱 실감하는 일이었다. 모두 살아가는 모습과 색깔이 다르기에 이것이 옳다, 그르다고 말할 수 없는 것이 또한 우리네 삶이 아니던가. 뉴욕주에서 켄터키주를 향하며 펼쳐지는 뙤약볕 8월의 푸른 초원의 평야는 차창 속에서 보는 것만으로도 행복했다.

창세기 7장의 말씀으로 이루어진 〈노아의 방주(Ark Encounter)〉

는 켄터키주 윌리암스 타운에 실제 크기로 우뚝 세워진 테마파크이다. 창세기 7장에 기록된 성경 말씀처럼 하나님 말씀에 순종하여 준비하였던 의로운 노아의 모습을 보여주는 것이다. 또한 하나님의 언약을 나타낸 '무지개'는 다시는 물로 심판하지 않겠다는 하나님의 약속이며 사랑이다. 여호와께서 노아에게 이르시되 너와 네 온 집은 방주로 들어가라 네가 이 세대에 내 앞에서 의로움을 내가 보았음이니라. 이 말씀으로 노아는 방주를 짓기 시작한 것이다.

노아의 방주 앞에 서서 바라보던 일행들은 그 크기와 섬세함에 놀라고 말았다. 길이 510ft(155m), 높이 85ft(16m)로 제작 기간은 6년이 걸렸으며 나무는 잣나무가 쓰였다고 한다. 노아의 방주는 기원전 2000~3500년 전에 출현한 것으로 학자들은 추정하고 있다. 방주 안을 돌아보니 더욱더 놀라웠다. 창세기 7장의 말씀 그대로 모든 정결한 짐승은 암수 일곱씩 부정한 것은 암수 둘씩, 공중의 새도 암수 일곱씩을 취하여 그 씨를 온 지면에 유전케 하라는 하나님의 명령대로 순종했던 그 당시 노아의 모습이 그대로 재현되어 있었다.

"켄터키주에 있는 '노아의 방주 공원'이 3년간 확장 계획을 갖고 있다고 2021년 7월 크리스채너티투데이는 보도했다. 건설을 맡은 창세기의 응답(AG-Answers in Genesis, 회장 켄 햄) 측은 확장을 위한 기금 마련을 시작했다고 전했다. 2016년 개정된 공원은 당시 1억 달러(1144억원)를 들여 높이 16m, 길이 155m 규모의 방주를 재현했다. 또한 확장될 공원에는 새로운 명소가 들어설 예정이란다. 우선 바벨탑 공원을 마련해 창세기 11장에 나오는 바벨탑을 재현한단다. 아직 그 모양이나 세부 사항은 공개되지 않았다."

노아의 방주 안 박물관을 돌아보고 방주 밖으로 나와 기념 사진을 담고, 우리는 다시 숙소로 이동했다. 뉴욕주에서 켄터키주까지 10시간이 넘는 시간을 운전해야 한다. 그래서 그곳까지 간 길에 〈맘모스 동굴(Mammoth Cave)〉을 빼놓을 수가 없었다. '맘모스 동굴'은 총 길이가 392miles(630km)로 세계에서 가장 긴 동굴이다. 1940년 국립공원으로 지정된 이래 유네스코 세계자연유산으로 등재된 곳이다. 이 동굴들은 석회암이 물에 용해되는 작용이 계속되어 생겨났다. 동굴 안에는 수많은 유석과 지하 호수가 있다.

이번 여행을 통해 배운 것이 너무 많았다. 〈노아의 방주〉를 향해 출발을 시작하신 뉴욕 로고스교회 임성식 목사님의 교인 사랑에 감동을 받았다. 몇 년째 교인들을 모시고 '하나님의 놀라운 창조의 세계'로 안내해 경험하게 하시는 것이다. 삶의 일상에서의 체험이 바탕이 되어 하나님을 더욱 깊이 만나고 경험하고 경외하게 되는 것이다. 10시간이 넘는 자동차 운전 시간 동안 차 안에서는 찬양을 듣고 박수를 치며 하나님의 놀라우신 세계를 함께 찬양하였다. 그야말로 교회 수련회를 다녀온 느낌이었다. 참으로 감사한 시간이었다.

기림의 날, 2022년 일본군 '위안부' 피해자 기념식

2022년 8월 14일 오전 11시 〈2022 일본군 '위안부' 피해자 기림의 날 기념식〉이 진행되었다. 올해 기념식은 코로나19 확산 방지를 위해 온라인으로 개최되었으며, 여성가족부 유튜브와 KTV 국민방송에서 볼 수 있다. '진실의 기억, 자유와 인권을 노래하다'라는 주제 아래 〈국립망향의 동산〉에서 기념식이 진행되었다. 일본군 '위안부' 피해자 분들을 기억하고 추모하는 날이다. 지금도 우리의 곁에 계신 피해자 분들과 함께해온 국민 그리고 온 세계에 평화를 향한 노력을 기억하는 날이다.

'진실의 기억, 자유와 인권을 노래하다' 매년 8월 14일 기림의 날은 일본군 '위안부' 피해자분들을 기리고 일본군 '위안부' 문제를 국내외에 널리 알리며 인권과 평화를 위한 마음을 나누기 위한 날이다. 2017년 12월 국회 본회의에서 〈일제하 일본군 '위안부' 피해자에 대한 보호·지원 및 기념사업 등에 관한 법률 개정안〉이 통과되면서 법정기념일로 지정되었다. 일본군 '위안부' 피해자분들은 평범하지 않은 일들을 겪은 우리의 이웃이었고 누군가의 친구, 가족이었다. 피해자분들이 바라고 꿈꾸던 세상을 이루어가야 한다.

그 이름을 부를 때 / 신 영

깊은 산 속 차가운 눈보라보다도
인정없는 바람의 서러움보다도
가슴에 매서운 회오리 일렁거림은
가슴에서 잊힌 내 이름
빛바랜 기억의 잃어버린 내 이름
이제는 내 이름을 불러주세요

들녘에 핀 이름없는 들꽃이라고
무심히 지나친 발자국의 무례함
걸어갔던 당신의 발자국을 되돌려
다시 들꽃을 찾아 그 이름을 불러
깊고 뜨거운 입맞춤으로
이제는 내 이름을 불러주세요

아픔과 설움으로 쌓인 폭설(暴雪)에
눈물이 고여 추녀 밑 고드름을 내고
봄비에 잔설(殘雪)의 마음도 녹아
가슴에 남은 비움도 떠나보내고
남은 응어리진 설움도 흘려보내니
이제는 내 이름을 불러주세요

시린 아픔과 고통의 기억들마저도
봄 햇살에 겨운 마음으로 녹아 흘러

짓눌린 가슴에 남은 상처를 씻으며
파란 하늘을 나는 자유의 날갯짓은
젖은 날개 퍼덕이던 내 영혼의 몸짓
이제는 내 이름을 불러주세요

기림의 날이란 일본군 '위안부' 문제를 국내외에 알리고 피해자를 기리기 위해 지정된 국가 기념일이다. 1991년 8월 14일, 일본군 '위안부' 피해자 고(故) 김학순(1924~1997) 할머니가 기자회견을 통해 일본군 '위안부' 피해사실을 처음으로 공개 증언한 것을 계기로 2012년부터 국제사회에서 세계 일본군 '위안부' 기림일로 정해졌으며 2017년 법률개정을 통해 대한민국 국가기념일로 지정, 올해 다섯 번째 기념식을 갖게 되었다.

또한, 일본군 '위안부' 피해자들의 명예 회복을 위한 실천의 역사 연표를 통해 1932년부터 해방까지의 역사적 사실과 그 이후 현재까지 이어진 명예 회복을 위한 일본군 '위안부' 피해자와 전 국민들의 연대의 역사를 살펴볼 수 있다. 아울러 온라인 갤러리에서는 일본군 '위안부' 피해자들의 사진이 담긴 사진 갤러리와 그림 압화 작품 등 피해자들이 직접 그리거나 제작한 예술 작품들을 감상할 수 있다.

〈국립망향의 동산〉에서 이번 기념식 사회를 맡은 배성재 아나운서의 인사말을 시작으로 여성가족부 김현숙 장관의 기념사가 있었다. 수십 년간 숨죽여 지내야 했던 피해자 할머니들을 어떻게 도울까 생각하다 그림 수업을 시작했던 이경신 화가, 마음속의 응어리들을 풀어놓도록 노력한 최지윤 원예치료사가 있었다. 이승호(희움 일본군 '위안부' 역사관 연구원)의 따뜻한 관심과 노력 그리고 '소녀의 바람'의 노래를 합창했던 아산중학교청소년합창단, 역사어린이합창단, 브릴란떼합창단, 미국에 사는 신 영 시인의 헌시 '그 이름을 부를 때'를 배우 이유진 님이 낭송했다. (네이버 블로그기자단 글을 옮겨 올림)

'Porsche Cayenne Coupe'를 큰아들에게 선물받고

2022년 8월 큰아들에게서 'Porsche Cayenne Coupe' SUV 자동차를 선물 받았다. 지난 3월에 느닷없이 아빠를 떠나보낸 엄마를 위로하고 싶었던 모양이다. 아들의 자동차 선물이 아니더라도 내가 사야 할 때가 되었다. BMW X5 SUV를 11년 탔다. 바꿀 때도 되었지만 아들이 엄마에게 선물을 해주니 앞으로 자동차를 타고 오고 가는 길에 10년은 또 즐겁고 행복하고 감사한 마음으로 지내지 않을까 한다. 지금 이 자동차를 타고 다른 자동차를 살 때쯤이면 세상 나이 70을 코앞에 두고 있을 것을 미리 짐작해 본다.

모두 각자 살기 바쁜 삶이 아니던가. 현대를 살아가는 삶의 패턴이 그렇듯이 부모가 자식을 챙겨주는 일도 그러하거니와 자식이 부모를 챙기며 사는 일은 더욱이 어려운 시대를 살아가고 있다. 그러하기에 더욱 미덥고 든든하고 고마운 마음이다. 올해로 만 31살이 되었다. 어쩌면 여자 친구가 아직 없어서, 결혼을 안 해서 엄마한테 자상하고 찬찬한 아들인지도 모른다. 그러니 여자 친구가 생기기 전에 맘껏 즐겨야겠다. 세 아이에게 그리 보채는 엄마는 아니다. 그저 자기네들이 편안하면 최고라는 생각으로 산다.

한 살 터울의 누나도 아직 결혼을 안 했는데 남동생이 결혼을 먼저 해 올 7월에는 여자 조카도 보았다. 삶의 흐름에 자연스럽게 순응하며 살고 싶다. 내가 내 삶을 억지로 어찌할 수 없음을 알고 하나님께 고백하며 순종하며 살기로 했다. 이처럼 편안하고 든든했던 사랑하는 남편이 떠난 자리에 사랑스럽고 예쁘고 귀한 손녀가 태어났다. 아, 세상은 이런가 보다. 이처럼 오고 가며 만나는 인연 앞에 감사하고 최선을 다하며 함께 사랑 나누기와 행복 곱하기를 하며 사는 게 우리네 삶이라고 조용히 내 마음의 고백을 올려드린다.

'흰색 비엠더블유 엑스 파이브 에스유브이'는 나와 오래도록 친구가 되어 여기저기를 누비고 다녔다. 자동차도 주인과 인연이 있음을 안다. 함께 호흡하며 늘 나의 그림자가 되어 함께 움직였지 않았던가. 마음 같아서는 더 함께 있고 싶었다. 어쩌면 이 자동차에 남은 남편과의 인연을 떠나보내고 싶지 않은 마음이 있지 않았을까 싶다. 새 자동차를 구입하며 한 교회에 도네이션을 하기로 했다. 마음으로 간절히 기도했다. 내가 많이 좋아했던 마음만큼이나 다른 분과 함께하는 시간들 속에 평안과 감사가 함께하기를 기도했다.

뉴욕에서 신학대학원(상담학)을 공부하는 동안 반년을 넘게 보스턴을 매주 오갔었다. 7월 여름방학이 되니 이제는 몸도 많이 지쳤던 모양이다. 뉴욕에서 방학 동안 다른 공부를 하며 한 달여 시간이나 보스턴 집을 찾지 못했었다. 오랜만에 뉴욕에서 보스턴까지 운전을 하려니 피곤이 몰려왔다. 그동안 정신없이 공부한다는 일념으로 오가며 달렸던 시간이 몸과 마음에 큰 피로로 쌓였던 모양이다. 생각해보니 내 나이를 잊고 내 마음만 믿고 내 나이를 생각지 않고 있었다. 그래 내 나이가 어린 나이가 아니었구나!!

보스턴에서 33년을 살았다. 결혼 전 미국에 처음 도착한 도시가 뉴욕이었다. 뉴욕의 맨해튼은 나의 20대 초반을 생각하며 심장이 뛰게 하는 도시이다. 모든 것이 새롭고 내 인생의 그림을 크게 펼치며 행복한 꿈으로 가득했던 뉴욕의 맨해튼이었다. 또한, 남편과의 추억이 많이 있는 곳이 뉴욕이기도 하다. 36년 전 남편과 만나 실컷 연애하며 행복했던 시간이기도 하다. 모든 것이 어제의 일처럼 내 마음에 찾아와 옆을 보니 짝꿍은 곁에 없다. 그러나 그 아름다웠던 시간이 '추억 여행'이 되어 나의 심장을 흔든다.

뉴욕에서 '상담 사역'이 시작되었다. 아무래도 이제는 보스턴보다 뉴욕에서 지내는 시간이 길어질 것 같다. 조용한 보스턴의 외곽에 30여 년을 살던 내가 뉴욕의 정신없는 도시에서 사는 일은 그리 쉬운 일은 아니다. 그러나 또 새로운 나의 삶의 그림을 바라보며 내게 주신 나의 삶의 시간에 순종하기로 했다. 인생 2막이 올려지는 이 시간에 충실하고 싶다. 최선을 다하고 싶다. 창조주에 대한 감사와 찬양과 영광을 올려드린다. 작은 피조물인 내게 베풀어주시는 그 사랑에 나의 남은 삶을 온전히 올려드린다.

뉴욕에서 '상담 사역'이 시작되고

2022년 2월부터 뉴욕 생활이 시작되었다. 20여 년 전 미국 내의 신학교에서 목회상담학 공부를 하였다. 그 후 두 번의 사이버 공간의 대학원 상담학 공부를 시작하였으나 결국 졸업을 하지 못했다. 그리고 2021년 3월 인생 2막의 시점에서 남편과의 사별을 맞이했다. 잘 견뎌내고 있었다. 아니, 무작정 정신을 놓지 않으려고 안간힘을 쓰고 있었는지도 모른다. 평정심을 잃지 않으려고 기도하면서 나를 다독거리며 하루하루를 보내고 있었다. 그 상황 가운데 있지 않은 일 앞에서는 그 어떤 위로도 위로가 되지 않음을 안다.

사십년지기 친한 언니가 뉴욕에 살고 있었다. 연락이 왔다. 갑작스럽게 일어난 엄청난 일 앞에 당사자인 나보다도 더 펄떡이는 가슴을 누르지 못하는 언니가 며칠 후에야 입을 열어온다. 뉴욕에 신학교들이 몇 있는데 공부를 다시 시작해보면 어떻겠느냐며 말이다. 보스턴에서 뉴욕까지의 운전 거리는 4시간 정도의 거리이다. 물론 트래픽이 있으면 5시간도 걸리는 거리임은 틀림없다. 운전이 정 힘들다면 모르지만, 그렇지 않다면 일주일에 한 번씩 오가며 공부하는 것이 도움이 될 것 같다는 마음 따뜻한 얘기를 해 온 것이다.

그렇게 친한 언니로부터 안내를 받아 신학대학원(상담학)에 입학

하게 되어 2월 말에 2박 3일의 입학수련회를 마치고 3월부터 수업을 시작했다. 3월, 4월, 5월, 6월 동안 12주를 매주 보스턴과 뉴욕을 오가며 공부했다. 종강식을 마치고 여름 방학이 시작되었다. 이제는 몸과 마음이 피곤했던 모양이다. 쉬고 싶어졌다. 그러나 또 여름방학 동안에 '한국외국어대학' 경영학 CEO과정이 있다고 해서 또 공부를 했다. 물론 여름방학 동안에는 장거리 운전을 멈추고 뉴욕에서 계속 머물러 공부하며 쉬고 있었다.

지난 8월 7일 뉴욕 칼리지 포인트 소재 〈뉴욕 로고스 교회(임성식 목사 시무)〉에서 '상담 사역' 전도사를 임명받았다. 신학대학원을 시작하고 지인 목사님께서 소개해주셔서 인연이 되었다. 또한, 월, 화 이틀은 신학 공부를 하며 수, 금, 토는 뉴욕 169가 노던 블러바드 〈로고스 문화/상담 센터〉에서 '상담 사역'과 함께 로고스 카페 에이레네의 카페지기로 있으며, '선교 사역'에 동참하고 있다. 매주 바쁜 일정으로 살고 있지만, 그 과정 속에서 보람과 가치를 깨달으며 귀한 삶으로의 초대에 감사한 마음이다.

코로나-19로 인해 교회마다 어려움이 많은 실정이다. 그것이 성도들의 출석·불출석의 일이든, 경제적인 일이든 어느 교회나 요즘 겪는 일일 게다. 신학대학원 공부를 시작하며 전도사 임명을 받고 마음이 많이 무거워졌다. '거룩한 부담감'일 게다. 이제는 내가 무엇을 하며 살아야 할까. 하나님께 기도하고 순종하며 나의 소명을 감당하며 살기로 했다. 너무도 부족하기에 나를 내어놓고 더욱 정진하며 삶을 배워가는 것이다. 내 앞길에 대한 염려나 걱정은 없다. 지금까지 그래왔던 것처럼 그렇게 평안한 마음으로 살아야겠다.

상담 공부를 20여 년 전에 시작했다. 글을 쓰면서 나의 깊은 내면의 아픔이나 슬픔 등 치유를 많이 받았다는 생각을 한다. 나의 이 경험과 체험을 나로 만족하지 않고 다른 이들과 나누고 싶었다. 오랫동안 그 공부를 꾸준히 시키셨던 이유를 요즘 깨달아 간다. 왜, 오늘의 나를 이곳에 두셨는지 말이다. 하나님은 오래 전부터 계획하고 계셨던 것이다. 나를 나보다도 더 잘 아시는 그분은 나의 갈길을 이미 알고 계셨던 모양이다. 큰 염려나 걱정은 없다. 지금까지 나를 인도하신 하나님의 섭리에 나를 맡겨드린다.

각자의 삶의 모양과 색깔과 소리는 모두 다르다. 삶의 무게와 부피, 너비와 깊이도 모두가 다르다. 이렇듯 다름 속에서 우리는 각자의 말을 내어놓고, 내 말을 들어달라고 한다. 다른 사람의 아픔보다 내 아픔이 더 크다고, 내 슬픔이 더 깊다고 속마음의 소리들이 아우성친다. 이 힘들고 버거운 세상 가운데 놓여진 아픔의 상처들이 고통의 흔적들이 바람을 타고 울음을 낸다. 마음 아프다. 속이 쓰리다. 가슴 저리다. 이 목놓아 우는 이 울음에 나의 마음도 속도 가슴도 아프고 쓰리고 저리다. 그 깊은 소리에 귀 기울여 본다.

뉴욕 〈로고스 선교관〉 '상담실 개원' 감사예배를 드리며

지난 9월 18일(일) 뉴욕 노던 블러바드 소재 〈로고스 선교관〉 '상담실 개원' 감사예배가 있었다. 뉴욕 로고스 교회(담임 : 임성식 목사)의 성도들과 뉴욕 각계의 목사님들 그리고 신학생들 모두 약 60여 명이 한자리에 모여 축하와 감사의 예배를 드렸다. 뉴욕 플러싱 〈로고스 선교관〉에는 선교 카페 '에이레네(평강)'가 이미 있었으며, 코로나 팬데믹으로 문을 닫고 있었던 터였다. 이번 '상담실(담당 : 신 영 전도사)' 오픈을 계기로 카페 '에이레네'도 함께 다시 시작하게 되었다. 상담실과 카페는 누구나 이용할 수 있도록 열린 공간이다.

우리네 삶에는 우연이란 없다. '로고스 상담실'이 오픈되는 과정에서의 만남도 그랬다. 그 어떤 결과보다는 공부하며 준비하는 과정에 있는 대학원생의 신분이었다. 열심보다는 시간이 허락될 때 언제나 미래에 대한 준비를 늘 하는 편이다. 그래서일까. 다른 이들이 보기에는 우연인 듯싶으나 나 자신이 느끼기에 단 한 번도 우연인 적 없었다. 늘 알게 모르게 미리미리 준비를 했다는 생각을 한다. 이번 뉴욕에서의 신학대학원 공부와 상담사역(상담실 오픈)이 그저 우연이지 않았음을 깨달으며 감사와 찬양을 올려드린다.

뉴욕의 삶은 보스턴의 삶과는 많이 달랐다. 보스턴의 이민자들이 안정된 삶을 살고 있다면, 뉴욕은 현실과 맞닥뜨리며 불안정한 삶에 바쁜 이들이 참 많다는 생각을 했다. 21살 처음 미국에 도착한 곳이 뉴욕이었다. 뉴욕은 내게 심장이 쿵쾅거리는 가슴 설레는 곳이다. 짝꿍과 죽도록 연애를 했던 곳이기도 하며 나의 제일 젊은 날의 추억이 가득한 장소이기도 하다. 파란 하늘만큼이나 부풀었던 나의 꿈이 가득한 도시이기도 하다. 거의 40년이 다 되어가는 어릴 적 꿈들을 다시 꺼내어 보면서 내가 뉴욕 하늘 아래에 와 있다.

내 인생 중반의 삶에서 내게 가장 소중한 것을 잃었다. 감당하기 어려운 시련 가운데 누구를 원망할 수도 없었다. 남편을 2021년 3월에 하늘나라에 보내놓고 한국 방문 티켓을 3번이나 캔슬하길 반복했다. 그것은 어쩌면 아직도 내 가슴에 깊이 남은 상처이며 풀어내야 할 아픔인지도 모른다. 한국에 도착해서 부모·형제 가족들 보기가 두려운 마음이 있었던 모양이다. 애써 나는 괜찮다고 하는데, 상대방이 나를 보고 왈칵 울음이라도 터뜨릴까 두려운 마음인 것이다. 9월에 가려던 한국행 티켓도 애써 캔슬하고 말았다.

내 아픔과 슬픔이 치유될 수 있는 것은 다른 이들의 아픔과 슬픔을 대하며 진정한 치유를 얻는다. 이 세상에는 나보다 열악한 환경의 사람들이 얼마나 많은지 새삼 매일 경험하고 있다. 똑같은 하루를 살면서 기쁨과 행복이 무엇인지조차 깨닫지 못하고 그저 하루를 살아내는 일에 익숙한 이들도 있다. 웃음이 사라진 삶, 무표정이 되어버린 삶. 그 삶에 대해 생각해 본 일 있는가. 그렇듯 그 우울한 마음으로 삶마저 포기하고 싶은 이들이 정말 나와는 아무런 상관이 없다는 말인가. 아니다, 상관이 있다.

어느 곳에나 빛과 그림자는 공존한다. 다만 내 몸과 마음을 빛을 향해 얼마만큼 내어놓는가에 따라 보여지는 현상이 다를 뿐이다. 어두운 세상에서 빛이 되라 한다. 어지러운 세상 혼돈된 세상에서 소금의 역할을 하라 한다. 내게 있는 빛의 부피와 무게는 얼마나 될까. 내게 있는 소금의 양은 또 얼마나 될까. 과연 세상의 빛과 소금의 역할을 감당하고는 싶은 것인가. 아니면 누군가에 떠밀려 그저 흘러가는 것은 아닌가. 이렇게 생각해 보다가 아무렴 어때? 어차피 주어진 '나의 길'이라면 바른 방향과 옳은 가치를 챙기리라.

뉴욕〈로고스 선교관〉'상담실 개원' 감사예배를 드리며 눈물이 고였다. 이곳의 문을 여닫고 드나드는 이들에게 꿈과 소망을 갖게 하시고, 슬픔과 고통의 무거운 보따리를 들고 와 돌아갈 때는 가벼운 마음 기쁨의 마음 행복의 마음을 담아 돌아가기를 간절히 소망하며 기도했다. 꼭 그렇게 쓰임 받게 해달라고 기도했다. 요즘 또 라디오 방송국(FM 87.7)에서 두 목사님과 함께 패널로 활동을 시작했다. 모두가 감사하다. 내가 무엇을 작은 것 단 하나라도 마음대로 할 수 있겠는가. 신앙은 관념이 아닌 삶임을 깨닫는다.

세인트루이스 '평화의 마을'을 다녀와서

지난 9월 20일부터 23일까지 미조리(MO)주 세인트루이스에 있는 국제결혼선교회 연합회본부 평화의 마을을 다녀왔다. 제33회 전국연합수련회의 상록회에서 이숙 권사, 주종옥 권사와 함께 동행했다. 국제선과의 인연은 아마도 근 20년을 넘었을 것이다. 평화의 마을이 건설될 때 조금도 봉사하지도 못하고 완성된 후에도 미루다가 참석하려니 미안한 마음이 든다.

공항에 도착하니 김민지 목사님이 반가이 맞아 준다. 1시간을 걸려 평화의 마을에 도착하니 어렸을 적 살았던 고향 충청도에 온 평안하고 따뜻한 느낌이 든다. 그동안 방문자의 소식을 통하여 뉴스를 통하여 동영상을 통하여 익혀왔던 선교센터 본당 예배당, 친교실, 부엌, 2층 숙소와 가장 궁금했던 요양원을 돌아보고 하나님의 역사하심에 숙연해지고 머리가 숙여진다.

1991년 미조리주 시카고의 어느 추운 겨울 새벽 국제결혼에 실패하여 갈 곳 없이 방황하던 김용섭 여성 노숙인이 소금을 뿌리던 트럭 뒷바퀴에 사망한 사건이 있었다. 그 사건이 서울의 중앙일보에 보도된 후 선의 희망이요 꿈이던 제 2의 고향 평화마을이 33년의 긴 세월을 통하여 오직 여자들의 힘만으로 그것도 많지 않은 국제결혼한 여성들만의 힘으로 건설되었다. 그것은 어쩌면 눈물과 한숨이 함께한 기도의 응답이 아닐까 확신한다.

 물론 경제적 금전적인 문제가 가장 컸겠지만 표현할 수 없는 애로사항과, 좌절감에 주저앉고 싶었을 때도 얼마나 많았을까 생각된다. 어쩌면 왜곡되고 손가락질 받았을 적도 많았을 것 같지만 그래도 희망을 잃지 않고 한마음 한뜻으로 흐트러짐이 없이 단결된 결과인 것 같다.
 김민지 목사님, 유영심 장로님을 비롯한 회장단, 임원들의 얼굴을 마주하니 존경심이 솟았다. 나 역시 많은 시간은 아니지만 동행하면서도 한때는 뒤로 물러서서 무관심한 적도 많았을 테니까.

 10여 분의 어르신이 생활하는 2번째 동 요양원은 나중에 은퇴하고 꼭 생활하고 싶은 터전 같아 보인다. 작지만 독방을 쓰고 한국 음식을 먹고 한국말로 생활할 수 있는 요양원이 얼마나 될까? 김민지 목사님, 황진희 집사님의 노고와 수고에 절로 감사드린다. 150명이 예배를 드릴 수 있는 본당 몇 개의 창문은 커튼만 걷으면 곧장 하늘이 보이는 형태로 한국의 시골교회에서 예배드리는 느낌이다.

 대형 냉장고 몇 개가 있는 넓은 부엌, 100여 명을 수용할 수 있는 친교 실은 앞으로의 모든 행사에 잘 사용될 것 같다. 하지만 행사가 없을 때 여러 방법을 연구해서라도 현재의 시설을 유용하게 사용하는 방법이 마련되어야 할 것 같다. 참가한 60여 명의 회원 중에 남자는 주종옥 권사와 두 명뿐이었다.

 선교란 이름으로 출발하였지만 돌아올 때는 빈손으로 돌아온 것이 부끄럽다. 그래도 과테말라, 메인선교 등에서는 땀을 흘리면서 많은 육체적으로 봉사하면서 다녀왔는데, 이번에는 부끄럽지만 휴가 갔다 온 모습이다. 예배 외에 국제결혼 2세대인 Linda Champion(변호사, 보스톤 거주)의 간증, 경건의 시간과 우리들의 이야기 등은 인간의 삶, 이민자의 삶이 얼마나 고단하고 힘들었는지, 그 힘든 시간을 지나고 여기까지 살아온 이 순간이, 이곳이 가장 큰 축복이요 은총임을 자복하지 않을 수가 없었다.

아침 일찍, 저녁 늦게까지 항상 먹을 것이 군것질이나 과일이 준비되어 있으니 먹는 것 좋아하는 나로서는 정말로 즐겁고 행복한 순간이었다. 주종옥 권사님의 기타 찬양, 우리들의 귀에 익숙한 은혜 찬양곡은 많은 회원들에게 신나는 시간이었으며 마치 찬양부흥회처럼 인기가 있었다. 선교 아닌 휴가를 다녀온 것 같아 미안한 마음이다.

돌아오면서 125에이커의 넓고 광활한 땅에 세워질 큰 그림은 모르지만 당장 요양원 지하층의 중단된 공사가 빨리 완성되는 것이 시급하며 기도제목이 된다. 시간이 걸리겠지만 또 지금까지 이루어진 역사를 생각하면 빠른 시간에 공사가 완료될 것 같다. 함께 하신 김민지 목사님, 정나오미 목사님, 샘김 목사님께도 감사드린다.

'전도사 고시'를 마치고 임명식에서

"하나님, 너무 먼 곳으로 보내지 말아주세요."
"세 아이가 아빠를 일찍 여의었으니 엄마라도 너무 멀리 가지 말게 해주세요!"

남편이 떠나고 한참 후에 마음에 찾아온 생각이었다. 이미 알고 있었는지도 모른다. 나의 갈 길이 어느 길인지를 말이다. 청소년 시절 서원은 아니었지만, 선교에 대한 마음이 늘 차 있었다. 만 21살에 미국에 와 하나님을 믿지 않는 남편을 만났다. 큰 염려를 하지 않았다. 내가 전도하면 될 것인데 뭘 그리 걱정할 일이 있을까 했다.

30년이 지나서야 예수님을 영접하고 하늘나라에 갈 수 있었다. 생각해 보면 더욱더 남편을 위해 기도하지 않았던 것에 대한 죄스러움이 있다. 우리는 늘 이렇듯 떠나보내고서야 깨달음이 오는 것이다. 곁에 있을 때 무엇보다도 크리스천 아내로서 영혼 구원에 대한 믿음을 이끌어주었더라면 하는 아쉬움이 남는다. 세상 사람으로 말하면 정직하고 바른 사람이었다. 어려운 사람들 돕기를 좋아했던 사람이었다. 그러나 하나님에 대해서는 받아들이기를 힘들어했고 강퍅한 마음마저 있었던 사람이다.

"너는 말씀을 전파하라 때를 얻든지 못 얻든지 항상 힘쓰라 범사에 오래 참음과 가르침으로 경책하며 경계하며 권하라"(딤후 4:2).
　이렇듯 내가 무엇을 하려고 애썼던 때가 있었다. 남편을 위해서도 그러했었다. 남편을 위해 기도하면서 예수님이 일하시도록 그분의 자리를 내어드렸어야 했다. 그러나 늘 남편의 영혼 구원에 대해 내가 무엇인가 열심을 가지고 시작하고 또 지치길 반복했었다. 결국 내가 아닌 주님 그분이 해주셨다.

　하나님은 오래전 마음에 주셨던 그 약속을 기억하고 있었다. 결혼 후 세 아이를 키우면서 25여 년부터 교회에서 단기 선교가 있을 때마다 참석을 했었다. 20여 년 동안 많은 선교지를 참석하며 배운 것도 많았다. 열악한 환경에 있는 아이들을 보면서 많이 부끄러운 마음에 있었으며, 동시대에 살아가는 우리의 모습 속에 어떻게 이토록 다른 삶을 살 수 있을까. 그런 물음이 수없이 올라왔던 때가 있었다. 나 자신에 대한 물음, 나의 존재에 대한 물음이 끝없이 차올랐던 때가 있었다.

　이렇듯 다시 신학 공부를 하게 될 거라는 생각을 못 했다. 하나님은 어려운 일을 겪게 하시더니 강권적으로 나를 붙잡고 계셨다. 어디로 도망칠 새 없이 몰아쳐 세우듯 그렇게 신학대학원(상담학) 공부를 시작하게 하셨다. 참으로 놀라운 분이심을 또 고백하고 말았다. 남편을 잃고 힘겨울 틈도 주지 않은 채 말이다. 이제야 알 것 같다. 그것이 사랑이심을 고백하고 말았다. 세상에 한 발 담그고 있는 나를 그 발까지 꺼내어 주셨다. 남편과 함께 어디든 움직인다는 핑계를 대면서 남편 따라 많이 다녔다.

　지난 2022년 10월 25일 〈한미두나미스 예수교장로회 총회〉 제

41차 가을 정기노회에서 '강도사 인허'와 '전도사 임명식'이 있었다. 감동의 시간이었다. 하나님 앞에 나를 온전히 내어드리고 맡겨드리며 나를 써주십사 마음을 올려드린 것이다. '전도사 고시'를 패스하고 '전도사 임명식'을 앞두고는 마음 가운데 하나님 앞에 마지막으로 물음을 드렸다. 진정 이 길이 제 길이 맞느냐고 하나님께 다시 한 번 물었다. 그 마음 가운데 잠시 요동치던 마음에 평안함이 찾아왔다. 그리고 감사하다는 고백과 눈물을 올려드렸다.

"제자란 무엇인가? 제자는 예수 그리스도를 따르는 사람이다. 그러나 그분의 왕국에 속해 있다고 하는, 그리스도인이라 해서 누구나 다 그분의 제자는 아니다. 그리스도를 따른다 함은 그분을 주님으로 모신다는 말이요, 이 말은 노예로서 그분을 섬긴다는 뜻이다. 이 말은 또한 그분을 사랑하고 찬양한다는 뜻도 되는 것이다."(후안 카를로스 오르티즈_'제자입니까' 중-)

주님, 진정 당신의 참 제자가 되기를 소망합니다. 어느 곳에 가든지 주님의 자녀로, 주님의 제자로 '복의 근원'이길 기도합니다.

FM 87.7 뉴욕의 '라디오 방송'을 시작하며

〈신영 전도사의 하늘스케치〉 방송이 2022년 11월부터 시작되었다. 매주 토요일 아침 9시 30분에 방송이 나간다. 뉴욕의 라디오 방송 Radio Korea NY에서 남성 목사님들이 주를 이룬 설교 방송이지만, 나는 그 속에서 하나님이 주신 말씀을 묵상하며 삶 가운데 적용하는 이야기들을 나누고 있다. 아직은 너무도 어설픈 모습으로 시작을 했지만, 말씀을 준비할 때마다 깊은 은혜 가운데 감사를 배우고 겸손을 배우게 된다. 무엇보다도 나 자신을 돌아보게 하는 자리이며, 앞으로도 내게 신앙의 무게 중심을 재어보는 자리가 될 것이다.

방송을 시작하게 하신 하나님께 깊은 감사를 드리며, 부족하지만 곁에서 기도와 함께 용기를 주시고 응원을 아끼지 않으시는 주변의 지인들께 깊은 감사를 드린다. 〈보스톤코리아〉 칼럼 글을 처음 썼던 기억이 떠올랐다. 2005년부터 시작했으니 어언 20년이 다 되어간다. 〈뉴욕일보〉 칼럼도 2008년부터 시작했던 기억이다. 가만히 생각하니 시간이 흘러 이제는 세월이라 말할 수 있을 만큼의 시간이 쌓였다. 20여 년이 되는 나의 삶의 한 부분들이 고스란히 담겨져 있지 않던가. 모두가 감사한 시간이며 감사한 세월이다.

뉴욕에서의 생활이 참으로 바쁘다. 대학원(상담학) 공부를 위해 이틀을 보내고, 교회 전도사 사역으로 그리고 선교센터 사역으로 또 며칠을 보내다 보면 훌쩍 일주일이 간다. 어쩌면 10여 년이 흐른 그 자리에서 오늘을 생각한다면 이 시간의 삶이 또한 추억으로 남으리라. 한국 나이로 2023년이면 60살이라고 한다. 이제는 정말 제대로 잘 살아야겠다는 생각과 함께 나를 돌아보는 시간을 많이 갖는다. 말씀과 기도에 젖기를 바라는 마음으로 말이다.

뉴욕은 내게 또 하나의 인생의 길에 물음을 던지는 곳이다. 왜 내가 여기 뉴욕에 와 있을까. 지금까지의 삶이 그랬던 것처럼, 내가 꼭 원해서 이뤄진 것이 아님을 고백하는 것이다.
"오직 성령이 너희에게 임하시면 너희가 구원을 받고 예루살렘과 온 유대와 사마리아와 땅 끝까지 이르러 내 증인이 되리라"(행 1:8)
그렇다, 뉴욕은 바로 '나의 땅끝'임을 깨닫는다. 삶에서 정신을 놓아버린 이들이 여기저기 보인다. 그렇다면 나는 여기 '이 땅끝'에서 또 무엇을 해야 할까.

남을 돕기를 좋아하는 성격이라 나름 다른 이들을 도우며 살았다고 생각했다. 그러나 요즘 깊은 묵상 가운데 마음의 울림이 있다. 그것은 우선순위를 생각해 보면 열악한 환경에 있는 이들을 제일 우선으로 놓고 도운 것이 아니라, 내가 나를 위해 하고 싶은 것 다 끝낸 후 자투리로 도왔던 것이다. 참으로 부끄러운 모습이다. 예수님이 그토록 말씀하셨던 '회칠한 무덤' 같다던 바리새인처럼 나 역시도 그렇게 남에게 보이기 위한 위선이었음을 고백하고 회개하는 시간을 갖는 것이다. 겉과 속이 다른 '회칠한 무덤'의 모습이었다.

그러나 제대로 잘 살고 싶어졌다. 내 앞으로의 삶을 낭비하지 않고 시간을 아끼며 살아가야겠다고 기도하며 오늘을 맞는다. 우리는 모두 하루 24시간이 주어진다. 그렇지만 어디에 '삶의 가치'를 두는가에 따라 24시간 곱하기의 삶을 살 수도 있음을 깨닫는다. 나를 위해 치장하며 꾸미며 자랑했던 시간들을 통해 이제는 나의 삶의 목표가 어디에 있는지를 깨닫는다. 지난 모든 시간들이 또한 소중하며 그 지난 시간들을 통해 앞으로의 나의 삶의 가치와 방향과 목표가 분명해진 것이다.

〈신영 전도사의 하늘스케치〉 매주 토요일 아침 9시 30분 Voice of NY Radio Korea 라디오 방송을 통해 무엇인가 이뤄가실 그 무엇이 궁금해진다. 다만, 성실히 열심히 내게 맡겨진 일들을 감당하며 감사함과 나눔을 경험하고 체험하는 시간이길 기도한다. 지금까지 인도하신 하나님의 손길에 의지하며 살아왔던 것처럼 앞으로의 나의 삶 가운데 이뤄가실 그 분의 역사를 밑그림으로 바라본다. 뉴욕의 상담 사역과 방송 사역을 통해 그분의 음성을 들으며 나의 발걸음을 맡겨드린다.

작은 실천

무슨 일이든 큰 것보다는 작은 것이 더욱 어렵다는 생각이다. 큰 것은 큰 일이니 마음의 준비를 하고 시작하니 결과로 향하기 쉽지만, 작은 것은 생각에서 머물다가 실천까지 가기가 어렵기 때문이다. 그렇다, 몇 년 전부터 늘 생각에 담고는 있으면서 작심삼일이란 말처럼 며칠 혼자 실행에 옮기다 만 일이 여러 차례 있었으니 말이다. 우리의 소소한 일상에서 편안하게 구입해서 먹는 음식들의 포장이 그렇다. 다른 곳으로 여행을 떠나거나 산을 오를 때 그리고 들과 바닷가에 갈 때는 편리한 것이 좋으니 작은 초콜릿 하나라도 개별 포장이 된 것을 고르는 것이다.

언제인가부터 '세상에는 공짜가 없다'라는 옛 어른들의 말씀이 내 '삶의 철학'이 되었다. 그 말씀이 마음 깊이 새겨지면서부터 남의 것에 대한 공경의 마음이 생기게 되고 다른 사람이 이룬 업적에 대해 칭찬과 박수가 절로 나오게 되는 것이다. 자식을 키우는 부모의 입장에서 얘기를 하다 보면 내 자식의 자랑 아닌 자랑도 하게 된다. 그렇게 내 자식이 귀한 것처럼 다른 자녀들의 칭찬이 진정한 마음에서 우러나오는 것이다. 가끔 자기 자식 자랑만 늘어놓고 남 자녀의 칭찬에는 인색한 이들도 가끔 만나게 된다. 마음의 여유가 없는 이유일 것이다.

내 것이 귀하면 남의 것도 귀하다는 것을 알아차릴 수 있다면 그 사람의 소소한 일상은, 삶은, 인생은 그만큼 여유롭고 풍요로워지는 것이다. 남에게 큰 것을 베푸는 것이 중요한 것이 아니라 이렇듯 작은 마음 하나 나눠 기쁨이 되고 행복이 될 수 있다면 서로에게 유익하고 넉넉한 삶이지 않겠는가 말이다. 상대에게 따뜻한 말 한마디가 이 어려운 세상에서 희망이 되고 꿈이 되고 소망이 될 수 있다면 이보다 더 좋을 수가 있을까. 나 역시도 다른 사람의 따뜻한 칭찬 한마디가 희망이 되어 가슴이 뛰고 그 열정이 글과 사진을 하는 작업에 큰 모티브가 되지 않았던가.

무엇이든 생각에 머물러 있으면 소용이 없다. 생각이 행동으로 옮겨져 실천되었을 때 그 힘을 발휘하는 것이다. 그 작은 실천이 에너지의 원동력이 되어 앞으로 옆으로 높이 멀리 동심원을 그리게 되고 그 원심력이 파장을 일으켜 큰 힘이 되는 것이란 생각을 한다. 이처럼 삶에서 서로에게 힘이 되는 따뜻한 한마디의 칭찬의 시작이면 좋겠다. 지구온난화에 따른 환경보호는 누구가 아닌 내가 먼저 실천해야 한다는 생각을 한다. 사실, 지난봄 한국을 방문하며 미세먼지와 황사로 인한 탁한 공기에 적잖은 충격을 받았다. 보통 한국은 가을에 방문했었기에 심각성을 느끼지 못했었다.

지구온난화는 어떤 지역에는 폭우를, 또 어떤 지역에는 극심한 가뭄을 가져오는 등 예측할 수 없는 기상 이변을 가져온다. 지구의 온난화가 지속되면서 나타나는 자연재해 중 대표적인 예로 열대성 저기압의 강화를 들 수 있다. 2004년 일본은 한 해 동안 10회의 태풍이 지나가는 신기록을 세웠다. 미국의 플로리다 만에서 형성된 허리케인 카트리나는 따뜻한 멕시코 만류 위를 통과하면서 세력이 점점 강해졌고,

수많은 인명과 재산의 피해를 줬다. 또, 2005년 7월 인도 뭄바이에서는 하루 동안 1,000mm 이상의 폭우가 쏟아지는 기록을 남겼고 중국 또한 심한 홍수를 겪었다.

북극이 급격히 뜨거워지고 있는 근본적인 원인은 지구온난화 때문이다. 그 이유를 살펴보면 지구 상공에 이산화탄소가 어떻게 분포돼 있는지 한 가지 특징을 발견할 수 있다. 이산화탄소가 지구에 골고루 분포돼 있는 게 아니라 많이 분포된 지역과 적게 분포된 지역이 있다는 것이다. 즉 산업화가 급격히 발달한 지역, 인구가 많은 지역, 화석연료 사용이 많은 지역인 유럽, 북미, 동아시아 지역에 이산화탄소 농도가 짙게 나타난다고 한다. 이 결과를 보고도 지구온난화가 인간 때문이 아니라고 말하기는 어려울 것이다. 원인은 결국 인간 활동이 주요 원인이라는 것이다.

지구온난화에 따른 자연재해는 점점 가속도를 내며 우리의 일상과 생명의 위협으로 다가올 것은 분명한 사실이지 않겠는가. 이제는 더는 우리가 피해갈 수 없는 일임을 알기에 이를 우리가 모두 함께 책임을 져야 할 때라는 생각이 든다. 어느 환경단체의 목소리와 실천만으로는 너무도 턱없이 부족한 까닭이다. 누구를 위함이 아닌 내가 살고 내 가족이 사는 생존의 문제가 걸렸다고 생각해야 할 때인 것이다. 그런 사고를 갖고 생활에서 실천하는 삶만이 함께 살 수 있는 것이다. 지구 온난화와 기후 변화에 따른 우리의 대응과 할 역할은 무엇인지 생각해야 한다.

때로는 백마디 말보다

　살다 보면 삶의 폭이 좁아지고 깊어지는 계기를 만나기도 한다. 그것은 바로 인생의 연륜이 쌓여간다는 의미일 게다. 우리의 인생 속에서 좋은 일, 나쁜 일이 따로 있지 않음을 깨닫게 되는 나이이기도 하다. 세상의 나이를 먹는다고 해서 서운해하거나 섭섭해만 할 일은 아니라는 생각이다. 나이가 들어 좋은 것들도 솔솔 있기 때문이다. 하지만 나이가 들수록 마음닦기 공부가 필요하다는 생각을 한다. 그것은 때와 장소와 상관없이 그 사람의 말씨에서 그 사람의 마음이 종종 나타나기 때문이다. 그 말버릇은 누가 대신해줄 수도 없거니와 더욱이 고쳐줄 수는 없는 까닭이다.

　사람은 누구나 타고난 성품과 성향이 있어 제각각의 모양과 색깔과 소리를 낸다. 그래서 표현하는 방법도 제각기 다른 것이다. 그 다른 것이 때로는 상대방에게 거슬리기도 하고 서로 불편한 관계로 이어지기까지도 하는 것이다. 그 다름을 받아들이지 않고 틀렸다고 생각하며 밀어내기에 그런 사단이 일어나는 이유이다. 이렇듯 나와 다른 것은 모두가 틀린 것이라고 생각하는 그것은 어디로부터 온 것일까. 아마도 그것은 어떤 명제를 놓고 비교할 수 있는 여유의 시간을 갖기보다는 무엇인가 빠른 답을 얻기 위한 흑백논리를 통해 빠른 결정을 원하는 것은 아닐까 싶다.

우리의 인생 여정에서 좋은 일 나쁜 일이 따로 없음을 알지만 때로는 내게 버거운 일을 만나게 되면 세상에 나 혼자만 이런 일을 겪는가 싶기도 한 것이 우리네 인생이지 않던가. 그렇다, 삶에서 좋은 일도 연이어 오기도 하지만, 감당하기 버거운 일도 연이어 오기 마련이다. 이런 일을 맞닥뜨린 당사자에게는 그 시간이 얼마나 버거운 시간이고 견디기 힘든 시간이겠는가. 내 일이 아니라서 퍽 다행이라고 생각하고 말하는 순간, 내게도 더 큰 어려운 일이 닥칠 수 있는 것이 바로 우리의 인생인 까닭이다. 한 치 앞을 알 수 없는 것이 우리의 인생이 아니던가.

이렇듯 삶은 늘 불안정한 수위를 돌고 돌며 안정을 맞추려 애쓰는가 싶다. 이만큼 걷다 보면 언덕길을 만나고 헉헉거리는 숨으로 고개를 오르다 보면 정상에 올라 깊은 호흡으로 아래를 내려다볼 수 있는 때가 오는 것이다. 하지만 오르는 길은 길 따라 오르면 되지만, 내려오는 길은 더욱 조심해야 함을 알 것이다. 그만큼 오르막길보다 내리막길이 어렵다는 것이다. 이러니 어찌 내가 지금 평안하다 해서 다른 사람의 지금의 불행함을 남의 것이라 여길 수 있을까 말이다. 오르내리는 인생길에서 내 몸을 잘 지탱하며 안정을 취할 수 있는 중심이 중요하다는 생각이다.

내 일이 아니더라고 내가 겪는 아픔이 고통이 아니더라도 남의 일이 남의 일만이 아닌 까닭이다. 그것은 바로 내 일이 될 수 있기 때문이다. 또 내가 힘든 일을 겪을 때를 생각해 보자. 내 가족이 건강의 적신호로 있을 때를 생각해 보자. 다른 사람이 와서 수많은 말로 위로를 한들 그 위로가 얼마만큼 귀에 들어오겠으며 더욱이 마음에 들어오겠는가 말이다. 그러하기에 다른 사람의 아픔과 고통과 시름에 있는 시간에는 백마디 말보다 살며시 다가가서 따뜻하게 손 한 번 잡아주는 것이 더 깊은 위로가 되는 것이다. 그리고 묵묵히 기다려주는 것이 위로인 것이다.

삶에서 친구나 친지에게 어려운 일이 연이어 일어나는 상황에 있을지라도 어떻게 또 이런 일이 일어났냐고 묻지 말고 따뜻한 마음을 담아 손잡아 주면 그것으로 최고의 위로가 될 것이다. 다른 사람이 그 사람이나 그 가족의 연이어 힘든 일에 훈수를 두거나 흉을 보려 하거든 차분한 마음으로 그 사람의 손마저도 따뜻하게 잡아주면 좋을 일인 게다. 세상은 돌고 도는 일인 까닭에 그 어려움이 그 버거움이 언제 내게 올지 모를 일임을 안 이유이다. 그저, 그렇게 따뜻한 마음 담아 손 한 번 꼭 잡아줄 수 있음으로 나와 그와 그리고 더불어 훈훈한 정이 돌고 돌아 내게로 올 까닭이다.

요즘은 TV나 SNS 그리고 정치나 사회 그 어디에서도 고운 말이 그립다. 요즘은 잘린 글과 말에 알아들을 수 없어 답답한데 'ㅁㅊㅅㄲ' 초성글자까지 나와 머리의 한계를 느끼게 한다. 세상은 초고속으로 변하는데 사람만 제자리에 있을 수 없을 테지만, 그래도 너무 많이 변하지 않기를 바라는 마음은 간절하다. 무엇보다 내 마음과 말은 제대로 잘 있나 흔들어 세워보아야겠다. 쓸 말, 안 쓸 말, 버려야 될 말들을 하나둘씩 주워 모아 새해에는 무엇보다도 고운 말을 쓰고 실천하는 한 해로 마음을 세워보아야겠다. 때로는 백마디 말보다 따뜻한 마음의 손으로 다가갈 수 있기를 바라며.

신출내기 전도사의 고국 방문기

"물음표를 품었던 여행이 느낌표가 되기까지의 시간은 불과 20여 일이면 족했다"

2018년 봄, 황사가 기승을 부릴 때 서울 땅을 밟았으니 그새 5년이란 세월이 또 지났다. 짧지도 길지도 않은 시간이었지만 전 지구촌을 집단 트라우마에 빠뜨렸던 '코비드 19'란 고얀 놈 때문에 어떤 이들은 시한부 삶을 살다 갔는가 하면 또 어떤 이들은 아직도 죽음 곁의 삶을 이루어 가면서 이젠 코로나가 재앙이 아닌 생의 수용으로써 죽음의 불가피함을 우리 모두로 하여금 제대로 배우게 했다.

나 또한 예외가 되지 못했다. 2021년도에 남편을 먼저 앞세운 후 3번의 티켓팅을 뒤로하고 감행한 고국 방문은 보고픈 이들을 보는 설레임 보다는 끄집어 내어놓기 싫은 혼자 된 슬픔의 감정을 얼마나 추스리면서 일정을 마무리할 수 있을까가 내내 숙제였고 아직까지도 여전히 해결하지 못한 숙제로 남아 있다.

5년 전의 방문 때와는 '완존' 다른 신분. 이제 갓 발을 들여놓은 신출내기 전도사로서 담임목사와 또 한 분의 선배 목회자와 함께하는 고국 방문 사역은 온통 물음표 투성이었다. 잘할 수 있을까? 뭘 보게 될까? 여행의 끝은 어떠할까? 갈 바를 알지 못하는 여행을 아브라함은 잘도 감당했는데… 2023년 나의 첫번째 고국방문사역 여행은 이렇게 시작됐다.

서울과 인천, 이천, 여주, 평택, 부산으로 이어지는 목회와 사역의 현장을 담임목사께서는 일부러 하나라도 더 보여주려고 무리하게 일정을 감행하면서 '왕초보 길들이기'에 전력을 쏟는 듯했다. 교회와 선교단체, 기도원 게다가 지자체 공무원들과의 미팅 등 삶과 관념의 경계를 넘나드는 사역의 현장을 누비면서 커브를 돌 때마다 때로는 엄청난 속도로 때로는 완만함으로 이어가는 사역의 발걸음은 따라잡기가 버거울 정도였고 덩달아 그 잘 차려진 식탁에서 떨어지는 부스러기만 수습해도 남은 내 사역의 인생이 허기지지 않을 것 같았다.

낮고 작은 선교회 형제들의 예배를 인도하면서 그들 만의 희망을 봤고, 나이 60 고개 넘어 70을 바라보는 '애같은 어른들'의 무르익은 눈물 섞인 대화를 보면서 신앙인들의 삶과 진솔함이 어떠해야 하는지도 분명히 봤다. 예수의 생명을 그토록 간절히 원해서 안수하는 담임목사님의 손을 한순간이라도 놓치지 않으려 몸부림치는 어린 아이들과 청년들의 모습들을 보면서 왜 모든 사역마다 상황과 형편이 어떠하든지 '케이스 바이 케이스'에 진실이 있는지를 명확히 알았고 그 삶과 사역의 진실을 통해 지워지지 않는 그 울림을 아직까지 즐기면서 나 자신을 '최대치의 나'로 넓혀가고 있다.

'섬김'이라는 단어의 실질적인 모습을 제대로 봤고 배웠다. 담임목회자를 향한 부교역자들의 섬김에는 존경이 있었으며, 헌신하는 마음과 자신이 해야 할 일에 대한 책임을 봤다. 그것이 바로 하나님을 향한 순종의 마음이라는 깨달음은 내가 감당해야 할 새로운 '몫' 임을 발견하고 이제라도 내심 그 부끄러움을 만회하기 위해서라도 지금 입고 있는 옷이 어색하고 불편하지 않도록 살을 찌우던지 빼던 지 조만간 결단을 내릴 것이다.

"인자가 온 것은 섬김을 받으려 함이 아니라 도리어 섬기려 하고 자기 목숨을 많은 사람의 대속물로 주려 함이니라"(마태복음 20:28) 익히 수없이 들었던 성경 말씀이 능력이 되기를 기도한다.

신앙은 관념이 아니라 삶이라는 믿음의 고백 앞에서 부끄러움이 없어야 하는데… 방문 기간 내내 부족함 없이 누렸던 은혜는 이루 말할 수 없다. 그 은혜는 섬김과 감사였고 그런 삶을 사는 신앙의 사람들을 보면서 감동을 한아름 담고 돌아왔다. 모든 사역의 현장은 어디든 존재하는 주름은 섬세한 배려와 섬김만 있음 펴지 못할 주름이 없는데… 지면으로 다 담을 수 없는 기쁨과 감사와 찬양과 은혜의 시간이었다. 지금까지 내가 경험하지 못했던 새로운 세계를 만나고 돌아왔다. 이것은 꿈이 아니다. 이제부터 시작이다. 신앙이 믿음이 관념이 아닌 삶이고 현실인 까닭이다. 그리스도인으로서 또 사역자로서 이제 무엇을 실천하며 살 것인가 더욱 확연해진 것이다. 이제부터는 밑그림으로 머물 수는 없는 것이다.

내 생각이 아닌 그분의 뜻에 따라 나를 도구로 써달라고 기도하는 것이다. 내게 주신 내게 주어진 삶의 시간에 내가 무엇을 실천하며 살 것인가. 준비되지 못한 채 '물음표'를 품었던 여행이 '느낌표'가 되기까지의 거리는 불과 20여 일이면 족했다. 물론 앞으로도 수없이 많은 물음표를 사역의 현장에서 만나게 되겠지만….

자연스러움이란

　자연의 사전적 의미를 찾아보면 사람의 힘을 더하지 않은 저절로 된 그대로의 현상. 또는 사람의 힘으로 어찌할 수 없는 우주의 질서나 현상을 말한다. 그렇다, 우리는 웅장하고 장엄한 자연의 신비를 보면서 놀라기도 하고 아주 작은 들풀이나 들꽃을 보다가 감동에 취하기도 한다. 이 모든 것이 사람의 손으로 만들어 놓은 것이 아니기에 더욱 신비하고 경이로운 아주 특별한 경험으로 받아들이게 되는 것이다. 그래서 가끔은 어느 특별한 종교를 들추지 않더라도 절로 자연을 통해 온 우주 만물을 창조하신 창조주에 대한 감사와 찬양과 고백이 나온다.

　"자연이란 낱말을 언제부터 사용했는지는 명확하지 않으나 도덕경의 여러 곳에서 이미 쓰이고 있다. 도덕경에 나타난 자연의 의미는 인간 사회에 대해 대응하여 원래부터 그대로 있었던 것, 또는 우주의 순리를 뜻한다. 도덕경에 나오는 자연은 현대어의 자연과 달리 명사가 아닌데, 원래는 "스스로 그러하다"라는 뜻이다. 예를 들어 도덕경 주해에 '천지임자연(天地任自然)'이라는 말이 있는데, '천지'(하늘과 땅)는 현대어의 자연(Nature)이고, '자연'은 '스스로 그러하다'라는 뜻이므로, 이를 요즘 말로 옮기면 '자연은 스스로 그러함에 있다'라는 뜻이다."

"한편 유럽의 여러 언어에서 자연을 뜻하는 낱말은 라틴어 natura를 어원으로 하고 있는데 영어와 프랑스어의 nature, 독일어의 natur, 이탈리아어, 스페인어 등의 natura 등이 그것이다. 라틴어 natura는 '낳아진 것'이라는 뜻으로, 그리스어 $φύσις$의 번역어로 채택되어 '본성', 즉 우주나 동물, 인간 등의 본질을 가리키는 낱말로 사용되었다. 현재 우리가 쓰고 있는 자연이란 낱말은 서구의 nature를 번역하여 들여온 것으로 중세 기독교 신학에서 비롯된 인간에 의해 정복되어야할 것이란 관념과 17세기 과학혁명 이후의 자연주의적 관점 등이 함께 혼합되어 있다고 할 수 있다."

엊그제는 친구와 앉아 얘기를 나누다가 자연스러운 것이 편안해서 좋잖아를 시작으로 자연스러움에 대해 생각을 하게 되었다. 자연스럽다는 것은 과연 무엇일까. 그래 자연스러움이란 우리가 일상에서 자주 만나는 들풀과 들꽃 산과 바다를 예로 들 수 있지 않을까 싶다. 계절마다의 샛길에서 만나는 자연은 해마다 같은 자리에서 만나도 단 한 번도 똑같지 않았으며 느낌 또한 같은 때는 없었다. 들의 꽃이나 산을 오르며 만나는 숲의 나무에서의 느낌도 같았으며 바닷가에서 만나는 작은 모래알을 시작으로 자갈돌 돌멩이 그리고 크고 작은 바위들마저도 그랬다.

자연은 이렇듯 누구를 위해서 애쓰지 않는다는 것이다. 무엇을 위해 꾸미거나 감추거나 덮지 않고 스스로 있다는 것이다. 아무렇지도 않게 지나치며 살았던 자연스러움이 문득 내게 커다란 '화두' 하나를 던져 준 것이다. 그렇다면 나는 이렇듯 자연스러움과 어느 각도에 있으며 어느 만큼의 거리에서 서 있는가 하고 나 자신에게 묻는 것이다. 우리는 결국 자연과의 멀어진 그 거리만큼 좁혀가는 그 과정이 자연스러움으로 가는 길이 아닐까 싶다. 세상에서 상한 마음 지치고 찢긴 상처의 마음들을 치유하고 치유받으며 제 색깔과 제 모양을 찾는 것 말이다.

창조주가 온 우주 만물 중에서 다른 사람이 아닌 나를 만들었다는데 그 만들었던 목적이 무엇이었는가를 생각해보는 일이 중요하다. 그저 어제도 살았으니 오늘도 살고 내일도 살아가는 그런 생각으로는 삶이 너무도 어이없지 않은가. 삶에서 적어도 내가 이 세상에 왜 왔을까. 무엇을 위해 내가 지금 이 자리에 있는가 궁금하지 않은가 말이다. 자신의 정체성은 물론이고 가치관에 대해 가끔은 중간 점검을 해야 한다는 생각을 해본다. 특별히 세상 나이 오십의 언덕을 올라보니 더욱 그런 마음이 든다. 삶의 목적이 확실해야 가치관의 정립이 선다.

우리는 모두 자연으로부터 왔고 또 자연으로 돌아간다. 이 사실을 알면서 우리는 잊고 살며 망각해 버리고 사는 것이다. 스스로를 너무 치장하고 꾸미는 일에 바쁘게 살다가 자연스러움을 잊어버리고 잃어버리는 것이다. 하지만 자연스러움에서 너무 멀어지면 되돌아올 때쯤에는 자신이 감당하지 못할 만큼의 허탈함과 허망함을 경험하게 되는 것이다. 그렇다면 방법은 있다. 지금 여기에서 자신이 누구인지 물어볼 수 있어야 한다. 더 늦기 전에 말이다. 그 누구보다도 자신과 자신 안의 또 다른 자신과 담담하게 대면할 수 있어야 할 일이다.

'니카라과 마사야 전도대회'에 참여하며

지난 2월 24일~25일 '2023 마사야 전도대회'가 니카라과에서 있었다. 23일 JFK 공항 출발 4시간 여 가서 살살바도르를 경유해 1시간 남짓 가니 니카라과 공항에 도착했다. 4박 5일 일정으로 오랜만에 아주 오랜 쉼을 가진 후 다녀온 선교 여행이었다. 오래전부터 중남미 선교 여행은 여러 곳 여러 차례 다녀왔던 기억이다. 25년 전쯤 다니기 시작했으니 다녀온 곳마다 함께 움직였던 교회 분들과의 나눔이 모두가 소중한 추억이 되었다. 그러다가 코로나-19로 선교여행은 3여 년 미루게 되었다.

뉴욕에서 사역을 시작하며 담임 목사님과 가깝게 지내시는 지인 목사님께서 니카라과 선교지에 대해 말씀해주셨다. 그곳에 교회도 하나 짓고 계시다는 얘기도 들려주셨다. 보통 때 만나 뵈면 늘 평안한 모습으로 말씀으로 대해주셔서 감사했던 분이셨다. 사모님도 한 번 뵌 적이 있었다. 몇 달 전에 2월 말에 있을 '2023 마사야 전도대회'가 있을 것이라며 3년 만에 처음 열리는 것이라 많은 분들이 참여할 것이며, 함께 동행하면 어떻겠냐는 말씀을 주셨다. 담임 목사님께 말씀드리고 흔쾌히 허락을 받고 선교 갈 일정을 만들기 시작했다.

놀라움이었다. 23일 새벽 3시 JFK 공항에 도착했다. 공항에 도착하고 보니 한국 분들이 여기저기에서 모여들기 시작했다. 공항을 한인들이 전세를 낸 기분이었다. 서로 간의 교인들의 인사가 환한 웃음으로 꽃피었다. 2008년 첫 대회가 열렸으니 10여 년 이어진 대회인지라 서로의 믿는 신앙 안에서 쌓여진 것이다. 그 속에서 함께하는 시간이 감사했다. 그분들의 웃음 속에 나도 하나의 '웃음꽃'이 되어 행복했다. 서로 챙겨온 김밥과 스낵 그리고 음료들 모두가 나누는 풍경이 참으로 보기 좋았다. 하나님께서는 얼마나 보기 좋아하셨을까.

뉴욕에서 각 교회의 목사님들과 사모님들 그리고 성도들이 모이니 80여 명이 되었다. 그리고 선교지에 도착하니 10명 정도의 캐나다에서 오신 목사님과 사모님 교인들이 있었다. 또한 선교지의 이동흥 선교사님과 사모님 그리고 그 외의 활동하시는 선교사님들 부부 모두를 합치면 20여 명의 선교사님들이 모였다. 참으로 하나님 나라의 풍성한 잔치가 분명했다. 이곳에 이렇게 와 있다는 것만으로도 가슴이 벅차고 소망이 꿈틀거리기 시작했다. 하나님께 감사의 고백을 올려드렸다. 어찌 이리 아름다운 풍경을 제게 보여주시나요 하면서 말이다.

참으로 놀랍고 경이로운 시간을 체험하고 왔다. 바다의 파도가 밀려오듯 일렁이는 하나님을 향한 백성들의 춤추는 모습은 감동을 넘어 신비로움마저 느끼게 했다. 24일 사역이 시작되었다. 아침 예배를 드리고 식사를 하고 출발하였다. 오전 사역으로 치과 사역, 한방(침) 사역, VBS 사역, 헤어 사역, 네일 사역, 안경 사역, 중보기도 사역 이렇듯 각자 맡겨진 사역팀으로 기도하며 임했다. 나는 사진을 좋아했지만, 처음 참여하는지라 상황을 몰라 중보기도팀 사역에 조인하기로 하였다. 사람들이 모여들기 시작했다. 전도팀은 통역을 통해 한 사람, 한 사람의 필요를 메모지에 적어주었다.

"Ven a El" "Ven"
"주께 오라, 주께 오라"
 오전과 오후 사역을 다 마친 후 넓디넓은 운동장에 몇천 개의 의자가 작가가 작품을 풀어나가듯 정렬이 시작되었다. 우리 팀들도 함께 도우며 흙내 펄펄거리는 운동장에 흰 의자가 장관을 이뤘다.
 앞에는 커다란 무대가 서 있고 찬양을 인도할 팀들이 연습에 열중하고 있었다. 100여 명이 되는 선교팀들이 양쪽에 줄지어 서서 맞이할 준비가 마무리 지어질 때쯤 노란 스쿨버스들이 하나둘 들어오기 시작했다. 그 줄지은 버스에서 내리는 참여하는 이들도 아름다운 풍경을 만들었다. 하나님을 갈망하는 마음으로 환한 미소를 담고 들어서고 있었다.

"하나님께서 행하셨습니다"
 이동흥 선교사님의 말씀이다. 그렇다, 그 누구도 아닌 하나님께서 행하신 것이다. 첫날 5천여 명이 모였던 것 같다. 그리고 그 이튿날에는 12,000여 명이 모였다고 한다. 모두 합해 이틀 동안 20,000여 명이 모여 하나님을 찬양하고 기도하며 예수 영접을 하겠다고 결단하는 이들의 수를 헤아릴 수가 없었다. 이 지면으로 다 담지 못함이 아쉬울 뿐이다. 주일 예배를 마치고 바다를 닮은 너를 호수에서 '세례식'이 있었다. 처음 맞이한 광경이라 놀라움을 누를 수가 없었다. 기어코 사진 몇을 담으러 들어갔다가 완전히 물속으로 들어가 세례식을 보고 기도하며 사진을 담아왔다. Praise the Lord!!

내가 돈을 어디에 쓰느냐에 따라 내 삶의 가치도

이젠, 이제는 살아온 날들보다 살아갈 날들이 확연히 줄어들었다. 어릴 적에는 이런 기도를 한 적도 있었다. '하나님 지금 이거 뭐 하나만 해결해주시면 제가 하나님을 열심히 믿겠습니다' 이런 기도를 한번도 아닌 여러 번 반복했던 나였다. 지금은 그 마음은 아니지만, 그 비슷한 마음은 있다. 그것을 스스로 '선한 마음'이라 합리화시키면서 말이다. 이제 알아간다. 내가 돈을 어디에 쓰느냐에 따라 나의 삶의 가치도 달라진다는 것이다. 지금까지 많은 것을 누리며 살았다. 이제는 나를 위해 썼던 것들을 나가 아닌 남을 향해 방향이 바뀌고 있다.

레프 톨스토이가 1985년에 저술한 단편소설 "사람은 무엇으로 사는가(What Men Live By and Other Tales)" 줄거리를 함께 나눠본다.

"러시아 작은 마을에 살며 아내와 아이들을 둔 평범한 구둣방 주인인 세몬. 그는 가난하지만 그럭저럭 착실하게 살아가고 있다. 허나 자신의 노력과 달리 세상살이는 팍팍하게 돌아갔고, 외출용 털외투를 맞추려고 하나 손님과 이웃들은 온갖 변명 아닌 변명을 들거나 도리어 겁박하면서 주지 않는다. 그나마 준다 해도 푼돈에 고쳐달라는 망가진 구두뿐이다.

이렇게 상황이 나쁘기만 하니 결국 화가 잔뜩 나서 받은 돈으로 독한 보드카를 사 마시고 투덜대며 집으로 돌아오던 셰몬은 교회 옆에서 알몸뚱이 남자를 발견한다. 그는 남을 도와줄 형편이 안 된다고 생각해 무시하고 지나치려 했지만, 어쩐지 불쌍한 마음이 들어 그를 집으로 데려온다. 이를 본 셰몬의 아내 마트료나는 돈은 커녕 노숙자나 데려온 셰몬에게 화를 내며 욕을 하면서 남편이건 그 알몸뚱이 남자건 내쫓으려고 했다가 셰몬의 "당신의 마음 속엔 하느님도 없소?"라는 말에 마음이 누그러졌고, 어째서인지 그가 가엾게 여겨지고 사정이 궁금했기에 그를 집으로 들이고 식사도 제공한다.

그러자 그 남자는 처음으로 미소를 지어 보였고, 자신의 이름이 미하일임을 알려준다. 하지만 자신의 정체와 사정에 대해서는 말하지 않는다. 셰몬은 같이 살려면 일을 해야 한다며 그에게 구두 수선 일을 가르쳐준다. 미하일은 가르쳐주는 대로 잘 따라해서 곧장 능숙한 일꾼이 된다. 그러던 어느 날이었다. 덩치가 큰 부자가 시종을 거느리고 와서는 고급 가죽을 보여주며 이 가죽으로 1년이 지나도 모양이 변하지 않고 실밥이 터지지 않는 장화를 만들라고 오만하게 주문하면서 성공하면 10루블을 주겠지만 실패하면 감옥에 가두겠다고 한다. 셰몬은 자기 솜씨로 이걸 만들 수 있을지 걱정하지만, 미하일은 무슨 이유에선지 부자를 보고 웃었다.

처음에 미카엘은 셰몬의 첫인상을 보고 '저런 사람이 날 어떻게 도와줄까'라고 낙심했다. 그러나 예상과 달리 셰몬은 돌아와서 자신을 구해줬고, 그의 아내 마트료나도 무작정 화를 냈지만 셰몬의 말을 듣고 화를 풀었다. 그리고 이때 미카엘은 사람의 마음 속에는 사랑이 있다는 것을 알고서 웃는다. 이후 일을 하던 중 부자가 와서 장화 타령을 했을 때, 미카엘은 셰몬이나 마트료나의 눈에 보이지 않는 자신의 천계 시절 동료인 죽음의 천사가 부자 옆에 붙어 있는 걸 보았다.

즉, 이 부자는 자기가 오늘 죽는 걸 모르니, 사람에겐 자신에게 무엇이 필요한가를 아는 힘이 주어지지 않았다는 걸 알고 동료였던 천사를 만난 것도 반가워서 다시 한번 미소를 지었다. 그리고 오늘, 6년 전에 자신이 죽을 거라고 걱정했던 두 여자아이가 마음씨 좋은 마을 사람들의 도움과 아이들의 양부모인 이웃 부부의 손에서 잘 자란 것을 보고 사람은 사랑으로 산다는 것을 깨닫고 웃었던 것이다.

이렇게 세 가지를 알게 되었기에 그는 다시 하늘나라로 돌아갈 수 있게 되었고, 셰몬과 마트료나, 그리고 아이들 앞에서 '모든 사람은 자신에 대한 걱정이 아닌 사랑으로 살아간다'는 진리를 설파한 뒤 찬송을 드리면서 하늘로 승천하는 것으로 끝이 난다."

이렇듯 우리는 단 한 순간도 앞을 알 수 없다. 그저 오늘 바로 이 시간 현재가 존재할 뿐이다. 나중은 없다. 지금 만난 이에게 더 따뜻한 말 한마디와 행복을 나눠야 한다. 시간은 나를 기다려주지 않기 때문이다.

이런 사람과 만나라

"내일을 이야기하는 사람과 만나라
반드시 성공할 것이다.
확신에 찬 말을 하는 사람과 만나라
기준 잡힌 인생을 살 것이다.

부지런히 일하는 사람과 만나라
풍요롭게 살아갈 것이다.
생각만 해도 '대단하다' 하는 사람과 만나라
시대를 이끄는 사람이 될 것이다.

침묵을 즐기는 사람과 만나라
믿음의 사람들을 만나게 될 것이다.
언제나 밝게 웃는 사람과 만나라
멀리 있는 복이 찾아오게 될 것이다."
《좋은 글 중에서》

며칠 전 아는 분의 블로그 공간을 찾았다 만난 묵상의 글이다. 글쓴이의 이름도 없이 오가는 《좋은 글 중에서》란 글을 여기저기서 만날 때면 더욱 귀히 여겨진다. 얼마나 좋은 글이면 주인 없이도 이토록 많은 이들에게 읽힐까 싶어서다. 이 귀한 글을 만나며 하루 온종일 떠올리며 묵상했던 글이다.

가끔 가깝게 지내는 친구나 아는 분을 만나면 기분 좋은 사람이 몇 있다. 그 사람과 이야기를 나누고 돌아서 집으로 오는 길은 무엇인가 뿌듯하고 넉넉한 느낌이 든다. 바로 마음속에 행복이 꽉 차오르는 것이다. 또한, 다시 그 사람과 만나고 싶어지는 것이다. 이런 마음으로 서로 통하는 사람이란 남·여·노·소 없이 그 느낌이 오래도록 남는다. 어제인 과거에 얽매이지 않고 내일의 희망과 소망을 말하고 내일의 꿈을 꾸며 그 꿈을 향해 노력하는 사람은 1년이 지나고 10년이 흘렀을 때 그 사람을 보면 참으로 많이 달라져 있는 모습을 만난다.

꿈을 가진 사람은 아이나 어른이나 남의 것을 좇지 않는다. 자신의 삶 속에서 지나치게 남을 의식하고 자신이 없는 사람들을 가끔 만나면 내일의 꿈을 잊었거나 잃어버린 이들이 많다. 그 어떤 일이든 간에 자신이 선택했다면 먼저 확신을 갖고 밀고 나가야 할 일이다. 그 일에 대해 우물쭈물거리지 말고 남의 눈치 보지 말고 내가 먼저 나 자신을 믿어주는 일이 제일 중요하다. 나 자신을 믿어주는 그 일이 바로 남이 나를 믿어줄 수 있는 이유이다. 설령, 그 일의 결과가 좋지 않더라도 열심과 성실로 노력했던 그 과정의 시간은 내게 값진 까닭이다.

곁에 어릴 적 친구가 산다. 어릴 적 자라온 가정환경을 누구보다도 잘 아는 내게는 이 친구가 참으로 대견하고 자랑스러울 수가 없다. 자라며 어려움 없이 부모 형제의 따뜻한 사랑과 교육 아래 남 부럽지 않게 자랐다. 결혼 후 물질적으로는 어려운 환경의 남편을 만났지만, 자상하고 성실하고 사랑이 가득한 믿음의 남편을 둔 것을 늘 감사하게 여겼다. 그 어려운 환경을 극복하는 데는 가족의 힘인 세 아이와 남편이 함께였기에 가능했던 것이다. 친구는 자신이 선택한 삶에 대해 당당하게 맞서서 남편과 함께 꿋꿋하게 열심과 성실과 인내로 오늘의 가정을 지켜온 것이다.

　삶이란, 생각처럼 마음처럼 그리 녹록치 않음을 깨달아 간다. 그렇기에 삶에서 때로는 외롭고 힘들 때 의지하고 이겨낼 수 있는 믿음(신앙)이 필요하다는 생각이다. 특별히 유한적인 삶을 살아가는 우리에게는 더욱 그러한 것이다. 가끔 '내게 진정한 멘토(Mentor)는 있는가?' 하고 나 자신에게 물을 때가 있다. 이 물음을 오래도록 묵상하면 떠오르는 얼굴들이 몇 스치고 지난다. 그 귀한 분들이 곁에 몇 있다는 것만으로도 넉넉해지는 가슴을 만난다. 굳이 말이 아니어도 알아들을 수 있는 마음과 가슴에서 울리고 공명하는 일 앞에 무엇을 더 바랄까.

　언제 만나도 맑은 표정과 밝은 웃음을 주는 사람이 있다. 이 세상의 물질과 돈을 주고도 살 수 없는 보석 같은 사람 말이다. 그저 그 사람을 바라보는 것만으로도 행복한 일은 경험으로 알 일이다. '이런 사람'들이 곁에 있다는 것만으로도 즐겁고 행복한 인생이다. 그렇다면 다른 사람에게 나 자신도 '이런 사람'으로 남을 수 있다면 얼마나 값지고 귀한 인생일까. 문득, '나'라는 사람이 궁금해진다. 지금 나는 제대로 잘 살고 있는가 하고 묻는 것이다. 그저, 하늘이 주신 樂天知命의 삶 속에서 나 자신의 생긴 모양과 색깔과 소리대로 사는 오늘이면 좋겠다.

남편의 2주기 기일을 보내고

훌쩍 2년이 지났다. 어떻게 지내고 있느냐고? 물어오는 지인들의 걱정어린 마음에 감사하고 바쁘게 잘 지내고 있노라고 답을 해주는 나를 가만히 만나본다. 말처럼 참 잘 지내고 있다. 생각해 보면 바쁜 것이 약이 되었는지도 모른다. 참으로 바쁘게 보냈다. 이처럼 바쁘지 않았더라면 그 시간을 어떻게 보냈을까. 깜깜하다. 하나님의 인도하심 따라 무작정 기도하며 지냈다. 이것이 내게 허락하신 최선의 방법이신가 싶었다. 내게서 제일 소중한 것을 거둬가셨으니 앞으로의 내 삶도 당신께 맡겨드린다고 말이다.

뉴욕에서 신학대학원 공부와 전도사 사역 그리고 상담 사역을 하며 몸과 마음은 매우 바빴지만, 기뻤으며 보람도 되었고 감사와 은혜의 시간이 되었다. 그래서 남편을 떠나 보낸 2년이 내게는 또 하나의 큰 충격의 시간이었지만, 잘 감당하며 보낼 수 있었다. 다만, 세 아이를 생각하면 마음이 아프고 아려왔다. 다들 자신의 일자리에서 자리매김하며 살아주니 고맙고 지켜주시는 하나님의 손길에 그저 감사함으로 있었다. 지금도 아니 오늘의 내일도 마찬가지다.

지난가을부터 매주 토요일 아침 FM 87.7 라디오 방송 〈신 영 전도사의 하늘스케치〉를 시작했다. 하나님 말씀을 묵상 가운데 메모했다가 함께 나누는 시간을 택했다. 남자 목사님들이 설교하시는 사이에 여자 전도사가 끼어 하는 방송이라 마음의 부담이 있었다. 그러나 하나님께 기도하며 묵묵히 해가고 있다. 가끔 청취자 목사님들이나 청취자분들을 만나게 되면 잘 듣고 계시다는 말씀에 용기를 얻고 또 기도하고 있다. '모든 것은 하나님이 하신다'라는 것을 기억하며 매일 매순간 겸손한 마음을 달라고 기도한다.

이번 학기부터 〈상담학 박사과정〉을 시작했다. 상담학 공부가 조금은 버겁기는 하지만, 재미도 있었다. 그동안의 삶 가운데서 많은 시댁 가족들과 또 다른 관계들 속에서 버겁다고 느꼈던 시간들이 헛되지 않았음을 또 깨달았다. 아, 모든 것들이 내게 필요한 시간이었음을 고백하게 되었다. 누군가 또 나와 같은 입장에 처한 이들이 있다면 위로할 수 있어 감사하다. 하나님이 사역자의 길을 열어가시니 참으로 은혜의 시간이다. 앞으로 나를 어떻게 써 가실까 궁금해지기까지 하다.

남편의 2주기 기일(2023년 3월 28일)을 보내며 참으로 고마운 사람이라고 묘지를 찾아 말해주었다. 참으로 내게 편안한 친구 같은 사람이었다. 세 아이에게도 늘 친구처럼 재미있고 많은 이야기를 나누었던 좋은 아빠였다. 생각하면 '그리움'이 파도처럼 넘실거린다. 그래서 매일 매일의 삶이 바쁜 것이 내게 약이 되었음을 감사하게 생각한다. 그렇지 않았더라면 남편을 떠나보낸 자리를 어떻게 보낼 수 있었을까. 이런저런 생각들이 2년 동안의 시간을 넘나들며 그저 감사하다고 고백할 수 있어 나는 또 행복한 사람이다.

엊그제 2주기를 보내며 고맙다는 인사를 해주었다. 그리고 혹여 남편을 떠나보내고 혼자 있던 나의 자리에서 이런저런 서운함이 들었던 이들이 있었다면, 이제는 모두 용서하리라고 기도를 했다. 남편에게도 이야기를 해주었다. 나의 마음속에 남은 앙금들일랑 오늘로써 모두 씻어버리겠노라고 말이다. 나의 마음이, 나의 영혼이 많이 자유로워졌다. 이제는 더욱이 제대로 잘 살 수 있을 것 같다. 남편에게도 하늘나라에서 열심히 사는 나를 응원해 달라고 지금은 전도사로, 앞으로는 목사로 사역자의 길에 설 때 나를 위해 기도해달라고 말이다.

이제 생각하니 '내 것'이라는 것이 '내 것'이 아님을 깨닫는다. 내가 누리는 기쁨과 행복이 다른 이와 함께 나눌 때 우리 모두의 기쁨과 행복이 되듯이, 내 슬픔과 아픔과 고통도 나 혼자만 끌어안고 있지 않고 다른 이와 나눌 때 슬픔과 아픔과 고통도 희석되어 옅어지는 것이다. 참으로 귀한 것을 깨달아 간다. 이제는 더욱이 그렇게 살고 싶다. 내 기쁨과 행복이 우리 모두의 기쁨과 행복이길, 내 슬픔과 아픔과 고통이 또한 우리 모두의 나눔이길 소망하며 기도한다. 샬롬!!

인덕(人德)과 인덕(仁德)은 어디에서 오는가

　인덕(人德)과 인덕(仁德)의 사전적 의미를 찾아보면 거의 비슷하다. 주변에 사람들이 많이 모이고, 사귄 사람들로부터 여러 가지로 도움을 받는 복을 말한다. 사람들은 보통 자신은 인복이 있다 없다 아니면 인덕이 있다 없다 말하곤 한다. 그렇다면 우리의 인생 여정서 인복과 인덕이란 무엇이며 어떤 의미가 있는가. 간단하게 말하자면 주변의 내 가족과도 편안하게 지내는 이가 있는가 하면 그렇지 못한 사람들도 많이 있다. 그렇다면 그것은 무엇이 문제인가. 나 자신의 문제인가 아니면 상대방의 탓으로 돌릴 문제인가. 그것은 삶의 어려운 숙제 거리이다.

　인덕이란 남이 아닌 나 자신의 처세에 따른 문제란 생각을 한다. 그것은 결코 멀리에 있지 않고 밖에 있지 않으며 바로 내 안에 있다는 생각을 하는 까닭이다. 인덕은 우연히 얻어지는 것이 아니라 자신이 만들어가는 것이기 때문이다. 때로는 어떤 일과 사물에 대해서 객관성을 찾지 못해 일을 그르칠 때가 있다. 그것은 너무나 주관적인 자신에 몰입해 어떤 일이나 사물을 바라보지 못하고 자기 속에 깊이 빠져있기에 그렇다. 이렇듯 우리는 관계 속에서 무엇을 어떻게 어떤 각도에서 제대로 바라볼 수 있는가에 따라 자신의 처신의 입지가 세워지는 것이다.

서로 만나 몇 마디 나눠보면 그 사람의 성품을 금방 알게 된다. 그것은 언어에서 그 사람의 생각을 읽을 수 있고 몸짓에서 이미 그 사람의 사고를 엿볼 수 있는 까닭이다. 현재는 지금이 아니다. 현재는 과거를 관통한 미래를 일컫는 까닭이다. 사람은 누구에게나 굳이 남에게 말하고 싶지 않은 아니 알리고 싶지 않은 비밀이라든가 과거가 있기 마련이다. 그래서 친하다고 생각했던 상대방이 들려주지 않는 그 사람의 것을 굳이 알고 싶어 이리 캐고 저리 캐보려 애쓰지 말아야 할 것이 예의이다. 바로 이것이 자신의 인덕(仁德)을 쌓는 덕목 중의 제일이다.

삶면서 겪는 일이지만, 남에게 늘 베풀기 좋아하고 나누기 좋아하는 사람들이 종종 있다. 그런데 그렇게 베풀고 나눈 만큼의 결과가 좋아보이지 않아 안타까울 때를 만난다. 그 결과의 몫은 무엇이었을까. 무엇인가 댓가를 바라고 한 일은 더욱이 아니었을 터 자신은 가슴을 치며 인복이 없고 인덕이 없다고 한탄하는 모습을 하는 것이다. 정말 인복이 없고 인덕이 없었던 것일까 말이다. 내 개인적인 생각은 그렇다. 분명 처음의 인복(人福)과 인덕(人德)은 있었기에 사람들과 가까이 지냈을 것이다. 하지만 나중의 인덕(仁德)은 참지 못함에 있을 것이다.

인복(人福)과 인덕(人德)이 다른 사람들에게 도움을 많이 받는 복이라면 그와 마찬가지로 내 것을 나눌 사람이 많다는 얘기일 것이다. 이 얼마나 복된 사람인가. 그렇지만, 인덕(仁德)은 그 많은 사람들의 관리를 내가 어떻게 하는가에 따라 달라진다는 생각을 한다. 하늘에서 똑같이 내려주신 복이라고 생각해보자. 성경에서 말하는

'달란트 비유'를 들어보자. 결과는 모두가 각자의 몫이라는 것이다. 그렇다, 우리는 나는 인복이 있네! 없네하고 인덕이 있네! 없네 하는 모든 것들은 자신의 삶에서 나온 것이지 결코 밖에서 남이 가져다준 것이 아니다.

공자의 말씀을 들어보자. 인덕이 어디 멀리 있는 것인가? 내가 어질고자 하면, 어짐에 이르느니라. 仁遠乎哉 我欲仁斯仁至矣(인원호재 아욕인사인지의)라고 하였다. 바로 답이 여기에 있지 않은가. 모든 것은 자신의 마음 안에서 나오는 것이라고 말이다. 참으로 귀한 말씀이다. 우리네 삶의 여정에서 인덕(人德)과 인복(人福)이 있고 없음과 인덕(仁德)이 있고 없음은 바로 자신의 마음에서 나오는 것임을 말이다. 그렇다, 특별히 인덕(仁德)이란 쉬운 것이 아님을 깨닫는다. 그것은 마음에서 오랜 견딤과 기다림 그 후에 오는 참 인내의 열매라는 것이다.

옛 말씀에 '하늘은 스스로 돕는 자를 돕는다'라고 하지 않던가. 그것은 어떤 일에 있어서든 최선을 다하라는 말씀일 게다. 그것이 사람이 되었든 사물이 되었든 간에 자신이 먼저 노력하라는 말씀이라 여겨진다. 오늘을 열심과 성실로 살다 보면 내일의 오늘에 감사하며 만족할 것이고 그 내일의 오늘은 또다시 오늘의 어제가 되어 나를 든든하고 굳건한 터를 만들 디딤돌로 있을 것이다. 그래서 오늘이 있어 지난 과거의 어제도 중요하거니와 미래의 내일이 있어 오늘이 더욱 희망에 차 있지 않은가. 오늘에 나는 어떤 인덕(人德)과 인덕(仁德)의 돌탑을 쌓을까.

손녀딸 '테사의 세 살 생일'을 맞으며

2025년 7월 30일 예쁘고 귀여운 손녀딸 '테사의 세 살 생일'을 맞는다. 할머니가 먼저 손녀딸 생일을 축하하면서 고마운 마음이다. 딸아이와 큰아들은 아직 결혼을 안 했다. 막내아들만 2021년도에 결혼을 했다. 아들과 며늘아이(미국며느리)는 대학교 1학년 때 만나 연애를 거의 10년을 한 모양이다. 그 긴 시간에도 여전히 손을 잡아주고 서로 챙겨주는 모습이 그냥 고맙기만 하다. 아빠를 떠나보낸 같은 해에 가족들끼리 스몰 결혼식을 올렸다. 결혼 날짜를 잡아놓고 코로나를 맞이했기에 2년을 미룬 터였다.

결혼 후 테사(Tessa Shin)가 그 다음해 2022년 7월 30일에 태어났다. 예정일은 8월 말쯤이었는데 한 달을 먼저 세상에 나온 것이다. 그날은 바로 내 남편이기도 하고, 막내아들의 아빠이기도 하고, 테사의 할아버지(Tom Shin)이기도 한 그 사람의 생일이었다. 참으로 신기하다고 온 가족들이 놀라워했다. 이날은 '기쁨과 슬픔'이 오버랩되는 시간이기도 하다. 그러나 그것은 슬픔이 아니라 기억할 수 있는 '소중한 추억'이라고 이제는 말할 수 있다.

처음 손녀 테사와 만났을 때는 할머니가 되었다는 생각마저도 없었다. 그저 예쁘고 귀엽다는 생각이 들었다. 아이 셋을 키웠어도 늘 시어머님께서 많이 돌봐주셨기에 여느 엄마들처럼 아이들을 챙기는 마음이나 솜씨가 많이 서툴렀다. 지금도 모임 중에 갓난아이를 만나면 예뻐서 안아보고 싶다가 멈칫 손과 볼만 만져주고 마는 것이다. 그만큼 아이를 안는 것에 익숙하지 못하다는 것일 게다. 그러나 손녀와 손자를 만나면 서툴지만 안아보고 싶어 한 번씩 안아서 볼에 뽀뽀를 해주곤 한다.

 태어난 손녀 테사를 만나며 문득 시부모님이 생각났다. 1990년 1월에 첫딸을 낳았다. 시댁에서 결혼 후 2년 6개월을 시어른들과 함께 살았다. 우리가 시부모님을 모신 것이 아니라, 뉴욕 업스테잇 코넬에서 대학을 마치고 보스턴 하버드에서 비즈니스 공부를 하며 결혼을 했었다. 그러하기에 우리는 시부모님 밑에서 얹혀 살았던 것이다. 어른을 모시는 일은 버거웠지만, 두 아이를 시댁에서 낳고 분가를 했었다. 분가를 해서 막내 아이를 낳았다. 시댁에서 두 아이를 낳아 키우는 동안 시아버님과 시어머님이 어찌나 손자·손녀를 예뻐하셨는지 모른다. 지금 생각해도 고마움 가득하다. 그래서 손녀 테사가 태어났을 때 시부모님을 떠올렸던 것이다.

막내아들이 엄마인 내게 말해온다. 아마도 둘째인 손자(조셉)가 태어났을 때인 것 같다. 장모님이 둘째아이를 낳았을 때 딸아이를 위해 산후조리를 도우러 오셨던 모양이다. 사위인 막내아들에게 '너의 엄마는 아이를 왜 보러 오지 않느냐고?' 말이다. 아들이 장모님께 '우리 엄마는 결혼 전부터 우리들에게 아이 봐주는 것은 자신 없다고 이미 말씀해 주셨다'고 했단다. 특별한 이벤트가 아니면 아들이나 며늘아이에게 안부는 묻고 전하지만, 참견이나 간섭은 안 하겠다는 것이 나의 삶의 방침이기도 하다.

우리 부부는 늘 그런 얘기를 많이 했었다. 아이들이 세상을 스스로 헤쳐나갈 수 있도록 부모의 곁에서 일찍 떠나보내는 것이 좋은 일이라고 말이다. 세 아이 모두 대학 기숙사에 보내놓고 우리 가족이 함께 살았던 것은 그것이 마지막이었다. 대학 졸업을 하고 대학원을 마치고 직장을 잡고 그렇게 살았다. 남편은 그런 말을 했었다. 부모 밑에서 떨어져 살아야 독립적으로 살아갈 수 있다고 그것은 아이가 어머니 뱃속에서 태어나 탯줄을 자르듯 부모와 자식이 대학에 들어갈 나이가 되면 서로의 자리에서 스스로 서야 한다고 말이다.

남편의 말이 옳았다. 우리 집 세 아이는 딸아이는 교육대학원을 졸업하고 고등학교 선생님으로 9학년을 담임 맡아 첫 직장을 잡았었다. 그리고 큰아들은 대학을 졸업하고 법대에 들어가 공부하며 변호사가 되었고, 막내 아들은 대학을 졸업하고 형 따라 법대에 합격해 입학을 기다리다가 느닷없이 커피숍 비즈니스를 하게 되었다. 모두 각자의 자리에서 나름 자리매김을 하며 살고 있으니 감사하다. 여기에 며늘아이 린지와 손녀 테사와 손자 조셉이 함께 있으니 모두가 감사하다. 손녀 테사의 3살 생일을 축하하며!!

"제13회 글로벌 자랑스러운 세계인 13인 대상"
특별상(언론미디어 부분)을 받고

"지난 11월 11일 연세대학교 동문회관 3층 그랜드볼룸에서 '국제미디어그룹 창립 제17주년 기념식' '국제지식경제포럼' 및 제13회 글로벌 자랑스러운 세계인 13인 대상 시상식, 제17회 글로벌 기부문화공헌대상 시상식, 제9회 국제참예술인대상 시상식이 성황리에 개최됐다. 재단법인 국제언론인클럽과 재단법인 기부천사클럽재단이 주최하고 (사)대한경호협회, 대한장애인복지신문, 라이프방송(Life TV), (사)국민노동정책교육개발원이 공동 주관했다.

이주영 전 국회부의장이 작년에 이어 올해도 대회장으로 참여했으며, 김태랑 제23대 국회사무총장, 김일엽 기독교한국침례교회 총무목사 겸 대한장애인복지신문 총재, 한계은 지구촌 평화통일 한류연맹 총재, 방재홍 서울미디어그룹 회장, 이운길 MBC경제매거진 국장 겸 국제언론인클럽재단 상임대표가 직접 시상을 주관하며, 조직위원장으로는 이건찬 대한경호협회 회장, 집행위원장에는 국제언론인클럽재단 이운길 대표, 선정위원장으로는 김성배 대한장애인복지신문 공동대표가 참여하는 이번 창립 기념식이 되었다."

제13회 글로벌 자랑스러운 세계인 13인 대상 수상자로는 특별상에는 정치현 목사/볼리비아(정치인) 2019 볼리비아 기독민주당 대

통령 출마(국제사회공헌부문), 특별상에는 신 영 뉴욕일보 칼럼니스트(언론미디어부문)/임이자 국회의원(3선)(의정공헌부문)/김진경 경기도의회(의장)(지방의회공헌부분)/이상일 경기도 용인특례시 시장(기초단체공헌부분)/이동섭 국기원 원장(스포츠공헌부문)/방재홍 서울미디어그룹 회장(언론공헌부문)/지병윤 경찰무도사범(사회안전공헌부문)/정종화 세포재생의학연구소 원장(의료공헌부문)/정주갑 목사 300용사 부흥단 대표총재(종교공헌부문)/신광섭 ㈜이카플러그 대표이사(친환경제조공헌 부문)/서봉남 화백 한국미술협회 고문(문화예술부문)/차주환 한국과학기술연구원 책임전문원(과학공헌부문)/이재순 (前)육군 준장(국방공헌부문)/조강훈 한국예술문화단체총연합회 이사장(문화예술단체부문) 13인이 수상의 영예를 안았다.

한국 방문 중 귀한 상을 받게 되어 참으로 감사했다. '글로벌 자랑스러운 세계인 13인 대상'을 받는 분들이 정말 사회에서 존경을 받고 공헌한 부문이 많아 대상을 받으시는가 싶었다. 그중에 외국에서 참여해 대상을 받은 정치현 목사(정치인)와 신 영 뉴욕일보 칼럼니스트(언론미디어부문)로 대상을 받을 수 있었음에 하나님께 깊은 감사를 올려드린다. 뉴욕에서 〈뉴욕일보〉에 2008년부터 칼럼을 쓰기 시작했으니 이제는 15년이 훌쩍 흘렀다. 그리고 (재)국제언론인클럽 뉴욕의 특별취재본부 취재부장을 맡아 감사히 일하고 있다.

이렇듯 모두가 혼자이지 않은 세상에서 '나보다 남을 낮게 여기는 사회'가 삶의 일상이기를 소망해 본다. 세상이 혼탁하고 어지럽다고 말들하는 세상에서 적어도 언론을 기획하고 아우르고 전달하는 입장에서는 진실을 찾고 말하고 전달할 수 있기를 바라는 마음이다. 어느 누군가 행복하려면 또 누군가의 수고가 필요하다는 생각을 한다. 그것은 억지로 하면 힘이 들지만, 우러나서 하는 마음이면 기쁨이고 행복이라는 것이다. 세상살이가 다 그렇지 않던가. 나의 작은 수고와 나눔이 어느 곳의 필요한 이에게는 큰 기쁨이고 행복임을 잊지 말아야겠다.

제13회 글로벌 자랑스러운 세계인 13인 대상(특별상)을 받으며 더욱 열심히 내 주변의 삶들을 들여다 봐야겠다는 생각을 해본다. 곧 12월이 오지 않은가. 가정 경제가 어려운 이들에게는 더욱이 춥고 시려운 때가 오는 것이다. 작든, 크든 내게 있는 것으로 나눔의 12월이길 기도해본다. 내 것을 내어놓아도 아깝지 않을 그런 사랑의 마음으로, 긍휼의 마음으로 주변을 둘러보길 바라는 마음이다. 글쟁이로서 특별상을 받는 '대상'만 대상이 아니라, 삶에서도 나눔의 '대상'을 찾아 나서는 그런 글로벌의 시야와 마음이길 소망해 본다. 오늘도 감사한 11월의 아침을 맞는다.

3부

미국 50주 중보기도 및 선포외침 전도미션

지난 5월 3일과 4일 1박 2일 일정으로 뉴욕 소재(전도단장 : 김희복) 미국 50주 중보기도 및 선포외침 전도팀이 14명과 함께 전도차를 타고 제39차 뉴욕과 뉴저지에 전도를 다녀왔다. 전도팀은 미국 50개 주를 한 차례 돌고 다시 또 50개 주를 향한 전도외침을 펼치고 있는 것이다. 미국뿐만이 아니라 한국, 북한, 세계선교를 목표로 하며 중보기도에 힘쓰고 실천하고 있는 것이다. 미국이 영육 간에 살아야 한국 및 북한 이스라엘이 살고 세계선교가 이루어지고 주님의 재림을 맞이할 수 있음을 강조하고 있다.

전도 첫째 날에는 State of New York, Brooklyn(Flat bush Ave/Fulton Street)과 Manhattan(China Town, Times Square, Harlem). 둘째 날에는 State of New York, Bronx(Yankee Stadium, 169 St Franklin Ave, Queens(China Town/Flushing Main St). 이렇게 1박 2일의 일정으로 외침선포 전도를 하였다. 특별히 맨해튼 차이나타운과, 플러싱 차이나타운에는 많은 인파가 모여 있었으며 중국어로 된 전도지를 펼쳐 전달하니 많은 이들이 받아 들고 읽어보는 것이 아닌가. 우리가 무엇을 더 할 일이 있겠는가. 그저 쓰임 받는 일일 뿐 하나님께서 앞서 인도하시는 것을 또 깨달았다.

14명의 많은 인원이 빨간 조끼를 입고 빨간 모자를 쓰고 십자가를 들고 피켓을 들고 전도지를 들고 외치며 말씀 선포를 할 때에 이상한 눈으로 쳐다보는 이들도 있었지만, 이내 알아차리고 기웃거리기도 하는 것이었다. 요즘 예수가 누군지 몰라서 못 믿는 사람이 있어? 하는 이들도 가끔 있다. 그러나 누군가 알려주지 않아서, 몰라서 예수를 믿지 못하는 이들도 있다는 것도 사실이다. 그러니 우리는 할 수 있는 만큼 게을리하지 말고 말씀 선포를 해야 한다. 누군가 몰랐던 사람이 귀를 열어 듣고 눈을 떠 바라볼 수 있도록 말이다.

매주 토요일마다 '맨하탄 외침선포 전도팀'이 맨하탄 선교를 할 때 두 번 정도 다녀왔다. 그리고 이처럼 미국 50주 중보기도 및 선포외침 전도팀 사역에는 첫 발걸음이었다. 이틀 동안 쉬지 않고 걸었다. 그래도 지치지 않고 다닐 수 있음이 감사했다. 한 두 분 정도는 발바닥이 아프다고 걷기가 힘들다고 하시지 뭔가. 그나마 10여 년 산에 오르고 걸으면서 골프를 했던 것이 큰 도움이 되었던 모양이다. 지난해에는 공부하느라 사역하느라 제대로 운동 한 번 못 하고 지냈다. 그만큼 걷기도 안 했으며 그저 앉아서 공부하는 시간이 더 많았다.

이번 선포외침 전도를 하면서 느낀 것은 여전히 같은 생각이 들었다. 나는 확실히 선교 체질인가 보다고 말이다. 30여 년 전부터 선교지에 단기선교를 많이 다녔었다. 그럴 때마다 열악한 환경의 선교지에서 잘 먹고, 잘 자고, 작은 볼일 큰 볼일 잘 보고 돌아오곤 했었다. 이번에도 이 부분에서 참으로 하나님께 감사를 올려드렸다. 이렇듯 밖에 나가서 외침선포로 씩씩하게 걷고 외치며 마음 가운데 기쁨과 행복이 차올랐다. 언젠가 외침선포팀에서 함께한 사진을 아는 친구에게 보여줬더니 질색을 하지 않던가. 그렇지만, 이 기쁨의 맛을 알까.

이 외침선포 전도팀은 거의 신학교 선후배들이 주를 이루고 있었다. 미국 50주 중보기도 및 선포외침 전도팀 단장이신 김희복 단장님은 대한예수교장로회 '두나미스 신학대학교' 학장이시기도 하다. 그러니 이 전도팀들의 끈끈한 정은 그 누구도 흉내 낼 수 없음이 확실하다. 서로 아껴주고 챙겨주고 격려해 주며 서로를 위해 중보기도를 늘 하기 때문이다. 거의 10여 년이 다 되어가는 외침선포 전도팀은 이렇듯 선후배 간의 돈독한 정과 나눔과 '하나님 나라 확장'의 일꾼으로서 전도사로서 강도사로서 목사로서의 역할을 잘 감당하고 있는 것이다.

올가을 9월 정도에는 우리의 조국 땅인 '대한민국'으로 미국에서 외침선포 전도팀이 움직일 계획을 갖고 있단다. 바쁜 일정이라도 나도 함께 가고 싶어졌다. 이렇듯 나의 작은 것을 내놓을 때 그 누군가는 큰 기쁨과 행복을 얻기도 하는 것이다. 내가 나의 시간을 들여 기도하고 참석하고 나의 물질을 들여 교통비를 마련하고 기쁨과 행복을 나누는 전도자가 되는 것이다. 참석하지 못하더라도 전도팀을 위해 기도한다면 이보다 더 큰 기쁨이 어디 있겠는가. Praise the Lord!!

FM 87.7 〈신영의 파워인터뷰〉

지난해 초겨울부터 '뉴욕 라디오 코리아' FM 87.7 〈신영 전도사의 하늘스케치〉 방송을 시작하였다. 어설픈 모습으로 시작하였지만, 가끔씩 지나다가 만나는 분들이 알아보시고 잘 듣고 있다고 따뜻한 인사말을 해주시니 참으로 감사했다. 아직은 부족하지만, 성심성의껏 기도하며 노력해 보겠노라고 마음을 다잡곤 하였다. 나름 즐겁고 행복한 시간을 보내고 있다. 삶에 지친 누군가에게 희망이 될 수 있기를, 소망이 될 수 있기를 바라는 마음 간절하다. 뉴욕이 '나의 땅끝'이라고 마음속에 또 새겨넣으며 오늘을 맞는다.

그리고 6월 초부터 두 번째 방송 '뉴욕 라디오 코리아' FM 87.7 〈신영의 파워인터뷰〉 방송을 시작하게 되었다. 마음이 많이 설렌다. 하나님께서 어떻게 나의 삶을 이끌어 가실까 하고 궁금해지기도 한다. 어느 분들을 만나서 그들의 이야기를 듣기를 원하시는 것일까. 또 어떤 이야기들을 많은 이들과 나누기를 원하는 것일까. 코로나19 이후의 시대에 많은 변화가 있지 않던가. 삶이 버거워져 우울한 마음으로 하루하루를 이어가는 이들이 늘고 있다. 그렇다면 어떤 그 무엇이 삶의 희망이 되고 소망이 될 수 있겠는가.

"그러나 하나님께서 세상의 미련한 것들을 택하사 지혜 있는 자들을 부끄럽게 하려 하시고 세상의 약한 것들을 택하사 강한 것들을 부끄럽게 하려 하시며 하나님께서 세상의 천한 것들과 멸시 받는 것들과 없는 것들을 택하사 있는 것들을 폐하려 하시나니 이는 아무 육체라도 하나님 앞에서 자랑하지 못하게 하려 하심이라"(고린도전서 1:27-29)

뉴욕은 발걸음만큼이나 모두가 바쁘게 살아간다. 화려한 도시 같지만, 그 이면에는 어두운 부분도 많다는 생각을 해본다. 여러 사람이 이 모양 저 모양으로 북적거리며 살아가지만, 뒤돌아서 자신을 돌아보면 짙은 외로움이 엄습해 오는 그런 일들로 힘들어하는 이들이 꽤 있다. 우리 개개인을 생각하면 외로운 것이 사람이다. 우리가 하나님을 믿는 신앙이 없다면 시시때때로 견뎌낼 동력을 잃을 때 얼마나 많았겠는가. 이처럼 내가 내 인생 가운데 예수로 인하여 기쁨을 맛보고 행복을 누릴 수 있음이 더욱 감사한 날이다.

'할 일이 있다'는 것은 축복이다. 나만을 위한 삶에서 나 아닌 다른 누군가의 삶을 살피며 도우며 살아간다는 것은 하늘이 내게 주신 아주 특별한 선물이다. 그 마음이라면 이미 행복은 내게 와 있는 것이다. 그저 누리기만 하면 된다. 우리가 그 어떤 일에 있어서 안달하며 조급한 마음으로 안절부절못한다고 해서 되어진 일들이 몇 있는지 곰곰이 생각해 보라. 내 마음의 생각으로, 내 욕심으로 이루어진 일들은 그리 많지 않다. 이제는 아주 조금씩 알아간다. 나의 삶의 모양이 색깔이 무늬가 조금씩 보인다.

〈신영의 파워인터뷰〉를 통해 많은 청취자 분들과 소통하고 싶은 마음이다. 혹여 소개하고 싶은 곳, 함께 나누고 싶은 곳이 있으면 연락해 주시길 부탁드린다. 한인들과 함께 나눌 수 있고 공유할 수 있는 것이라면, 곳이라면 찾아가려고 한다. 특정된 곳이 아니라 교회와 기도원, 목사님, 선교사님과 사역자들과 사역지 그리고 비즈니스에 성공하신 크리스천 분들을 모시고 싶은 마음이다. 이 어려운 시절에 어려운 분들에게 희망이 될 수 있다면 어느 곳이 되었든 찾아갈 마음이다. 이 방송을 위해 이 글을 읽는 분들이나 '뉴욕 라디오 코리아' FM 87.7 청취자 여러분들께 기도를 부탁드린다.

'보스톤코리아' 〈신영의 세상스케치〉, '뉴욕일보' 〈신영의 행복스케치〉, '뉴욕 라디오 코리아' 〈신영 전도사의 하늘스케치〉 그리고 '뉴욕 라디오 코리아' 〈신영의 파워인터뷰〉 많이 사랑해 주시고 기도해 주시길 부탁드린다. 내 나이 예순에는 이렇게 하나님의 이끄심에 순종하며 살아가려고 한다. 내 욕심이 아닌 하늘의 뜻에 나를 맡겨드리며 살려 한다. 가만히 귀 기울여 무슨 말씀으로 나를 인도하시는지 '아멘'으로 화답하며 감사하는 마음으로 오늘을 맞는다.

상담학 박사과정을 시작하며

올 봄학기부터 〈상담학 박사과정〉을 시작하였다. 시작이 반이라지만, 아직도 4년여 정도의 시간을 공부와 씨름해야 한다. 세상 나이 60이 되어 공부한다는 것은 참으로 설레는 일이기도 하고 감사한 일인 것은 분명하다. 그렇지만, 무엇인가 외우려면 정말 외워지지 않을 때는 '내 머리가 이렇게 답답이였던 거야?' 하고 머리를 흔들어 본다. 그만큼 쉽지 않은 길이라는 것이다. 그러나 분명한 것은 어디에 목적을 두고 공부를 하는가라는 것이다.

20여 년 전 〈기독교 상담학〉 공부를 마쳤다. 그리고 까마득히 잊어버리고 살았다. 다만 코로나19 전에는 가을학기가 되면 한국을 방문하며 한 신학대학교에서 '특강'을 얻어 2회 정도씩 학생들과 마주하며 이야기하고 돌아오곤 했었다. 그런 이유 등을 들어 한국에 매해 방문을 했었다. 그리고 코로나 팬데믹을 보내며 남편을 떠나보내고 다시 뉴욕의 신학교에 들어와 M. Div 석사 과정을 마쳤다. 참으로 바쁜 나날을 보내며 보람과 기쁨과 감사가 있었다.

〈상담학 박사과정〉 수업 중 '상처받은 내면아이 치유'는 지나치듯 여기저기서 만났던 공부에서 직접적인 교수님의 강의와 함께 과제를 직접 정리하며 내면에 큰 변화를 얻게 되었다. 내가 알고 있던 지식이라는 것을 훌쩍 넘어 누구에게나 알게 모르게 감추고 덮고 애써 잊으려 했던 어린 시절의 상처를 다시 끄집어내는 작업의 시작인 것이다. 때로는 잊었던 것들을 들춰내며 기쁨과 행복 그리고 아픔과 슬픔이 함께 공존하고 있었음을 깨닫는 것이다.

또한 '가족치료' 수업도 '상처받은 내면아이 치유'와 이어지는 수업이기는 하다. 그러나 각각 교수님의 섬세하고 정확한 가르침에서 또 배우는 것이다. 누군가의 '치유'자가 되기 위해서는 나 자신이 우선 '치유'를 얻어야 한다. 두 교수님의 수업은 내게 큰 감동과 함께 아직은 공부할 나이임을 새삼 깨닫고 감사한 마음으로 열심히 공부에 열중하는 것이다. 그것은 가르치는 교수님도 박사 학위를 몇 갖고 계시지만 세상 나이 70이 넘어서도 계속 공부하고 계신 까닭이다.

한 학기를 마무리해 가는 즈음에서 함께 공부하는 두 분에게도 감사한 마음이 든다. 한 분은 여성 목사님이고, 또 한 분은 전도사님이다. 3년 정도를 함께 서로의 마음을 나누며 같이 걸어가며 공부하는 것은 귀한 만남이지만, 앞으로도 함께 사역자의 길에서 서로에게 힘이 되고 용기가 되어주고 의지할 수 있는 동지들이기 때문이다. 여느 공부와는 달리 상담 공부나 심리 공부는 자신의 속마음을 터놓지 않으면 쉽지 않은 일이다. 서로를 믿고 자신의 이야기를 내어놓을 수 있는 신뢰의 관계라는 것이 우선 큰 힘이 되는 것이다.

'왜 이 공부를 해야 하는가?' 하고 나 자신에게 물어보았다. 뉴욕에 와서 지내며 많은 것을 느끼며 살고 있다. 기도 가운데, 내가 해야 할 일이 꼭 있다는 생각이 들었다. 마음과 몸은 따로이지 않다. 마음이 아프면 몸이 아파져 오고, 몸이 아프면 마음이 아파져 온다. 그것은 누구나 겪어서 알 일이다. 그래서 마음 챙김도 중요하고, 몸 챙김도 중요하다. 그 어느 것 하나 소홀히 할 수 없는 것이다. 삶이 버거워 정신 줄을 놓는 이들이 늘고 있다. 우울함이 짙어져 우울증이 되고 병이 되는 것이다.

그렇다, 그렇다고 한다면 '왜 뉴욕 땅에 나를 보내셨을까?' 하고 또 하나님께 묻고 물었다. 내게 맡겨주실 일이 있는 것이다. 다만, 나는 준비를 하는 것이다. 이 마음도 하나님이 주신 것이라 믿는다. 다만 맡겨진 일에 '선한 청지기' 역할을 하고 싶은 것이다. 그것이 공부가 되었든, 물질이 되었든, 선교가 되었든, 봉사가 되었든 말이다. 그저 순종하는 마음으로 묵묵히 걸어가는 것이다. 지금까지 나를 인도하신 그분의 손길을 알기에 믿고 의지하며 나아가는 것이다.

인천 〈참좋은우리교회〉 담임 '정 목사님 내외분'과 함께

2023년 5월 29일 Memorial Day. 남들은 롱위켄이라고 타주로 떠났다가 돌아올 즈음 한국 인천의 참좋은우리교회 담임 정원석 목사님과 사모님이 뉴욕에 친한 친구 목사님 댁을 방문하셨다. 한국에 방문차 갔다가 뵈었고, 따뜻하게 맞아주시고 챙겨주신 사랑에 감사하며 나 역시도 반가운 마음으로 두 분을 맞이했다. 2주 정도 뉴욕에 머무를 예정이지만, 미국 생활이 모두가 바쁘지 않던가. 이리저리 스케줄을 보다가 그나마 모두 시간을 맞춰보며 도착하는 날로 곧장 〈노아의 방주〉로 향하기로 하고 출발했다.

세상 나이로 보면 다들 비슷한 또래라 이야기가 참 즐겁고 잘 통했다. 두 목사님 부부와 함께 전도사 하나가 끼어 가는 여행도 그리 심심하지 않았다. 이런저런 목회의 이야기들도 들려주시고 사모님들의 생활 이야기도 들려주시니 좋았다. 특별히 한국에서 오신 정 목사님의 사모님은 천상 여자였다. 여성스럽고 조용하고 지혜로운 그 모습에 반하고 말았다. 나도 저렇게 예쁜 '사랑스러운 여자'이면 좋겠다고 말이다. 그러다가 얼른 나는 '씩씩한 사역자'가 좋다고 마음으로 기도했다. 이런저런 이야기들로 웃음꽃을 피우며 2박 3일 일정으로 여행을 다녀왔다.

창세기 7장의 말씀으로 이루어진 〈노아의 방주(Ark Encounter)〉는 켄터키주 윌리암스 타운에 실제 크기로 우뚝 세워진 테마파크이다. 창세기 7장에 기록된 성경 말씀처럼 하나님 말씀에 순종하여 준비하였던 의로운 노아의 모습을 보여주는 것이다. 또한 하나님의 언약을 나타낸 '무지개'는 다시는 물로 심판하지 않겠다는 하나님의 약속이며 사랑이다. 여호와께서 노아에게 이르시되 너와 네 온 집은 방주로 들어가라 네가 이 세대에 내 앞에서 의로움을 내가 보았음이니라. 이 말씀으로 노아는 방주를 짓기 시작한 것이다.

노아의 방주 앞에 서서 바라보던 일행은 그 크기와 섬세함에 놀라고 말았다. 길이 510ft(155m), 높이 85ft(16m)로 제작 기간은 6년이 걸렸으며 나무는 잣나무가 쓰였다고 한다. 노아의 방주는 기원전 2000~3500년 전에 출현한 것으로 학자들은 추정하고 있다. 방주 안을 돌아보며 더욱더 놀라웠다. 창세기 7장의 말씀 그대로 모든 정결한 짐승은 암수 일곱씩 부정한 것은 암수 둘씩, 공중의 새도 암수 일곱씩을 취하여 그 씨를 온 지면에 유전케 하라는 하나님의 명령대로 순종했던 그 당시 노아의 모습이 그대로 재현되어 있었다.

"켄터키주에 있는 '노아의 방주 공원'이 3년간 확장 계획을 갖고 있다고 2021년 7월 크리스채너티투데이는 보도했다. 건설을 맡은 창세기의 응답(AG-Answers in Genesis, 회장 켄 햄) 측은 확장을 위한 기금 마련을 시작했다고 전했다. 2016년 개정된 공원은 당시 1억 달러(1144억원)를 들여 높이 16m, 길이 155m 규모의 방주를 재현했다. 또한 확장될 공원에는 새로운 명소가 들어설 예정이란다. 우선 바벨탑 공원을 마련해 창세기 11장에 나오는 바벨탑을 재현한단다. 아직 그 모양이나 세부 사항은 공개되지 않았다."

우리는 '노아의 방주'를 보면서 또 놀라고 말았다. 매번 봐도 마음에 감동이 이는 것은 사람의 생각이 아닌 성경 안에서의 인물과 말씀 그리고 순종했던 인물들이 오버랩되어 마음 가운데 기도로 흐르기 때문일 것이다. 그저 감동하고 감격하고 감사한 마음이 되었다. 먼 길 운전을 맡으신 목사님 내외분이야 얼마나 많이 이곳에 다녀가셨겠는가. 이렇듯 귀한 친구 목사 부부가 왔다고 기쁨으로 감사로 안내하시는 모습에 보는 나는 또 감동이었다. 모두가 감사라고 고백하고 돌아온 여행이었다.

늘 이처럼 우리는 감사한 삶을 통해 보람을 찾고, 나 아닌 누군가에게 나눌 수 있는 여유로운 마음으로 살면 좋겠다. 특별한 것이 아니더라도, 화려한 것이 아니더라도 이처럼 자연과 벗 삼아 친한 벗들과 마음을 내놓고 이야기를 나누며 그동안의 정을 나누는 것이다. 세상이 아무리 각박하다고 하더라도 작은 사랑 나누며 보듬는 오늘에 감사하면 최고의 삶이 아닐까 싶다. 모두가 살기 버겁다고 하는 현실에서 잠시라도 시름을 잊고 서로의 이야기를 들어줄 수 있는 여유의 오늘이면 '최고의 복된 날'이 아닐까 싶다.

미국 50주(USA) 선포외침전도 미션 '출판감사예배'에 다녀와서

지난 2024년 12월 4일(수) 오전 10시 30분, 서울특별시 송파구에 자리한 대한예수교장로회 '사랑교회(최영식 목사 시무)'에서 '두나미스 신학대학교 및 미국 50주 선포외침전도 미션' 출판감사예배가 있었다. 〈세계 선포외침선교〉 주관 : 한미두나미스예수교장로회, 세계기독교연합총회/주최 : 두나미스 뉴욕 맨해튼선포외침 및 미국 50주 USA 선포외침팀 〈출판 감사예배〉에는 50여 명의 목회자들과 사모 그리고 그 외 축하객들이 모여 귀한 '출판감사예배'가 되었다.

이번 출판된 '미국 50주(USA) 선포외침전도 미션(김희복 편저/글로벌 미션 출판)'은 세계선교와 미주 50개 전 지역의 전도역사 흔적! 숱한 영혼들을 건져내는 복음전도의 불꽃에 대해서! 그리고 첫째, 미국도시 위한 중보기도/둘째, 대한민국 위한 중보기도/셋째, 북한 복음화 위한 중보기도/넷째, 세계 전도자를 위한 중보기도/다섯째, 세계 선교지를 위한 중보기도 〈선포외침전도 선교미션메시지〉는 행복의 시작은 예수그리스도입니다(The Beginning of happiness is Jesus Christ), 우리는 다 죄인입니다(We are all sinners), 예수님은 길이요 진리요 생명이십니다(Jesus is the Way, the truth, and the life), 예수 믿으세요(Belive in Jesus Christ), 예수님은 다시 오십니다(Jesus is Coming Soon)

"오직 성령이 너희에게 임하시면 너희가 권능을 받고 예루살렘과 온 유대와 사마리아와 땅 끝까지 이르러 내 증인이 되리라 하시니라(행 1:8)

"너희는 온 천하에 다니며 만민에게 복음을 전파하라 믿고 세례를 받는 사람은 구원을 얻을 것이요 믿지 않는 사람은 정죄를 받으리라 믿는 자들에게는 이런 표적이 따르리니 곧 저희가 내 이름으로 귀신을 쫓아내며 새 방언을 말하며 뱀을 집으며 무슨 독을 마실지라도 해를 받지 아니하며 병든 사람에게 손을 얹은즉 나으리라(막 16:15-18)"

〈미국 50주(USA) 선포외침전도 미션〉 출간의 권두언은 최영식 목사(한미두나미스예수교장로회 총회장), 추천사에는 피종진 목사(남서울중앙교회 원로/두나미스 신학대학교 명예총장), 고석희 목사(두나미스 신학대학교 글로벌 총장/KWMC 상임의장), 최요한 목사(세계선교연대 대표/두나미스 신학대학교 해외총장), 김기남 목사(예심교회 담임/두나미스 신학대학교 월드전도선교 총장), 허길량 목사(서티모르선교회 대표/광양동산교회 담임), 김정도 목사(두나미스 신학대학교 교수), 임현수 목사(캐나다 큰빛교회 원로목사), 최혁 목사(미국 LA 주안에 교회 담임), 故 인관일 선교사(미얀마 두란노신학대학원 총장), 김용의 선교사(헤브론선교대학교 이사장), 장현옥 권사(LA 헐리우드 레디컬미션), 최영호 목사(일본선교사/두나미스파송선교사), 박소피아 목사(헐리우드 전도자), 전도단장 머리말 : 김희복 목사(뉴욕지구한인교회협의회회장 역임/두나미스 신학대학교 행정총장 및 학장)

출판감사예배 순서의 인도는 김희복 목사(두나미스 신학대학교 학장 맨해튼 및 미국 50주 전도단장), 경배와 찬양(사랑교회/이윤수 전도사), 찬송(27장), 대표기도(사당동 평강교회/김병준 목사),

성경봉독(시편 23:1-6/김희복 목사), 특송(국악찬양사역자/구순연 권사), 간증(두나미스 미국 50주 전도자/전병렬 목사), 동영상(미국 50주), 설교 : 주님이 하셨습니다(두나미스 신학대학교 총장/최영식 목사), 헌금, 헌금송 : 에어로폰 연주/배영숙 목사(두나미스 신학대학교 교목) 신 영 선교사(두나미스 신학대학교 기자), 헌금기도, 광고, 찬송(1장), 축도(은평세계로교회/신락균 목사)로 1부 감사예배를 마쳤다.

  단장 김희복 목사와 전도팀들의 10여 년의 시간 속 '미국 50주 선포외침전도 여행'을 통해 숱한 영혼들을 건져내시는 하나님의 놀라우신 손길을 엿볼 수 있었다. 이번 〈미국 50주(USA) 선포외침전도 미션〉 출판감사예배를 통해 하나님이 살아서 역사하시는 놀라우신 복음의 실체를 경험해 본다. "오직 성령이 너희에게 임하시면 너희가 권능을 받고…" 권능의 놀라우신 '두나미스'의 선포외침의 복음이 예수님 오시는 그날까지 계속 이어질 것을 믿으며.

  Hallelujah!!

  Praise the Lord!!

제50차 한미연합 전국 10도
선포외침전도 순회전단

  2024년 10월 22일부터 11월 2일까지의 일정으로 "불을 던지러 왔노라" 공동주최 두나미스 〈맨하탄 선포외침전도단〉, 〈사단법인 예심선교회순회전도단〉은 한국과 미국이 연합해 전국을 순회하며 복음을 전파하고 서울에서 제주까지 대한민국 전체를 돌며 땅을 밟고 있다. 맨하탄선포외침전도단(단장 : 김희복 목사)은 두나미스 신학대학교(총장 : 최영식 목사/학장 : 김희복 목사)를 중심으로 선후배들이 중심이 되어 있고, 목사와 사모들이 함께 참여하는 공동 실천신학의 목적을 갖고 있다. 구원데이 운동본부 (사)예심선교회 순회전도단(대표 : 김기남 목사/단장 : 조정임 목사) 대한예수교장로회 예심교회(김기남 목사)의 한 사역으로 전국 각 지역에 30여 개의 지부를 갖고 있다.

  "내가 모세에게 말한 바와 같이 너희 발바닥으로 밟는 곳은 모두 내가 너희에게 주었노니(수 1:3)" 말씀을 중심으로 기도와 함께 전도에 열심으로 '하나님 나라 확장의 일꾼'으로 섬기며 실천하고 있는 것이다. 이번 "제50차 한미연합 전국 10도 선포외침전도 순회전도단"은 미국도 그러하거니와 대한민국 광화문(서울 중구 서울광장 일대)에서 10월 27일 있었던 '포괄적 차별금지법 반대' 200만 명 집회를 앞서 10월 22일 인천국제공항에 도착한 미국의 전도팀들 21명과 한국의 순회전도팀(30여 명)들이 함께 대형버스를 타고 서울

광화문을 향하여 땅을 밟기 시작했다.

'대한민국을 새롭게 하기 위한 1000만 기독교인 1027 선언문' "창조질서를 부정하는 성 오염과 생명 경시로 가정과 다음 세대가 위협받고 있다"며 "가정을 붕괴시키고 역차별을 조장하는 동성혼의 법제화를 반대한다. 포괄적 차별금지법도 제정되어서는 안 된다" 그리고 "정부는 동성 결합을 사실혼 관계와 같게 취급하려는 국민건강 보험공단의 위법한 자격 관리 업무처리 지침을 즉각 개정하라"고 촉구하는 기도회를 가진 것이다.

이번 〈제50차 한미연합 전국 10도 선포외침전도 순회전도단〉의 순례는 첫날 10월 22일에는 서울을 시작으로 명동과 광화문, 신촌, 홍대, 국회의사당, 이태원, 용산 청와대를 순례하고 23일에는 성남, 수원, 안산, 인천, 부천 땅을 밟은 뒤 이날 저녁 8시 경기도 부천시 예심교회(담임 김기남 목사)에서 '제50차 한미국토순례전도단 헌신예배'를 드렸다. 이어 순례는 의정부, 순천, 강릉, 청주, 대전, 군산, 전주, 남원, 광주, 목포, 순천, 여수, 창원, 부산 자갈치시장, 울산, 경주, 동대구, 대구역, 구미를 거쳐 제주도 한라산(성산일출봉, 정방폭포)으로 이어지며, 제주공항을 끝으로 마무리가 된다. 각 지역마다 예심선교회 지부 전도사관학교 학생들이 동참해 각 지역마다의 어둠의 세력을 향한 합심 선포기도와 에어로폰 연주와 찬양을 하며, 외침전도, 복음메세지를 선포하고 있는 것이다.

국토순례 시작 며칠 후 일본 선교사 최영호 목사도 함께 합류하며 에어로폰으로 외침선포 전도에 큰 힘을 실어주고 있으며, 또한 케냐 선교를 20여 년 하고 있는 길윤재 선교사와 LA에서 선교와 전도 사역을 하는 이상도 목사도 함께 참여를 하고 있다. 이번 순례는 6개월 전부터 '두나미스 신학생과 동문들' 그리고 '예심선교회 순회전도단' 각 지부의 지부장들과 단원들의 마음을 모아 함께한 중보기도가 있었음을 잊지 말아야 한다. 이번 순례를 통해 목사들의 기도와 전도는 물론이거니와 사모들의 뜨거운 영혼 구원의 불가슴과 외침 선포전도를 보며 감동을 받았다.

 이 많은 일정의 '선포외침전도'에서의 경험과 체험을 이 작은 지면을 통해 다 나누지 못함이 아쉬울 만큼 큰 감동과 하나님이 순간 순간마다 살아서 역사하시며 함께 하시는 일이 '신묘막측'할 뿐이다. 매주 토요일 맨하탄에서의 선포외침전도에 동참하며 늘 감사한 마음이었다. 그러나 40년이 되는 타국에서의 이방인의 마음이 아닌 내 조국 대한민국의 이 땅에서 서울과 제주를 포함 10도를 돌며 '하나님 나라 확장'에 일꾼으로 군사로, 용사로 쓰임 받음에 참으로 감사한 아침을 맞는다. 할렐루야!!

루틴 퍼포먼스

　반복이 아니다, 매번 시작할 때마다 새로운 마음의 다짐이 된다. 산을 올라본 사람은 알 것이다. 같은 산의 트레일을 매일 오른다고 해서 똑같은 느낌이 아니라는 것을 말이다. 하지만, 그 오르며 기분 좋았던 느낌을 몸과 마음이 기억하는 것이다. 바로 에너지가 된다. 프로 운동선수들 역시도 자신들의 운동 능력 향상을 위해 트레이닝을 매일 한다. 그것은 잠재적 능력을 최대한 끌어내기 위함인 것이다. 우리 일상의 삶에서도 마찬가지라는 생각을 한다. 내 삶에서 정신적, 육체적 균형을 이루기 위해 최선의 노력을 하는 것이다.

　이른 아침 5시 30분 정도면 일어난다. 그리고 간단하게 스트레칭을 1~2분 정도 하는 것이다. 진한 블랙커피 한 잔 내려 마시면 최상의 느낌이다. 이렇게 마음을 가다듬으며 성경 구절을 읽고 묵상(기도)의 시간을 갖는다. 묵상한 것을 노트에다 정리하며 다시 한번 나를 들여다본다. 아침 시간은 그 어느 때보다 고요하기에 나 자신과 대면할 수 있어 좋다. 오늘은 무엇을 해야 할지를 물어보는 것이다. 나만을 위한 시간이 아닌, 내가 기독교인으로서, 또한 인류에 속한 인간(생명체)으로서 무엇을 어떻게 해야 할지 묻는 것이다.

　지난해부터 COVID로 산악회의 산행이 없었다. 각자 개인으로 움직이기는 했으나, 산우들이 함께 움직이지는 않았다. 산을 좋아하는 나로서는 그냥 집에서 있기가 아까웠다. 그래서 지난해 연초부터 시작했던 것이 동네를 크게 돌아 약 5miles을 비가 오지 않는 날에는 거의 매일 돌았다. 적어도 일주일에 세 번씩은 걸었다는 생각이다. 보통의 걸음으로 2시간 15분이 걸리는데, 아마도 10,000보 걸음은 되지 않을까 싶다. 그렇게 시작된 동네 걷기는 지금까지도 거의 매일 나의 소중한 일상이 되었다.

자연과 벗 삼아 걷는 일보다 더 좋은 운동이 없다고 생각한다. 걷다 보면 바람도 만나고 물도 만난다. 물을 만나는 곳에서는 잠시 멈춰 서서 눈을 감고 1분 정도 물소리를 귀로 듣고 바람 소리와 볼에 닿아오는 느낌을 느껴보는 것이다. 매번 놓치지 않고 그 자리에 서서 하는 것이다. 눈을 뜨고 있었을 때 느끼지 못했던 '오감'이 깨어나는 것이다. 새로운 에너지가 온몸과 마음과 세포로 나를 일깨워주는 것이다. 살아있음의 감사가 절로 느껴진다. 잊고 살았던 '호흡'에 대한 깊은 감사의 시간을 마주하는 것이다.

루틴(routine), 규칙적인 일을 할 때 더욱더 상승하는 에너지라 생각한다. 특별히 세상을 살다 보면 생각지도 못했던 일들과 맞닥뜨리게 된다. 이럴 때 나 자신을 잃지 않고 정신과 마음을 챙기기 위한 준비라 생각한다. '이 세상에 공짜는 없다'는 말을 인식하고 받아들이면 세상은 조금은 더 넉넉하고 쉬워진다. 그러므로 다른 사람의 그 어떤 일궈낸 일들에 대해 존중하게 되고 진심으로 축하하고 칭찬하게 되는 것이다. 그렇게 편안한 마음으로 대하면 나 자신은 덩달아 기쁘고 행복해지는 일이다.

'퍼포먼스(perfromance)'의 뜻을 살펴보면 행위의 시간적 과정을 중시하여, 실제 관중 앞에서 예정된 코스를 실연해 보이는 다양한 예술 행위의 총칭. 특히, 미술에서는 회화나 조각 작품 등에 의하지 않고 작가의 육체적 행동이나 행위에 의해 어떤 조형적 표현을 나타내고자 하는 것을 말한다. 그렇다, 우리네 인생은 어쩌면 신이 만들어 놓은 무대 위의 주인공이 되어 자신을 표현하며 사는 것이 아닐까. 그렇다면 남의 눈치만 살피다 시간 낭비하지 말고, 제대로 된 인생을 가치 있는 인생을 살아야 하지 않을까 싶다.

루틴 퍼포먼스는 반복이 아니라, 규칙적으로 나의 몸과 마음을 살피는 일이다. 삶에서 그 어떤 것에 치우치지 않고 내 평정심을 유지할 수 있는 힘이다. 세상을 살면서 생각지도 못한 버거운 일을 만났을 때 주저앉지 않고 다시 나를 추슬러 일어설 힘인 것이다. 나의 삶에서 내가 최선을 다하며 최고의 가치를 품고 사는데 필요한 자신만의 고유한 표현과 실천 방법인 것이다. 누구를 따라할 필요는 없다. 그저 나는 나의 표현 방법을 찾아 편안한 마음과 몸으로 작은 시작부터 실천하며 표현하면 최고의 삶이다.

신영 선교사가 '만난 사람'

사람을 만나는 일, 참으로 가슴 설레는 일이다. 그것은 얼굴을 마주하는 것에 끝나는 것이 아니라, 그 사람의 과거와 현재 미래 그리고 온 우주를 담아온다고 하지 않던가. FM 87.7 '라디오 코리아 뉴욕' 매주 일요일 아침 9시 30분에 〈신영이 만난 사람〉으로 청취자들과 인사를 드리게 되었다. 매주 토요일 아침 9시 30분에 〈신영 전도사의 하늘스케치〉 방송을 애청자 여러분들이 사랑해 주시어 참으로 감사했는데, 이 방송은 전도사가 아닌 작가로 매주 일요일(주일) 아침 〈신영이 만난 사람〉이라는 타이틀로 폭을 더 넓혀 여러분을 만나뵙고 함께 이야기를 나눌 수 있는 시간을 마련하게 되었다.

시작이 반이라는 옛 어른들의 말씀이 있지 않던가. 부족한 모습으로 시작하기에 더욱 노력과 성실과 열정과 정직이 필요하리라는 생각을 해본다. 곁에서 이 방송을 위해 함께 기도해 주시고 응원해 주시고 격려해 주시는 분들이 있어 용기를 얻는다. 응원의 큰 박수가 내게 큰 힘이 되고 용기가 되어 오늘의 신영이를 있게 했는지도 모른다. 책 속에서 만난 작가들을 비롯 교육자와 목회자 그리고 선교사들을 중점적으로 모시고자 한다. 그 외의 한인 단체장으로 한인들과 함께 교류할 수 있는 인사들을 모시고자 한다. 가끔은 상담에 관한 이야기를 함께 풀어나가려고 한다.

혹여 주변에 아는 지인을 이 방송에 소개하고 싶은 분들이 있으면 미리 연락을 주셔도 좋고, 그 분의 이야기를 제 이메일에 글로 보내주시면 그 사연을 청취자 여러분들에게 소개해 드리며 나누기를 원한다. 우리의 삶에서 특별하지 않은 일상이 특별한 것처럼 '특별하지 않은 이들의 소소한 이야기'가 특별한 이야기가 되는 그런 프로그램이 되기를 소망한다. 함께 공감하고 더불어 소통하며 너와 내가 하나가 되어 우리가 되어지는 일, 바로 그 일을 위해 서로 노력하고 함께 기뻐하는 가슴벅찬 오늘을 맞는 일 말이다. 그렇다, 이렇듯 우리는 내게 있는 것마저도 누리지 못하고 살 때가 얼마나 많은가.

가끔 만나는 친구들과 나누는 대화 중 이런 얘길 나눌 때가 있다. 살면서 쓴 것만큼이 내 돈이고 누린 것만큼이 내 것이라고 말이다. 이 말에 동의하는 분들은 무엇보다도 저를 조금은 아실 것이다. 저역시도 그분들의 가슴 속을 조금이나마 이해할 것 같다. 누구 때문에 누구로 인하여 등등 연연하지 않는 삶이 중요하다. 그것이 바로 다른 사람들에게 탓을 돌리지 않는 이유이기도 하다. 내게 주어진 것에 책임을 다하는 일, 맡겨진 일에 최선을 다하는 일 말이다. 그렇게 산다면 조금은 삶이 단조로워질 것이다. 그것은 바로 나의 평안을 안내하는 지표이기도 하다.

이렇듯 이런 방송으로 이끌어가고 싶은 것이다. 좋은 것은 기쁨으로 나누고, 슬픈 것은 위로하며 안아주고, 부족한 것은 서로 품어주고 채워주며, 넘치는 것은 덜어주고 나눠주는 일 그래서 서로에게 따뜻한 나눔이 되고, 서로에게 유익이 되는 그런 방송으로 이어가고 싶다. 청취자 여러분들과 함께 소통하며 서로에게 필요한 것이 무엇인지 알아 풀어내며 살아가는 가슴 시원한 방송을 하고 싶은 것이다. 청취자 여러분들의 많은 관심과 격려와 응원의 큰 박수가 필요하다. 함께 이끌어가는 그런 방송이 되길 소망한다.

'함께'라는 말처럼 따뜻한 말이 또 있을까. 21세기를 살아가는 우리는 어쩌면 모두가 외로움증에 시달리면서 사는지도 모른다. 개인주의 시대에 살면서 간편하고 편리하다고 생각하지만, 그 간편함, 그 편리함이 나 자신을 스스로 외롭게 가둬버리는 것은 아닐까 싶다. 세상이 점점 각박해지고 차가워진 요즘 누군가에게 관심을 갖거나 주기도 조심스러운 세상을 살아간다. 그 외로움 속에서 어떤 자는 외로움을 견디지 못해 쩔쩔매다가, 또 어떤 이는 그 외로움을 차곡차곡 쌓다가 우울해지기도 하는, 그래서 우울병에 걸리는 일도 있지 않던가.

이 모든 것들이 남의 이야기가 아니다. 바로 내 이야기일 수 있고, 내 가족의 이야기가 될 수 있는 것이다. 이런 이야기들도 상담시간을 마련해 함께 나누고 풀어가고 싶은 것이다. 나의 어려움을 어느 누군가에게 내 입밖으로 끄집어 낼 대상만 있다면 그 사람은 그 외로움을 극복할 힘이 있는 것이다. 마음으로 몸으로 웅크리지 말고 움츠리지 말고 마음을 열고 가슴을 펴는 연습이, 훈련이 필요하다. FM 87.7 〈신영이 만난 사람〉 매주 일요일(주일) 아침 9시 30분 방송을 통해 함께 나누며 함께 치유하는 '소중한 방송'으로 만나길 바라는 마음이다.

쉼과 숨고르기

바람, 장마와 폭염 그 사이에 불어오는 아니 불어주는 바람이 고마운 날이다. 한국 방문을 코로나 전 2018년도에 다녀오고 두 번 한국행 티켓팅을 했다가 캔슬하길 연속했다. 그것은 어쩌면 내게 큰 두려움이기도 했다. 남편을 떠나보내고 처음으로 가족들과 마주하는 시간과 맞닥뜨리고 싶지 않은 것이다. 지난 1월 말 한국 방문은 나의 개인 일이 아닌 교회의 사역으로 다른 목사님들과 동행한 방문이라 목적이 판이하게 달랐다. 이번 방문은 예전처럼 나의 시간을 마련하여 찾아온 여행이다. 가족들을 만나며 안타까움과 서로에게 위로가 되려고 애쓰는 모습이 예전과는 다른 만남이었다.

그것도 며칠 후 훌훌 털어버리기로 마음먹고 결정하고 실천했다. 차라리 언니들을 위로했다. 고맙다고 나 이렇게 씩씩하게 잘 살고 있다고 말을 해주었다. 이렇게 내 마음을 전달하니 마음이 후련해졌다. 이 두려움이 무서워 이래저래 핑계를 대며 미뤘던 한국방문이 편안함과 평안함으로 바뀌었다. 한 열흘은 언니들과 지냈다. 특별히 자상하고 배려가 많은 막내 형부 집(막내 언니)에서 한참을 보냈다. 모두가 고마운 사람들, 고마운 시간이었다. 가족이라는 것이 얼마나 따뜻하고 위안과 평안을 나누는 것인지 새삼 깨닫는 시간이었다.

누구에게나 입장이라는 것이 있으므로 다시 깨닫는다. 그것은 상대에 대한 배려의 첫 번째 공식이다. 다른 사람의 일에 너무 깊이 관여하지 말라는 얘기다. 상대에게 듣고 싶은 이야기가 있으면 먼저 묻지 말고 기다리라는 것이다. 마음이 열리고 편안한 관계가 되면 하지 말라고 해도 저절로 해줄 때가 오는 것이다. '긁어 부스럼 만든다'라는 옛 어른들의 말씀이 있지 않던가. 그렇다, 부스럼은 자연스럽게 떨어질 시간이 필요하다. 괜스레 상처를 긁어 부스럼을 만들 필요가 없다는 옛 어른들의 지혜의 말씀이다. 요즘에도 꼭 필요한 말씀이다.

30여 년 동안 한국을 방문하면 도착해 가족들과 인사 나누고 내 일정으로 여기저기 바쁘게 돌며 지인들을 만나고 돌아오기 전 다시 가족들과 만나 식사를 나누며 인사를 마치고 돌아오곤 했었다. 엊그제는 막내 언니가 오랜만의 둘의 시간을 마주하며 얘기해 온다. 참 좋다, 늘 네가 바빠서 이렇게 오붓한 시간도 갖기 어려웠는데 이번에 이렇게 며칠을 함께하니 참 좋다고 말이다. 나 역시도 언니랑 이런저런 이야기를 나누며 언니가 형부와 행복하게 살고 가까운 동네 친구들과 즐겁게 지내고 있어 덩달아 행복했다.

이번 여행은 세상 나이 60의 내 인생에서 가장 소중한 시간이다. 남편의 2주기를 보낸 즈음에서, 세상 나이 육십을 맞은 인생 2막에서, 그리고 하나님의 제자로, 사역자의 길에 들어선 중요한 시점에서 아주 귀한 시간이다. 지금까지 세상과 벗 삼아 살아왔던 지난날을 반추하며 점검하는 시간이다. 앞으로 '하나님의 사역자의 길'에서 바른 방향과, 올곧게 걸어갈 것인지 나를 들여다보는 시간이 필요했다. 깊이 아주 깊이 묵상하는 시간으로 흔들림 없는, 뒤를 돌아보지 않는, 앞만 보고 푯대만 향해 나갈 수 있는 하나님의 딸로, 하나님의 제자로, 하나님의 사역자이길 기도한다.

'쉼과 숨고르기' 시간이 내게 필요했다. 세상과 더불어 행복하다고 살았던 그 삶도 참으로 즐거웠다. 그러나 이제는 세상이 아닌 하나님과 더불어 사역자의 길에서 내 소명과 사명을 가지고 맡겨진 역할을 하며 살겠다고 고백을 했다. 이제는 '행복의 가치'가, '즐거움의 가치'가 달라졌다. 사람의, 삶의 가치는 인생의 길이가 길고 짧은데 있는 것이 아니라, 무엇을 어떻게 하고 살았는지가 더욱 중요하다. 이 세상에 태어나서 나는 무엇을 위해 살고 있는가. 무엇을 위해 살아야 하는가. 조금은 넓은 의미로 펼쳐진, 펼쳐질 '나의 세상'을 만나는 것이다.

2023년 모국 청소년 초청
Summer Leadership Camp

"세종의 아이들 세상을 품다"라는 캐치프레이즈 아래 미국의 뉴욕과 한국의 여주를 잇는 꿈이 펼쳐진다. 〈뉴욕 로고스교회/임성식 목사〉와 〈여주 자활센터/박문신 센터장〉이 화합을 이루어 임성식 목사와 교인들이 한국의 12명의 청소년을 초청하여 미 동부에서 서부까지 이어지는 비젼 트립을 떠나는 것이다. 12명의 아이들과 함께 3명의 스텝들이 참여를 하며 미국에서도 임 목사와 그 외 7명의 스텝들을 합하면 23명이 움직이게 되는 큰 행사이다.

이 행사는 2022년 가을부터 준비를 시작하게 되었다. 〈뉴욕 로고스교회〉 임성식 목사와 사라 박 사모 그리고 신 영 전도사가 함께 진행을 시작하였다. 처음에는 엄두를 내지 못했으나 여러 가지 환경이 열악한 환경에 있는 청소년들을 돕겠다는 마음과 그 청소년들에게 꿈을 심어주고 싶은 마음으로 물질적인 어려움은 잠시 뒤로하고 일단 일을 하자는 의견이 모아지게 되었다. 2023년 1월 말 한국을 방문하며 〈여주 자활센터〉 박문신 센터장과 탁옥남 관장과 함께 만남을 가졌다.

그 후 〈모국 청소년 초청 썸머 리더십 캠프〉는 미국의 뉴욕과 한국의 여주를 넘나들며 서로 자료를 모으고 의견을 교환하기 시작했다. 그리고 5월에 임 목사가 다시 여주를 찾아 참여할 12명의 청소년 아이들과 학부모들의 오리엔테이션을 열고 서로의 이야기들을 듣고 청소년 아이들에게 얼마나 귀한 경험과 체험의 장이 될 것인지를 설명하고 돌아왔다. 이때부터 본격적인 청소년 사역이 시작되었고, 무엇보다도 이 사역을 위해 교인들의 기도가 필요했고 열심히 기도하기 시작했다.

이번 〈모국 청소년 초청 썸머 리더십 캠프〉 일정을 살펴보면 뉴욕 맨해튼(자연사 박물관, 센트럴 파크 등), 보스턴 아이비리그(하버드/MIT/예일대학교 등), 워싱턴 DC(백악관, 의사당, 링컨, 제퍼슨 기념관 등)을 다녀온 후 동부를 시작으로 서부를 달리는 대륙횡단의 꿈들이 시작되는 것이다. 생각만으로도 행복이 차오른다. 심장이 쿵쾅거린다. 이제 중학교 1학년, 2학년, 3학년, 그리고 고등학교 1학년 학생들이 모였으니 한참 꿈들이 출렁거리는 나이인 것이다.

8월 3일 뉴욕 출발 → 사우스 밴드 → 링컨(네브라스카주) → 콜로라도 모뉴먼트(아치스 국립공원) 더블오 트레킹(모압) → 캐년랜드 → 브라이스 캐년 → 페이지 호스 슈 밴드/앤탈롭 캐년 → 모뉴먼트 밸리 → 라스베가스 → 데스 밸리 → LA 산타모니카 비치를 돌며 8월 14일 일정을 마치고 한국에서 온 청소년들과 스텝들은 LAX 공항을 출발, 한국 인천공항으로 도착한다.

이번 7월 한국 방문 중 여주 자활센터를 방문하고 돌아왔다. 이번 뉴욕에 참여할 청소년 아이들과 학부형들의 모임에 참여를 하였다. 눈망울이 초롱초롱한 아이들을 만나며 덩달아 나도 행복했다. 얼마 지나지 않아 뉴욕에서 만날 12명의 아이들과 세 명의 스텝들을 만나며 이미 출렁이는 꿈들을 만날 수 있었다. 궁금한 것들이 많아 질문도 많았다. 여주 자활센터의 김선옥 간사의 활달함과 재치에 감동을 하고 돌아왔다. 덕분에 아이들과 이야기를 주고받으며 기분 좋은 만남을 갖고 돌아왔다.

"모국 청소년 초청 Summer Leadership Camp"를 위해 물심양면으로 애쓴 임성식 목사가 있다. 이 행사는 어제 오늘에 생각한 일이 아니었다. 아주 오래 전부터 기도하며 이루고자 했던 사역이었다. 2023년 여름을 통하여 그 길었던 꿈을 이루게 된 것이다. 어찌 혼자의 생각만으로 가능했을까. 곁의 사모와 사역자들이 있어 가능했고 교인들의 끊임없는 간절한 기도가 있어 가능했던 일이다. 그 꿈을 꾸게 하셨던 '하나님의 사랑과 은혜'가 있어 가능한 일이었다.

자유에는 책임이 따른다

    자유의 반대말이 꼭 억압, 속박, 핍박, 탄압은 아닐 것이다. 그것은 자신이 자유의지를 가질 때의 시점에서 본다면 말이다. 특별히 어떤 관계를 들추지 않더라도 가정 안에서의 부부 관계에나 부모와 자식 관계에서 생각해 보면 좋겠다. 가족이라는 이름으로 서로 배려하기보다는 눈치를 주고받을 때가 얼마나 많지 않던가. 대학 입시를 위해 공부하는 아이에게는 부모의 안절부절못함이 답답함일 테고, 부모의 입장에서는 열심히 공부하는 아이가 마음에서 늘 편치 않은 마음의 짐으로 있는 것이다. 서로가 서로에게 말하지 못하고 삭히며 겪는 일일 것이다.

    삼십 년을 한 지붕 아래에서 살면서 가만히 지난 시간을 돌이켜 생각해 보니 남편에게 고마운 마음이 가득하다. 그것은 우리 또래의 한국 부부들을 지켜보면서 아직도 여전히 우리 부모님 세대의 가부장적 남편들이 몇 존재한다는 것이다. 어찌 보면 한국에 사는 한국 부부들의 모습과는 달리 미국에 사는 한국 부부들의 모습이 더욱 그렇지 않을까 싶다. 물론, 남편에 대한 사랑과 존중으로 상냥하게 잘하는 아내들이 여럿 있기는 하다. 이렇게 이런저런 분야가 다른 모임에서 만나는 한국 부부들을 보면서 내 남편에 대한 고마운 마음이 더욱더 깊어졌다.

 그것은 무겁게 점잖지도 않지만, 그렇다고 쓸데없이 가볍지 않아 내 마음에 편안함을 주는 것이다. 부부라는 이름으로 삼십 년을 살다 보니 특별히 나라는 사람을 상대방에게 일러주지 않아도 서로에게 조금씩 물들어 배어지는 모양이다. 그래서 그 배어진 냄새가 싫지 않고, 그렇게 또 함께 오랜 세월 보내고 시간이 지나니 나도 모르게 그 향이 좋아진 것이다. 그것은 하루아침에 된 것이 아니며 궂은 내, 고운 내 다 맡으며 마음에서 썩고 또 썩어 삭혀진 내음이지 않을까 한다. 남편인들 어찌 아내인 내가 늘 곱기만 했을까.

 혹여, 여행으로 남편과 떨어져 있을 때 가끔은 그 배어진 냄새가 생각나고 그 향이 그리워지는 것을 보면 부부라는 것이 참으로 '신묘막측(神妙莫測)'하다는 생각을 떨쳐버릴 수가 없다. 그것은 하늘이 주신 축복임을 알기에 말이다. 신묘막측(神妙莫測)의 뜻을 찾아보니 그 뜻은 '추측할 수 없을 정도로 신기하고 영묘함'이라고 한다. 그렇다, 서로 너무도 다른 사람이 만나 함께 산다는 것이 어찌 그리 쉬울까. 그런데 삼십 년을 살고 보니 이제는 하늘이 주신 그 심오함의 뜻을 조금은 짐작할 것 같다. 내게 부족한 것을 그 사람에게 그리고 그 사람이 부족한 것을 내가 채워주는 이치를 말이다.

 '신묘막측(神妙莫測)' 시편 139:14 내가 주께 감사해옴은 나를 지으심이 신묘막측하심이라 주의 행사가 기이함을 내 영혼이 잘 아나이다. 이 고백이 내 오늘의 기도가 되었다. 그렇다, 이렇듯 지난 나의 시간들을 돌이켜보면서 내 어머니와 아버지 그리고 내 남편과 세 아이를 떠올리며 나는 오늘의 감사가 절로 차오르는 것이다. 어찌 내 의지대로 내 힘대로 여기까지 왔을까. 하늘의 도우심이 없으셨다면 어찌 오늘 여기에서 나를 만날 수 있었겠는가 말이다. 이렇게 생각하니 더도 덜도 아닌 오늘 만난 인연들의 얼굴을 떠올리며 감사함으로 눈물이 고인다.

여행을 좋아하는 나는 세 아이를 대학을 졸업시키고 대학원 공부를 마치고 자기들의 자리에서 자리매김하며 사는 것으로 늘 감사함으로 있다. 나의 자유 여행은 세 아이들이 자신의 일을 찾아서 하고 있기에 가능했는지도 모른다. 세 아이를 바쁘고 정신없이 키웠다. 그 바빴던 시간을 지금에 와서야 남편과 함께 둘이 아침에 커피를 마시며 서로 이야기를 나누는 것이다. 세 아이를 키우며 즐겁고 행복했던 그리고 버겁고 힘들었던 것들을 혼자가 아닌 둘이서 나누는 것이다. 그것은 다른 어떤 이도 아닌 자식이라는 공통분모가 있어 남편과 아내가 함께 즐겁고 행복해지는 시간이다.

자유, 자유에는 책임이 따른다. 자유의 반대말이 굳이 억압이나 속박, 핍박, 탄압은 아닐 것이라는 생각이다. 어쩌면 자유의 반대말을 굳이 말하라면 방종이 아닐까 싶다. 내가 한 남자의 아내로서 그리고 세 아이의 엄마로서도 그랬으며, 여행을 좋아하는 내가 혼자 여행을 하는 중에도 그랬다. 물론, 앞으로 자유로운 여행을 하는 나는 여전히 그럴 것이다. 그 이유는 자유에 속한 책임에 변함이 없기 때문이다. 서로를 믿고 신뢰하는 일보다 더 귀한 것이 없다는 생각을 한다. 그것이 부부간이든 창조주와 피조물의 관계이든 그렇다. 자유에는 책임이 따른다.

독수리가 높은 하늘을 더 멀리 높이 날 수 있는 것도 공기라는 장애물이 있었기 때문이고, 모터보트가 너른 호수나 바다를 질주할 수 있는 것도 프로펠러에 물이 부딪히는 저항 때문이라고 하지 않던가. 어디 그뿐일까. 하늘을 나는 비행기는 어떻고 아스팔트 길을 달리는 자전거는 어떨까. 모두가 장애물이라 여기는 그것들로부터 자신을 지키는 중요한 키를 찾지 않던가. 그와 마찬가지로 우리의 삶에서도 감당하기 힘든 시련의 시간에 지혜를 배우지 않던가 말이다. 그 아픔과 고통의 시간이 시련의 시간이 삶의 디딤돌이 되어 자신의 삶을 더욱 풍요롭게 만드는 것이다.

가스라이팅(gaslighting)

요즘 들어 '가스라이팅'이라는 단어를 가끔 듣게 된다. 유튜브 방송이나 정신분야, 상담심리 분야 전문가들의 방송을 통해 듣게 된다. 나 역시도 상담학 공부를 계속하면서 심리 분야와 함께 정신질환 부분도 공부하게 되니 이런 분야에 대해서 관심을 갖게 되고 자료들을 찾아보게 되는 것이다. 주변을 둘러보면 그리 멀지 않은 곳에서 이런 일들이 일어나고 있음을 깨닫게 된다. 그것은 가까운 가족이나 친구 등에서 출발한다는 것이다.

'가스라이팅'은 타인의 현실감각, 상황 등을 교묘하게 조작해 지배력을 강화하는 것이다. 상대를 심리적으로나 정신적으로 억압해서 의도된 방향으로 끌고 가는 그런 심리적 노예처럼 만드는 것을 '가스라이팅'이라고 한다. 이는 어떤 사람이 자기의 직위를 이용하거나 자기의 외적 권위를 이용해서 누구를 억압하는 행위이다. 가스라이팅의 가장 큰 문제는 외적 권위를 이용한다는 것은 비슷하지만, 인간이 가지고 있는 취약함을 이용한다는 데 있다는 것이다.

"1938년 영국 극작가 패트릭 해밀턴(Patrick Hamilton)의 연극 〈Gaslight〉에서 남편이 교묘한 거짓말과 상황 조작으로 아내의 생각을 조종하고 서서히 정신병자로 몰아간 데서 유래했다고 한다.

1938년 영국에서 시작하여 미국 브로드웨이 무대에서 인기리에 상연한 동명 연극을 미국 MGM에서 영화로 각색했다고 한다. 정체를 숨긴 채 자신과 결혼한 남편으로부터 교묘하게 조종당하며 정신적인 학대를 받는 아내를 연기한 잉그리드 버그만(Ingrid Bergman)이 오스카와 골든글러브에서 여우주연상을 안았다는 것이다."

이 영화는 1940년대 영화계에서 유행하던 '남편을 조심하라'(Don't Trust Your Husband)는 대표적인 느와르 테마로 부상했고 남을 교묘하게 조종한다는 심리학 용어 '가스라이팅'으로 널리 쓰여지게 되었다. 2019년에는 영화의 문화적, 사회적, 심미적 중요성이 인정되어, 미국 국회 의사당에 영구 보존되었다고 한다.

영화 속에서도 알겠지만, 남편이 아내를 조금씩 조금씩 심리적, 정신적으로 혼미해지도록 만드는 것이다. 사라진 브로치를 통해 이야기는 시작된다. 남편은 아내에게 브로치를 건네며 잃어버리면 안된다고 강조하는 것이다. '당신은 물건을 잘 잃어버리잖아!'라고 하면서 부정적인 암시를 하는 것이다. 아내는 얼마 후 가방을 열었다가 브로치가 사라진 것을 확인한다. 없어요, 하고 당황하며 남편에게 정말 미안하다고 날 용서하세요! 라며 말이다.

남편은 아내가 스스로를 의심하고 믿지 못하도록 만드는 것이다. 인지 기능(특히 기억력)에 문제가 있는 것으로 몰아간다. 그런 암시가 실제 사건(브로치 분실)을 통해 사실로 밝혀짐으로써 피해자인 아내는 자신의 기억력에 정말 문제가 있다고 믿게 되는 것이다. 또한 피해자(아내)가 본인의 잘못으로 느끼게 만들어 가해자(남편)의 눈치를 보고 사과를 하고 미안함을 느끼도록 만드는 것이다.

 이렇듯 가해자(남편)는 피해자(아내)를 경시하며 가치 없는 존재로 느끼게 하는 것이다. 남편은 또 가정부를 추켜세우는 동시에 아내를 깎아내림으로써 아내의 자존감을 무너뜨리는 것이다. 아내가 듣고 있는 줄 알면서도 가정부를 칭찬하면서 대놓고 평가를 하는 것이다. 아내 입장에서는 비교당하고 무시당하면서 자존감에 상처를 입고 마는 것이다. 이것이 바로 '가스라이팅(gaslighting)'인 것이다. 생각해 보라. 혹여, 내가 '피해자'는 아닌가. 또는 '가해자'는 아닌가.

가정의 화목이 '하나님 나라'의 주춧돌

"그러므로 누구든지 나의 이 말을 듣고 행하는 자는 그 집을 반석 위에 지은 지혜로운 사람 같으리니 비가 내리고 창수가 나고 바람이 불어 그 집이 부딪치되 무너지지 아니하나니 이는 주추를 반석 위에 놓은 까닭이요 나의 이 말을 듣고 행하지 아니하는 자는 그 집을 모래 위에 지은 어리석은 사람 같으리니 비가 내리고 창수가 나고 바람이 불어 그 집에 부딪치매 무너져 그 무너짐이 심하니라"(마 7:24-27)

뉴욕에 와 공부를 하며 사역을 시작한 지 벌써 2년이 다 되어간다. 세월이 참 빠르다. 남편을 하늘나라에 보내 놓고 세 아이를 생각하며 앞이 캄캄하던 그 때가 스쳐 지나간다. 생각하니 그래도 참 잘 견뎌왔구나 싶은 마음에 나의 길을 인도하시고 보살피신 하나님께 감사를 올려드린다. 또한 세 아이가 엄마를 늘 격려하고 응원해 주어서 여기까지 왔다는 생각이다. 그것은 엄마를 홀로 뉴욕에 보내 놓고 엄마가 잘 지낼 것이라는 가족 간의 믿음이 있어 가능했던 일이다. 아빠가 엄마를 늘 믿어주고 살았던 것처럼 말이다.

"아빠와 엄마는 늘 친구처럼 사이 좋게 지냈어!!" 아빠를 떠나 보내고 홀로 남은 엄마에게 건네 준 세 아이들의 말이었다. 어쩌면 이 말이 나를 오늘까지 당당하고 든든하게 그리고 뜬뜬하게 지탱하게 해준 버팀목 같은 말이었는지도 모른다. 여행을 좋아했던 엄마와 열심히 비즈니스를 하며 엄마의 후원자로 있던 아빠를 봐 왔을 세 아이가 혹여 우리 아빠만 고생했다고 하면 어쩌나 싶었던 마음이 솔직한 내 마음이었다. 그러나 세 아이가 엄마와 아빠의 다정했던 삶의 모습들을 떠올리며 늘 친구처럼 잘 살았다는 인정 또는 평가에 마음이 놓였다.

세 아이가 모두 각자의 자리에서 자리매김하며 살고 있으니 그것으로 감사하다. 나 또한 신학 석사과정을 다 마치고, 상담학 박사과정을 봄학기와 가을학기 두 번째 학기를 듣고 있다. 아직도 3여 년 정도의 먼 길이지만, 공부가 재미있다. 심리 분야와 정신분석 분야는 내게 호기심을 갖게 하고 관심이 더욱 깊어지는 공부라서 재미있는지도 모른다. 물론 읽어야 할 책들의 분량이 만만치 않고 과제물들도 적지 않다. 기도하며 차근차근 해가고 있는 중이다. 세상 나이 예순에 공부할 수 있는 것도 축복이지 않은가.

이렇듯 뉴욕에 와서 신학공부를 하며 사역자의 길에서 더 많은 생각들과 마주한다. 사역자의 길에서 세상을 둘러보면 이해되지 않는 부분들도 참 많다. 열심과 열정과 헌신으로 하나님을 믿는다는 몇몇의 성도들이나, 때로는 하나님의 대언자가 되어 양들을 이끌어 가는 몇 목회자들 그 외의 몇 전도사나 장로들 그리고 권사들과 집사들의 행실을 보게 되고 듣게 되면 참 가관이다 싶을 때가 있다. 적어도 하나님을 믿는다고 성도들 앞에서는 말씀을 선포하고 삶을 실천으로 옮기며 사는 분들의 올곧지 않은 행실에 실망이 가득하다.

무엇보다도 신앙이 밑바탕이 되어 예수를 믿는 '믿음의 가정'이라면 부부 간의 예의와 배려는 있어야 하는 것이 기본이지 않은가. 집 안에서 두 사람이 어떻게 살든 간에 가정 밖에서 타의 모범이 되어야 하는 입장이라면 더욱이 서로 사랑의 말과 행동 그리고 존중이 따라야 하지 않을까 싶다. 믿음은 관념이 아니고 삶이다. 이처럼 믿음 따로 삶 따로 사는 불일치의 신앙관이라면 누가 보아도 그것은 예수의 이름으로 포장한 진실이 빠진 가짜의 믿음과 신앙이 아닐까 한다.

"그 집을 반석 위에 지은 지혜로운 사람"이라고 성경의 말씀은 전하고 있다. 이처럼 세상을 살다 보면 비바람과 폭풍우에 흔들리고 쓰러지고 무너질 때가 있다. 그러나 진실함과 흔들리지 않는 믿음으로 든든히 서로를 믿어주고 격려하고 용기를 주며 살아야 하는 것이 부부이고 부모 자식이고 가정이지 않겠는가. 자녀들 앞에서 싸우고 폭언과 폭행을 일삼는다면 아이들에게 남는 것은 불안과 불만, 부모에 대한 불신만 쌓게 되는 것이다. 그 어떤 것보다도 가정의 화목이 제일 중요하다. 가정의 화목이 '하나님 나라'의 주춧돌이 되는 것이다.

'카네기 홀(Carnegie Hall)'에서의 그녀와의 재회

반가웠다. 그녀를 다시 만났다. 지난해(2022년) 이맘때쯤 '카네기 홀(Carnegie Hall)'에서 월드 밀알 찬양제(World Milal Missionary Choir)가 있어 숙소를 찾아 독일에서 일행들이 많이 모여왔었다. 며칠을 내가 살고 있는 곳에서 그녀를 만났다. 바이올리니스트 김유진이었다. 처음에는 몰랐다. 아침에 부엌에서 만난 아기 엄마가 두 아이를 챙기며 바빴다. 자상한 남편이 두 아이를 챙기는 모습이 참으로 인상적이었다. 젊은 부부가 조용한 분위기와 함께 너무도 잘 어울려서 한참을 보았었다.

그리고 한 이틀을 묵었던 기억이다. 두 날 아침에 부엌에서 만났고, 식탁 언저리에서 보았던 그녀를 그 두 번째 날 저녁에는 '카네기 홀'에서 만났던 것이다. 초대장을 받아 들고 카네기 홀 2층에 앉아 공연석을 내려다 보고 있었다. 깜짝 놀랐다. 연주석 맨 앞자리에 그녀가 바이올린을 만지작거리며 조율하고 있지 않은가. 상상도 못했던, 아니 생각지도 않았던 그 자리에 두 아이의 엄마가, 자상스럽던 한 남편의 아내가 바이올리니스트로 우뚝 서 있지 않은가. 내 몸에 전율이 흐르다 멈추다 다시 흘렀다.

그렇게 2022년 '월드 밀알 찬양제'에서의 감동은 그 누구보다도 내게 더욱 깊게 남았었다. 독일에서, 한국에서 각지에서 여러 명이 모여 숙소에서 묵었는데, 내 마음 가운데 남은 사람은 바로 바이올리니스트 김유진 한 사람이었다. 그리고 자상하던 그녀의 남편과 예쁘고 귀여운 딸아이와 아직은 너무도 어린 남자 아기였다. 마음에 아쉬움이 남았다. 전화번호를 하나 메모로 남겼던 것 같은데, 카톡은 연결을 하지 못했던 기억이다. 나중에야 제대로 연락처 하나 남길 것을 하는 마음이 남았었다.

그리고 2023년 '카네기 홀(Carnegie Hall)'에서 월드 밀알 찬양제(World Milal Missionary Choir)가 열리게 되었다. 〈뉴욕 크리스천 코럴/지휘자 장효종〉 찬양하는 분들과 인연이 있었는데, 가깝게 지내는 지인이 이번 〈뉴욕 겟세마네 교회/이지용 목사〉 분들과 그 외의 분들이 '월드 밀알 찬양제'에 함께 조인을 하게 되었다고 한다. 이번 찬양제에 함께 하면 좋겠다고 하는 말씀에 찬양을 듣는 것은 좋아하지만, 자신이 없다고 말씀드렸다. 그랬더니 함께 하면 가능하다고 하시는 응원의 말씀에 용기를 얻어 연습을 따라 다녔다.

나의 부족한 것을 인정하니 마음이 편안했다. 하나님께 올려드리는 것이 꼭 목소리가 아니라 마음이라는 생각이 차올랐다. 그래 마음을 다하고 정성을 다하고 뜻을 다해 찬양을 해보리라고 기도했다. 한 번, 두 번, 연습을 거듭하면서 하루의 일을 마치고 바쁜 마음과 걸음으로 찬양 연습을 찾아 온 여러 분들의 그 수고와 열정과 기쁨과 감사를 곁에서 경험하게 되었다. 아, 저토록 피곤한 육신을 가지고 이 늦은 시간까지 연습에 열중하는 모습에 감사와 감동이 뭉클뭉클 올라왔다. 하나님이 기뻐하실 이 기쁨의 시간들에 감사했다.

'월드 밀알'의 David Lee 목사와 '월드 밀알' 지휘자 Daniel Lee 장로 그리고 '뉴욕예일장로교회' 조성식 목사와 '뉴욕겟세마네교회' 지휘자 Isaac Kim. 모든 분들의 지휘는 World Milal Symphony Orchestra의 웅장함과 장엄함을 그대로 '하나님께 올려드리는 영광'에 감동과 아름다움에 압도당하고 말았다. 그 월드 밀알 오케스트라와 함께 하나님께 올려드리는 찬양곡 〈I must tell Jesus with Blessed Assurance〉, 〈Days of Elijah〉, 〈March of the Kings〉, 〈Holy is He〉, 〈Hallelujah!〉 등 여러 곡들을 올려드렸다.

　그렇게 기쁨의 감격이 채 가시기 전, 화요일 점심에 약속이 있어 Northern Blvd에 있는 한인 식당에 갔었다. 바로 그곳에서 또 그녀(바이올리니스트 김유진)를 만났다. 그녀의 가족과 함께 온 일행들과 인사를 나누었다. 왜 이렇게 나는 이 사람을 만나면 기분이 좋아질까. 내가 좋아했던 젊은 여성 목사가 떠올랐다. 그래, 그분과 참 많이 닮았다. 모습도, 표정도, 말씨도, 그래서 더욱 마음이 가 있었던 모양이다. '카네기 홀(Carnegie Hall)에서의 그녀와의 재회'는 내게 기쁨과 행복을 선물해 주었다.

신영 전도사의 미니 '로고떼라피(logotherapy)'

FM 87.7 or FM 94.7 HD3 "라디오코리아 뉴욕" 방송에서 〈신영 전도사의 하늘스케치〉의 타이틀로 방송을 처음 시작했던 때가 엊그제 같은데, 벌써 1년을 보냈다. 토요일 아침 9시 30분과 주일 아침 9시 30분에 방송을 했었다. 2023년 11월부터 방송 개편으로 인해 방송 시간이 옮겨졌다. 매주 주일 아침 7시~8시까지의 방송이니 시간대가 더욱 좋아졌다고 해야 할 것이다. 〈신영 전도사의 하늘스케치〉 중 30분은 성경 말씀과 나눔 그리고 30분은 〈뉴욕효신장로교회〉 '김광선 담임 목사님의 3분 칼럼'과 '일반 인터뷰' 그리고 상담으로 신영 전도사의 미니 '로고떼라피(logotherapy)'로 이어진다.

로고떼라피(logotherapy)는 '의미치료'를 말한다. 신경학자이며 정신과의 의학자인 빅터 프랭클에 의해서 시작되었다. 프로이트의 정신분석학과 알프레드 아들러의 개인심리학과 더불어 세 번째 심리치료 방법이다. 빅터 프랭클의 〈죽음의 수용소〉 책자를 통해 이미 많은 이들이 '로고떼라피'에 대해 알고 있으리라 생각된다. 이 책의 추천 글을 쓴 고든 W. 올포드(Gordon W. Allport)의 글을 인용하며 함께 나눈다.

"저술가이자 정신과 의사인 프랭클 박사는 크고 작은 고통으로 고

생하고 있는 환자들에게 가끔 이렇게 묻는다.

"그런데 왜 자살하지 않습니까?"

이렇게 물으면 어떤 사람은 아이를 너무나 사랑하기 때문이라고 하고, 또 어떤 사람은 재능이 아까워서라고 한다. 그리고 또 어떤 사람은 그저 간직하고 싶은 추억에 대한 미련 때문인지도 모른다고 대답한다.

이런 환자의 대답 속에서 프랭클 박사는 정신과 치료에 중요하게 적용될 수 있는 어떤 지침들을 발견하곤 한다. 조각난 삶의 가느다란 실오라기를 엮어 하나의 확고한 형태를 갖춘 의미의 책임을 만들어 내는 것. 이것이 바로 프랭클 박사가 독창적으로 고안해낸 '실존적 분석' 즉 '로고떼라피의 목표이자 과제'이다. 이 책에서 프랭클 박사는 로고떼라피를 창안하는 계기가 됐던 자기 체험을 이야기하고 있다. 잔인한 죽음의 수용소에서 생활하면서 그는 자신의 벌거벗은 실존과 만난다.

아버지, 어머니, 형제, 아내가 강제 수용소에서 죽음을 맞았거나 가스실로 보내졌다. 누이만 제외하고 가족 모두가 강제 수용소에서 몰살당한 셈이다. 가진 것을 모두 잃고, 모든 가치가 파괴되고, 추위와 굶주림, 잔혹함, 시시각각 다가오는 물살의 공포에 떨면서 어떻게 삶을 보존해야 할 가치가 있는 것이라고 생각할 수 있었을까? 프랭클 박사의 말은 진실로 심오한 울림을 지니고 있다. 왜냐하면 이 이야기는 꾸며낸 것이 아니라 바로 그 자신의 절실한 체험에서 우러나온 것이기 때문이다.

프랭클 박사의 자전적인 이야기를 통해 독자들은 많은 것을 배우게 될 것이다. 그는 인간이 '우스꽝스럽게 헐벗은 자기 생명 외에 잃을 것이 아무 것도 없다'라는 사실을 깨달았을 때 어떤 일이 벌어지는지 보았다. 이때 사람들의 마음 속에서 일어나는 감정과 무감각의 복잡한 흐름을 생생하게 묘사한다. 제일 먼저 그들은 자기 운명에 대해 냉정하고 초연한 궁금증을 갖는 것에 대해서 구원을 찾는다.

그런 다음에는 곧 살아남을 가능성이 희박한데도 자기에게 남아 있는 삶을 지키기 위한 작전에 들어간다. 가까이에서 자기를 지켜보는 사랑하는 사람의 모습을 떠올리는 것으로, 종교에 의지하거나 농담을 하는 것으로, 자연을 바라보며 나무나 황혼같이 마음을 치유해주는 아름다운 자연을 단지 바라보는 것으로 그들은 굶주림과 수모, 공모, 불의에 대한 깊은 분노의 감정들을 삭인다. 바로 여기에서 우리는 실존주의의 중심적인 주제와 만난다. 즉 산다는 것은 곧 시련을 감내하는 것이며, 살아 남으려면 그 시련 속에서 '어떤 의미'를 찾아야 한다는 것이다.

'나비의 세상'에서 누리는 감사

훌쩍 2023년 11월의 중순에 들었다. 십일월은 '감사의 계절'이기도 하다. 이제 한 장 남은 캘린더를 보면서 한 해 동안의 일들을 뒤돌아보며 잘 살아왔는지 스스로에게 묻는 것이다. 맡겨진 일에 최선을 다하며 살아왔다는 생각을 해본다. 두 신문에 칼럼 글을 쓰고, 전도사 사역을 하고, 상담 사역을 하며, 방송일도 열심히 하며 또 '상담학 박사과정' 수업도 열심히 듣고, 책도 열심히 읽고, 레포트도 열심히 썼다. 뒤돌아보니 참 많은 일들을 했다고 생각한다. 바쁘고 버거웠지만, 참으로 감사한 날을 보냈다.

"세상에는 공짜가 없다"

한 20여 년 전 한국에서 오신 아는 지인께서 '나비의 세상' 이야기를 들려주신다. '나비의 세상' 이전에 '애벌레의 세상'을 먼저 듣게 되었다. 땅에 기는 애벌레는 움직이며 기어다닐 때마다 모든 것이 장애물이라는 것이다. 굴러다니는 돌멩이 하나도 장애물이요, 나뭇가지 하나도 장애물이다. 그때야 어찌 '나비의 꿈'을 꾸어보기나 했을까. 나비는 처음 알에서 애벌레가 된다. 그렇게 애벌레(누에)가 번데기(고치 집)가 되고 한참 후에 스스로 고치 집을 뚫고 나오면 성충(나비)이 되는 것이다.

이렇듯 세상에는 공짜가 없음을 또 깨닫는다. 자신의 노력이 없으면 무엇인가 이뤘다고 하더라도 '내 것'이 아니기에 기쁨과 행복이 적은 것이다. 자녀를 키워보면 느낄 것이다. 요즘 아이들은 하나씩 낳는 가정이 많아 모두가 귀하게 자란다. 부모님의 보살핌과 엄마의 극진한 사랑. 그러다가 대학에 들어가고 졸업을 한 후 세상 밖에 나오면 부모님과 함께했던 세상이 아닌 '별난 세상'을 만나며 당황해한다. 자신 스스로가 해 본 일이 별로 없는 것이다. 뭐든 원하면 부모가 다 해주었기 때문이다.

　연년생 세 자녀를 키우며 나는 참으로 버거웠다. 지금 생각하면 아이들에게 미안했던 일들이 너무도 많다. 어찌 됐든 나의 교육방식은 곁에서 모르는 척하며 세 아이가 어떻게 함께 놀이를 하고 공부를 도와가며 하는가 지켜보는 엄마였다. 나중에 아이들이 성인이 되어 생각하니 그 교육 방식이 나름 괜찮았다는 생각을 해본다. 이제는 모두 자라 서른이 훌쩍 넘은 어른들이 되었다. 막내아들은 결혼해 딸아이가 태어났으니 내게는 '예쁜 손녀딸' 생겨서 저절로 할머니가 되었다.

　우리 집 세 아이가 초등학교 어린 시절 아이들과 함께 한국마켓에서 사온 해프 갤런 김치병을 깨끗이 씻어 하얀 뚜껑에 구멍을 몇 뚫고 바깥뜰에 기어다니는 송충이 한 마리를 데려다가 넣고 기르기 시작했다. 이른 아침마다 이슬 맺힌 장미 잎사귀를 한둘 넣어주면 송충이는 사각사각 소리를 내며 갉아먹곤 했다. 그렇게 얼마를 지냈을까. 어느 날 아침에 보니 송충이는 간데없고 하얗게 고치 집만 보이는 것이 아닌가. 너무도 신기해서 세 아이들과 함께 환호성을 질렀다.

그렇게 얼마를 보냈을까. 고치 집이 열린 것이다. 송충이(애벌레)의 모습은 보이지 않고 나방(나비)이 되어 고치 집 밖으로 나오는 것이었다. 우리는 또 신기해서 들여다보았다. 그럼, 우리 이제 이 나비(나방)을 어떻게 할까. 서로 의견을 모았다. 대문 밖으로 김치병을 들고 나가 뚜껑을 열고 파란 하늘로 날려 보내주기로 했다. 세 아이들과 엄마는 그렇게 나비(나방)를 자유로운 세상으로 날려 보내주었다. 처음에는 날갯짓이 서툰 듯싶었으나 곧 날아가 버렸다.

우리의 인생 가운데서도 '애벌레의 세상'처럼 환경의 탓을 하며 불평과 불만과 세상을 탓하고 사람을 탓하고 사회를 탓하는 그런 삶을 마주한다면 삶이 얼마나 버겁고 힘들겠는가. 세상에는 공짜가 없지 않은가. 자기 힘으로 고치 집을 뚫고 나왔을 때 푸른 창공을 날 수 있는 나비처럼 우리는 모두가 장애물이었던 '애벌레의 세상'에서 변하여 모두가 놀이터가 된 '나비의 세상'을 만나야 한다. 그 세상을 경험하고 감사하며 살아야 한다.

그 누구보다 '나 자신'에게 진실하기를

이 세상에 내 마음대로 할 수 있는 것은 정말 아무것도 없다는 고백을 가끔 한다. 그것이 내 안에 있는 그 어떤 神, 창조주에 대한 피조물의 고백이기도 하지만, 어떤 특별한 종교인이 아니더라도 삶을 살아오면서 겪는 경험에서의 일일 것이다. 생각지도 못했던 일(건강이나 직장의 문제, 사업의 문제 등)들이 닥쳐 캄캄하고 암담한 터널을 지날 때도 있을 것이며, 때로는 자식도 내 마음대로 말을 들어 주지 않아 고민하는 때도 있기 때문이다. 이렇듯 불안한 사회와 세계 속에서 나를 든든히 지키며 걸어갈 수 있는 것은 바로 다름 아닌, '신독(愼獨)'이 아닐까 싶다.

살면서 쉽지 않지만 혼자 있을 때에도 여럿이 있을 때처럼 나 자신을 돌아보며 생각하고 행동할 수 있어야 할 것이다. '안으로 성실하면 밖으로 드러난다' 옛말처럼 늘 같은 마음의 중심과 무게로 나를 들여다볼 수 있어야 한다는 말일 게다. 혼자 있을 때에도 혼자가 아님을 깨닫는 참 神을 믿는 신앙인이길 마음을 모아본다. 그것은 그만큼 나 자신을 추스르고 다스리며 산다는 것이 어렵다는 것이다. 하지만 하루아침에 무엇이 갑자기 변할 수야 없겠지만, 매일 매일의 자신을 돌아볼 수 있는 성찰이 필요한 것이다. 나를 들여다보지 않으면 늘 내 탓이 아닌 남의 탓이 되기 쉬운 까닭이다.

'남이 알지 못하는 자신의 마음속에서 인욕(人欲)과 물욕(物欲)에 빠지지 않고 삼간다'라는 뜻을 지닌 '신독(愼獨)'은 나 자신에게나 오늘을 사는 우리에게 귀한 묵상으로 안내한다. 여럿이 있을 때는 남을 의식하기에 자기 자신을 자중하기도 하고 다스리기가 쉽지만, 혼자 있을 때의 자신의 숨은 '욕심과 욕정'들은 끊을 수 없는 또 하나의 죄의 씨앗이 되는 것이다. 현대 사회를 살아가는 우리에게 물질(돈)은 필요하기도 하고 아주 중요한 것이다. 물론 '물질에 대한 가치관'을 어디에 두느냐가 더욱 중요한 일이지만, 혹여, '물질의 노예'가 될까 염려스러운 것이다.

요즘 아이들을 키우면 더욱이 피부로 느낄 수 있는 것이 요즘 부모들의 입장일 것이다. 그것은 물질만능주의 시대를 살아가며 삶의 편리함과 함께 그에 따른 손해(피해)를 얻게 된다는 것이다. 특별히 청소년 아이들을 둔 부모들은 더욱이 아이들이 공부하는 시간 외에 무엇을 하는지 살피지 않으면 불안해지는 이유가 바로 여기에 있다. 너무도 급속도로 달려가는 현대 과학기술의 발달과 함께 모든 것이 편리한 만큼 무엇인가 잃어버리는 것 같은 상실감에 사로잡히기 쉽기 때문이다. 요즘의 아이들을 키우며 부모들은 불안한 마음에 더욱이 마음과 정신과 육체가 바빠진 것이다.

삶에서 다른 사람을 의식하지 않을 수 없지만, 남을 의식해야 하는 그 어수선한 마음으로부터 조금은 자유로워질 필요가 있다. 그래야 자신의 삶을 조금이라도 더 들여다볼 수 있고 자신과 제일 가까운 삶을 살 수 있는 것이다. 이것저것 재어보고 이런저런 남의 눈치를 보면서 언제 제대로인 나를 살 수 있을까 말이다. 모든 사람이 다 그렇지는 않지만, 그 어느 한 무리에 속한 단체라는 곳에는 알게 모르게 보이지 않는 나를 속박하는 부분이 있기도 하다. 다른 사람의 명품 치장에서 자유로울 수 있어야 자유로운 사람인데 알면서도 마음과 생각과 행동은 각각일 때가 많다.

 요즘 가끔 우스갯소리로 '부러우면 지는 거야!'란 얘기로 웃음을 나누기도 하지만, 정말 자신의 중심이 없는 사람이 가끔 있다. 가끔 어느 모임을 가더라도 때와 장소에 맞게 잘 차려입어 눈에 띄는 사람들이 간혹 있다. 그 사람 자신에게 맞게 차려입은 모습이 참으로 멋스러워 보이면 부럽기도 하다. 하지만, 그렇다고 그 사람에게 어울리는 옷차림을 내가 입는다고 해서 그 사람의 멋스러움이 내 것이 되는 것은 아닐 것이다. 멋이란, 내게 가장 잘 어울리는 것이 '멋'이며 나의 장단점을 가장 잘 알고 그에 맞게 연출하는 것이 바로 '멋스러움'이 아닐까 싶다.

 이렇듯 밖으로 연출된 모습도 이렇듯 각양각색의 모습일진대, 마음 안에 자리한 마음의 색깔과 모양과 소리는 얼마나 갖가지로 쌓였을까 말이다. 이제는 지천명을 올라 오십 중반을 걸어가는 입장에서 마음속의 것들을 하나씩 덜어내고 싶어지는 것이다. 남의 것을 흉내 내는 그런 '멋'이 아닌 내 안의 것을 갈고 닦아 저절로 차오르는 '참 멋'을 연출하고 싶어지는 것이다. 아니 연출이 아닌 자연스러움으로 그저 흘러넘치는 삶이길 바라는 것이다. 삶의 작은 일상에서부터 시작해 하루를 맞고 보내고 또 한 계절을 맞고 보내며 그렇게 그 누구보다 '나 자신'에게 진실하기를….

제47차 선포외침 캘리포니아주 & 네바다주 전도를 다녀와서

높은 산을 오르지 않은 사람이 그 산 정상에서의 누림을 어찌 상상이나 할 수 있을까. 그렇다, 뉴욕에 자리한 여러 한인들을 위한 신학교들이 꽤 많지 않던가. 전통을 자랑하며 이어가는 학교들도 있고, 또 신생 신학교로 나름 복음 전도에 힘쓰는 신학교들이 있지 않던가. 가만히 생각해 보면 처음 뉴욕의 신학교 중 어느 학교를 정할 틈 사이 없이 가깝게 지내는 오랜 선배를 통해 '두나미스 신학대학교(총장 : 최영식 박사/학장 : 김희복 박사)'에 등록을 하게 되었던 것이다. 그것은 하나님이 이미 정해 놓으신 나의 삶 가운데 역사하시는 섭리임을 요즘 들어 더욱 깨닫는다.

지난 나의 삶을 가만히 생각해 보면 체면을 많이 차리며 살았다는 생각을 해본다. 특별히 예의를 벗어난 사람을 만나면 마음속으로 정죄하고 판단하며 살았지 않았나 싶다. 아직도 여전히 남은 죄 된 속성들이 내 속에서 남아 가끔은 나를 부끄럽게 한다. 그러나 달라진 것이 있다면 얼른 알아차리고 하나님께 내어놓고 회개의 기도를 올린다는 것이다. 그렇게 고치기 어려운 것을 내가 고치려면 더욱 마음이 무거워진다. 하나님께 온전히 내어드리면 마음이 편안해지고 평강이 찾아오는 것은 내게 주신 큰 하나님의 사랑이고 은혜이다.

"오직 성령이 너희에게 임하시면 너희가 권능을 받고 예루살렘과 온 유대와 사마리아와 땅끝까지 이르러 내 증인이 되리라 하시니라"_(사도행전 1:8)

미국 50개 주(제2회째 전도) 전도는 제47차에 이르렀다. 취지 목적은 두나미스 신학대학교 재학생 전도 훈련과 맨해튼 전도팀과 선·후배 전도참여 목적에 있다. 미국 50주 도시마다 중보기도 및 선포외침 전도미션에 목적을 두고 있는 것이다. 무엇보다도 '두나미스 신학대학교'는 그 이름과 맞는 폭발적인 하나님에 대한 바른 신앙과 뜨거운 열정의 전도에 목표를 두는 것이다. 전도꾼, 선교꾼, 기도꾼의 사명을 다하길 늘 기도하며 우리 신학생들과 동문들에게 재차 일러주는 김희복 학장님의 말씀이기도 하다.

"미국이 살아야 한국이 살고, 전 세계 오대양 육대주가 살아난다" 이렇듯 김희복 학장님의 하나님을 향한 온전한 마음과 흔들림 없는 '실천신학'에 대한 열정은 하나님이 이 시대에 필요한 일꾼들을 찾으심을 알고 기도하며 예수님의 마지막 부탁이고 또 명령이기도 하다. 땅끝까지 이르러 내 증인이 되라는 '전도의 사명'은 해도 되고 안 해도 되는 개인의 선택의 문제가 아니라 필수인 것이다. 예수님도 십자가상에서 돌아가시는 그 순간까지도 두 강도에게 전도를 하고 돌아가시지 않으셨던가 말이다.

LA의 도시 한복판에 놓인 노숙자들이 즐비했다. 온전치 않은 정신의 알코올중독자들이 제 한 몸을 가누지 못하고 비틀거리는 모습들 속에서 마음이 착잡하고 가슴이 미어져 왔다. 나는 그들 속에서 하나님이 내게 하시는 음성을 마음으로 듣는다. '너는 어떠니?' '저들보다 낫니?' '뭐가?' 울림으로 남았다. 통곡해도 모자랄 이 아픔과 고통의 현장들에서 우리는 아니 나는 무엇을 해야 할까. 나의 넉넉히 누리는 삶이 부끄럽고 가슴 아팠다. 혹여나 홈레스 피플 만나면 나누려고 이백 불을 $5짜리로 바꿔갔다. 그러나 이들에게는 줄 수가 없었다. 이 돈을 가지고 그들은 곧장 마약과 술을 살 것이 당연했기 때문이다.

캘리포니아주 '헐리우드'에서는 동성애자들이 즐비했다. 전도지를 전해주는 나를 바라보며 남자랑 손을 잡고 나 이 남자랑 결혼했어요, 하는 이들이 퍽 많았다. 더욱더 전도의 목소리는 커지고 전도지를 나누는 손길이 빨라졌다. 우선 이들의 귀를 뚫어주고 눈으로 보게 하자. 나머지는 하나님이 하실 일이다. 또 네바다주의 화려함 속의 최대도시 '라스베가스'에서도 동전의 양면처럼 화려한 불빛과 오가는 여행객들 속 홈레스 피플들도 많이 눈에 띄었다. 여기저기 도박장들이 번쩍거리는 불빛으로 금방이라도 황금덩이를 줄 듯 요동을 치고 있었다.

300용사부흥단 정주갑 목사(대표 총재)
뉴욕에 '횃불' 들고 오다

    2024년 1월의 하루 뉴욕에 뜨거운 불화산 같은 한국에서 온 300용사부흥단(정주갑 대표 총재)의 '횃불기도회'의 불씨가 타오르기 시작했다. 보통 한국에서 오신 부흥 강사님들의 부흥 집회 참석을 잘 안 하는 개인적인 성향으로 이번에도 참석할 마음이 없었다. 그동안에 오갔던 부흥 단체들 중의 하나일 것이라는 내 마음의 생각이 있었다. 신문에 포스터가 올려지고 뉴욕에서 활동하는 허윤준 목사님(뉴욕새생명교회 담임/300용사부흥단 뉴욕본부장)의 인터뷰 기사를 보게 되었다. 아, 이렇게들 또 한 단체의 오고 감이 있겠구나 싶었다. 특별한 관심을 두지 않았다.

    인연이었을까. 그 단체 중 한 목사님이 내가 알고 지내는 목사님 사진이 올라와 있지 않던가. 이번 미국의 300용사부흥단 '뉴욕횃불기도회'에는 7명의 부흥강사(목사)님들이 참석하였다. 또 하나는 후원 단체들 이름에 '두나미스 신학대학교(김희복 목사/학장)'가 올려져 있었던 것이다. '월드 두나미스 선교합창단'이 둘째 날(화)에 찬양을 맡게 되었던 것이다. 여하튼 생각지 않았는데 자연스럽게 인연이 되었다. 나중에 생각하니 이 모든 것이 하나님의 인도하심이었음을 깨닫는다.

둘째 날 저녁 부흥 집회에 참석하며 이번에 오신 분들이 정주갑 대표 총재님을 비롯해 여러 목사님들의 순수함과 꾸밈없으심에 새로운 감동이 왔다. 예배 인도 내내 뜨거운 불기운으로 집회를 이끌어 가심에 참으로 놀라웠다. 저녁 집회를 마치고 그 다음 날 오전과 오후 집회에 다 참석하였다. 여느 부흥사 단체들하고 많이 다르다는 좋은 인상을 갖게 되었다. 오직 하나님만을 찬양하고 높여드리는 영광의 예배를 이끌었던 것에 감명 깊었다. 참석하신 분 중에는 이만호 목사님과 이진아 목사님이 함께 하셔서 끝까지 집회의 불기운을 나눠주셨다.

2024년 1월 29일~31일까지의 3일 동안의 짧은 집회였지만, 뉴욕의 바쁜 도시에서의 무덤덤한 크리스천들에게 뜨거운 불을 지펴 놓고 갔다. 첫날은 뉴욕새사람교회(담임 이종원 목사), 둘째 날에는 뉴욕만나교회(담임 정관호 목사), 셋째 날에는 선한목자교회(담임 박준열 목사) 세 교회에서 집회를 열었다. 여느 기도회와는 달리 '부르짖는 기도회'였다. 형식적으로 드려지는 그런 예배가 아닌 온몸과 마음과 뜻과 정성을 모아 저 배꼽 밑에서부터 끓어오르는 온전히 하나님께 올려드리는 기도회가 되었다. 그동안 체험하지 못했던 은혜의 시간이었다.

300용사부흥단 대표 총재 정주갑 목사님은 미국에 온 이유가 따로 있다고 한다. '하나님께서 미국에 대한 큰 그림을 그려주셨다'고 한다. 우리는 미국에 많은 도움을 받았다. 미국 선교사님들이 와서 우리나라에 복음을 전해주지 않았는가. 하나님께서 정 대표 총재에게 주신 말씀은 미국이 다 죽어가니 미국을 살리라는 그 마음을 주셨다고 한다. 뉴욕에 온 이유와 까닭은 '복음의 빚'을 갚으러 왔다는 것이다. 그리고 미국의 영적 토양을 갈아엎으라고, 하나님을 그냥 알리는 정도가 아니라 탁해진 영적 토양을 옥토로 만들라고 명령을 받았다는 것이다.

정주갑 목사(대표 총재)님은 〈300용사부흥단 횃불기도회〉 회원으로서의 조건을 이렇게 말해준다. '건강한 신앙관과 겸손한 사람'이 단원으로서의 선발 기준이라고 말이다. 특별히 '이단'에 대해서는 철저한 검열 하에 회원으로 영입한다는 것이다. 겸손이라는 의미가 여럿 있지만, '남을 나보다 낫게 여기는 사람이다'라고 재차 강조한다. 지금은 120여 명의 회원이 유지되어 나간다는 것이다. 이후 〈300용사부흥단 뉴욕횃불기도회〉가 매주 목요일 7시 뉴욕새생명교회(담임 허윤준 목사/뉴욕본부장)에서 지난 2월 8일 첫 기도회가 열렸다.

〈300용사부흥단 뉴욕횃불기도회〉에 여러 목사님들과 선교사님들 그리고 전도사님, 권사님, 집사님들 20여 명이 관심을 갖고 기도하고 있다. 2월 8일(목) 첫 모임에는 10명 정도의 분들이 기도회에 참석해 뜨거운 불을 지피며 예배를 드렸다. 뜨거운 찬양과 말씀과 기도는 우리가 세상을 살아가는 영적 양식이다. 나와 더불어 우리가 되어 함께 나누는 일상의 삶들이 누군가에게 힘이 되고 용기가 되어 그런 생명이 꿈틀거리는 하나님의 나라가 이 땅에서의 누림이길 바라는 마음이다.

나라와 민족을 위해 세계를 품는 "300용사 부흥단 '횃불기도회!'"

우리의 설 땅, 나와 나의 자손이 후대에 물려줄 이 땅의 지킴이 역할이 얼마나 중요한 일인가. 내 나라가 있어야 내가 있고 너가 있고 우리가 있지 않은가. 무엇보다도 한국이나 미국이나 전 세계의 대통령과 위정자들이 하나님을 경외하고 두려워하는 마음이 있기를 바라는 마음이다. 나라를 위해 간절히 기도했던 성경 속 인물들처럼 나 혼자만의 개인을 위한 것이 아닌 나라와 민족을 위해 꿇는 무릎이길 기도하는 마음이다. 지난 2024년 1월 말 한국에서 〈300용사 부흥단/대표 총재 정주갑 목사〉 뉴욕에 '기도의 불씨'를 지피고자 횃불을 들고 왔었다.

한인 디아스포라 세계의 심장이라 일컫는 뉴욕에 거주하는 한인들의 삶이 그리 녹록치 않음을 눈으로 보고 삶을 그대로 느끼고 돌아갔다. 1620년 메이플라워(Mayflower) 호를 타고 플리머스(Plymouth)에 도착한 청교도들의 수가 102명이었다는 것과, 이들이 배 안에서뿐만 아니라 메사추세츠(Massachusetts)에 도착하자마자 예배를 드리고 믿음의 공동체를 이루었다는 것이 첫 한인들의 이민들과 꼭 같다는 것이다. 이렇듯 미국에 정착했던 청교도들의 그 하나님을 향한 믿음과 소망과 사명과 소명을 가지고 이들은 또 우리의 조국 대한민국에까지 기독교를 전하기 위해 왔다. 개신교 선교사로 우리나라를 최초 방문한 사람은 독일 출신의 칼 프레드릭 어거스트 귀츨라프(1803~1851)이다. 그는 1827년, 네덜란드 선교회 소속 선교사로 자바의 바타비아에 도착하여 중국 여러 지방에서 선교활동을 하다가 일찍이 중국선교를 시작한 모리슨 집에 머물렀다.

"1885년 4월 5일 인천 제물포항에 아펜젤러 미국 북감리교회 선교사, 그리고 언더우드 미국 북장로교 선교사가 조선 땅에 도착했다. 미국 샌프란시스코에서 출발해 일본을 거쳐 제물포항까지 오는 긴 여정이었다. 낯선 땅 조선의 제물포항에서 아펜젤러와 언더우드는 기도를 했다. 당시 기도문은 기록으로도 남아 있다. "조선 백성들에게 밝은 빛과 자유를 허락하여 주옵소서"라는 그들의 기도는 결국 꽃을 피웠다. 1885년 4월 9일(부활절)을 앞두고 한국교회총연합(한교총) 주관으로 인천과 강화도 일대를 돌며 기독교 근대 문화유산을 탐방했다. 개신교 복음의 씨앗이 조선 땅에 처음 떨어진 경로다.

그렇다, 140년을 거슬러 올라가면 이처럼 선교사들이 우리 조선 땅에 복음을 전하려고 왔던 것이다. 그 후 오늘의 우리 개신교의 신앙과 믿음은 어디에 와 있는가. 우리는 미국의 선교사들이 조선 땅에 들어와 씨를 심고 꽃을 피우고 열매를 맺으며 많은 것을 나누어주고 돌아갔다. 그들의 고향인 미국 땅이 점점 황폐해지고 있음을 우리는 눈으로 보고 느끼며 기도하고 있지 않은가. 이제는 빚을 갚을 때가 왔다는 생각이 들었다고 〈300용사 부흥단〉 대표총재 정주갑 목사는 말한다. 300용사 부흥단은 코로나 19가 한참 유행을 할 때 시작했다. 팬데믹으로 온라인예배가 성하며 기도의 불이 꺼져가는 시기에 부흥사가 나서야 될 시기라고 생각했다. 정 목사는 "기도하는 가운데 하나님께서는 응답하셨고 인도하셨기에 순종했다'고 한다.

대표총재 정주갑 목사는 "하나님께서 미국에 대한 큰 그림을 그려주셨다." 우리가 미국에 도움을 받았다. 옛날에는 미국 선교사님들이 와서 우리나라에 복음을 전해주셨는데, 하나님이 주신 말씀은 미국이 다 죽어가는 미국을 살리라는 것이란다. 미국에 온 것은 빚을 갚으러 온 것이라고 말이다. "하나님은 미국에서 받은 복음의 빚을 갚으라" 하신다. 그리고 "미국의 영적 토양을 갈아엎으라"고 하신다. 미국에 영적 토양을 갈아엎으러 간다고 하니 웃는 사람도 있었다고 한다. 하지만 "하나님을 그저 말로만 알리는 것이 아닌 탁해진 영적 토양을 기경(起耕)을 시켜 옥토로 만들기 위해서 왔다"라고 하는 것이다. 그렇다, 무엇보다도 미국 선교사들이 대한민국의 땅을 밟고 온 것처럼 '빚진 마음'으로 다시 한국에서 미국으로 하나님의 용사로 온 것이다. 그것도 영적 토양을 갈아엎기 위해 온 것이다.

이런 시점에서 〈300용사 부흥단〉 횃불기도회는 나라와 민족과 교회들을 일깨우며 각 처소에서 울부짖으며 기도하는 것이다. 한국에서의 횃불기도회 지부만 해도 서울지부, 부산지부, 대구지부, 포항지부, 평택지부, 수원지부, 제주지부 또한 미국 뉴욕지부, 뉴욕샬롬지부, 웨스트LA지부, LA윌셔지부, LA빅도빌지부, 캘리포니아지부, LA본부지부 등 한국과 미국의 뉴욕과 LA를 아우르는 횡단의 '횃불기도회'는 매일 각 처소에서 간절한 마음으로 대한민국 나라와 민족과 나라의 위정자들과 교회들을 위해 하나님께 울부짖으며 기도하고 있다. 앞으로는 동남아 일대를 비롯 유럽과 세계를 향한 〈300용사 부흥단〉 '횃불기도회'는 불쏘시개로 쉬지 않고 활활 타오를 것이다.

제74주년 '6.25 한국전쟁 연합추모행사' 대회장으로 정주갑 목사 초청 설교

지난 2024년 6월 23일 오후 4시 LA에 위치한 주향교회(담임 김신 목사, 3412W. 4th St)에서 남가주한인목사회(회장 이현욱 목사)와 남가주한인여성목사회(회장 서사라 목사) 공동 주관으로 6.25 한국전쟁 제74주년 상기예배 및 연합추모행사가 열렸다. 이번 제74주년 상기 예배 및 연합추모행사 대회장으로 〈300용사 부흥단〉 대표 총재 정주갑 목사, 부대회장으로 미스바구국기도운동본부 대표 박영은 목사를 초청했다. 300여 명이 참석한 가운데 상기예배와 연합추모행사가 진행됐다.

"〈300용사 부흥단〉 대표총재 정주갑 목사의 설교, 출 14:10-14 "우리를 위해 싸우시는 하나님""

죽은 자도 살리는 하나님, 천지만물을 창조하시고 생사화복을 주관하시는 하나님, 나의 마음 내 지식 나의 상식으로 살고 있지는 않는지 생각해 봅니다. 우리를 위해서 싸우시는 하나님 우리가 살고 있는 지금 이 시대에 전쟁이 얼마나 많은지 모릅니다. 전쟁은 총칼을 들고 하는 전쟁도 있겠지만, 국가와 국가의 전쟁, 부부끼리의 전쟁, 부모와 자식과의 전쟁, 직장에서의 상사와 부하직원과의 전쟁 등. 그러나 우리가 이기고 지는 것은 '하나님 손에 있다'라는 것을 잊지 마시기 바랍니다.

　다윗도 그랬거니와, 모세도 마찬가지로 하나님이 오른손을 들면 승리하고 내리면 패배하는 하나님 말씀 속에서 볼 수 있습니다. 이스라엘 백성에게 반복해서 가르쳐 주신 말씀처럼 죽은 자도 살리시는 하나님, 천지만물을 창조하신 하나님을 우리는 믿고 순종해야 합니다. 조국을 떠나서 사시는 이민자 분들의 노고와 함께 하나님의 말씀에 순종하며 사는 분들을 존경합니다. 특별히 참전용사 한 분 한 분의 헌신이 우리의 자유와 평화, 번영의 기반이 되었습니다. 그리움과 슬픔을 자긍심으로 견뎌온 유가족 여러분들께 깊은 존경과 위로의 말씀을 전하며, 전우를 애타게 기다려온 생존 참전유공자 분들께도 경의를 표합니다.

　〈300용사부흥단〉을 하나님께서 제게 맡겨 주셨습니다. '하나님께서 미국에 대한 큰 그림을 그려 주셨습니다. 우리는 미국에 많은 도움을 받았습니다. 미국 선교사님들이 와서 우리나라에 복음을 전해 주지 않았습니까. 코로나 기간 동안 하나님께서 제게 주신 말씀은 미국이 다 죽어가니 미국을 살리라는 그 마음을 주셨습니다. 미국의 그 청교도 정신을 잊지 말고 우리 뉴욕에 온 이유와 까닭은 '복음의 빚'을 갚으러 왔다는 것입니다. 그리고 미국의 영적 토양을 갈아엎으라고, 하나님을 그냥 알리는 정도가 아니라 탁해진 영적 토양을 옥토로 만들라고 명령을 받았습니다. 우리를 위해서 싸우시는 하나님이 우리를 도구로 사용해 주시는 것을 깨닫고 미국의 선교사님들이 우리에게 복음을 전해 주었던 것처럼, 〈300용사 부흥단〉을 통해 미국을 다시 갈아엎는 복음의 불길이 타오르길 기도합니다."

위트컴여성합창단(지휘 김상기/반주 윤은정) '주 하나님 지으신 모든 세계'를 찬양한 후 부대회장 박영은 목사(미스바 구국기도운동 본부 대표)의 추모사가 이어졌다.

"추모사, 올해는 6.25 한국전쟁 발발 제74주년이 되는 해입니다. 여러분들이 이미 잘 아시고 계시는 것처럼 6.25 한국전쟁은 1950년 6월 25일 주일 새벽 3시에 북한이 사전 계획에 따라 38도선 전역에 걸쳐 대한민국을 선전포고 없이 기습 남침하여 발발한 전쟁입니다. 1953년 7월 27일 정전협정이 체결되기까지 3년 1개월간 치열한 전투가 이어졌습니다. 대한민국은 그 어렵던 시기를 잘 극복하고 세계 제10위의 경제대국으로 성장하였으며, 자유민주주의 아름다운 꽃을 피우고 있습니다.

6.25 한국전쟁의 중요한 축을 이뤘던 것은 바로 한미동맹입니다. 한미동맹은 전쟁의 한복판에서 시작됐습니다. 굳건한 한미동맹은 이제 한반도를 넘어 세계평화에 기여할 수 있는 전략적 파트너로 발전했습니다. 남가주한인목사회와 남가주한인여성목사회 공동주관으로 열린 이번 6.25 한국전쟁 제74주년 상기예배 및 연합추모행사를 통해 나라를 위해 희생하고 헌신한 호국영령과 참전 유공자들의 명예를 선양하는 계기가 되길 바라는 마음 간절합니다.

6.25 전쟁의 평화협정, 즉 종전 및 강화 조약이 아직 체결되지 않은 상태입니다. 따라서 명목상으로는 아직도 끝나지 않은 전쟁이라는 것을 우리는 한시도 잊어서는 안 될 것입니다. 철저한 대비 태세를 통해 우리의 조국 대한민국을 굳건히 지켜 나갈 수 있게 되길 바라는 마음 간절합니다."

제 14회 두나미스 신학대학교(원) 졸업식에서

　유나이티드 두나미스신학대학교(총장 : 최영식 박사, 학장 : 김희복 박사) 제14회 졸업 감사예배 및 학위수여식이 30일 오후 하크네시아 교회에서 거행돼 목회학석사(M.Div) 4명과 신학사(B.Th) 2명을 배출했다. 또 학교생활과 성적 등 우수학생에 대한 시상식도 진행됐다. 이날 학위수여식에서는 학교 성장과 교회지도자 배출에 공로를 세운 3명(김희복 학장, 배영숙 목사, 한삼현 교수)에게 명예 박사학위를 수여하며 격려했다. 이날 졸업 감사예배와 학위수여식에는 가족과 친지, 교회 성도들과 이 학교 교수진 등 150여 명이 참석해 교회지도자로 첫 발을 떼는 졸업생들을 박수로 축하하고 격려했다.

　학장 김희복 목사는 이날 훈시에서 말씀 연구와 기도 생활을 신앙인이 지켜야 할 일상생활의 두 바퀴라고 설명하면서 "이같은 기초생활이 있을 때 자신감과 영적 능력이 생긴다"고 강조했다. 그는 이어 거룩한 영성의 중요성을 거듭 강조하면서 사역현장을 달려가 영혼구원 사역과 영혼을 살리고 회복하는 사역에 최선을 다하라며 더 넓고 더 깊은 곳을 향해 나아가라고 격려했다. 특히 이 학교 교수 한삼현 박사는 "한국 총신대와 총신신대원, 총신대학원에서 공부하며 박사과정을 끝내지 못하고 미국에 왔는데, 오늘 명예박사로 마침표를 찍게 되어 하나님과 학교 측에 감사드린다"고 인사를 했다.

이날 학위 받은 졸업생과 수상자는 다음과 같다. 목회학석사 (M.Div) : 박 글로리아, 신 영, 전향란, 허조이. 신학사(B.Th) : 김민정, 이영재. 총장상(성적최우수상) : 허조이/학장상(성적우수상) : 박글로리아/행정총장상 : 전향란/글로벌총장상 : 신 영/총동문회상 : 김민정/법인대표 이사장상 : 이영재 졸업생들의 시상식이 있었다. 교수 허상회 박사 인도로 드린 졸업 감사예배에는 필라델피아에 있는 훼이스신학교 학장 김정아 박사가 메시지를 전하며 하나님 나라를 세워가고 확장하는 사역에 동참한 졸업생들을 격려하며 축하했다.

'왕국사의 출발'(창 4:1-8)이란 제목으로 강단에 오른 김정아 박사는 하나님 나라를 왕국사로 표현했다고 소개하면서 하나님 나라는 하나님 자신이 직접 구별하시는 백성들과 그들을 이끄시는 주권과 언약으로 확장된다며 이 사역에 동참한 졸업생들과 성도들을 축복했다. 그는 출생부터 하나님의 선택을 받은 아벨은 하나님께서 받으실만한 제사를 드렸다며 비록 가인에 의해 죽임 당했지만 하나님의 언약은 아벨의 피를 통해 계속 이어지며 결국 하나님의 백성을 위해 자신을 희생한다는 활 모양의 무지개를 언약의 표식으로 우리에게 예시했다고 교회지도자들 역시 희생과 헌신이 필요하다는 점을 특별 강조했다.

참으로 감동의 시간이었다. 처음 '두나미스 신학대학교(원) M.Dvi 과정을 시작하게 되었던 일들이 주마등처럼 스쳐지나간다. 처음 친한 선배 언니로부터 소개를 받고 여기저기 다른 신학교를 찾아볼 겨를 없이 '두나미스 신학대학교(원)'과 인연이 되어 이렇게 졸업을 하게 되었다. 한편 두나미스 신학학교는 대학부(신학과)와 신학대학원

(목회학과, 선교학과, 상담학과), 박사원(신학박사, 목회학박사, 상담학박사)이 있으며 수업은 뉴욕 하크네시아교회와 뉴저지 성도교회 두 곳에서 진행된다. 나는 뉴욕과 뉴저지 두 군데서 수업을 들었기에 학점을 일찍이 마무리 지었었다. 그러나 학교측의 권유로 1년 늦게 졸업을 하게 되었고, '상담학 박사과정' 수업을 듣게 되어 올 가을이면 박사과정 수업을 마무리하고 내년 봄학기부터는 '논문 수업'을 듣게 된다.

'두나미스 신학대학교(원)'은 내게 친정과도 같은 곳이다. 여느 신학교에 비해 여성 목회자들을 많이 배출하는 신학교이기도 하다. 그러하기에 여느 남성 목회자들로부터 이런저런 이야기들을 듣기도 한다. 그러나 그 어느 학교보다도 '실천신학(맨해튼 선포외침전도/미국 50주 전도/세계 각국 전도)'에 강하고 김희복 학장님의 기도꾼, 전도꾼, 선교꾼의 철두철미한 말씀과 기도는 우리 '두나미스 신학대학교(원)' 학생들에게 존재의 의미이기도 하고 자랑이기도 하다. 여느 신학교 학생들보다 서로를 아끼고 돕는 선후배의 아낌과 섬김과 나눔은 자랑을 넘어 든든한 '두나미스인'의 투철한 믿음이기도 하다.

'예수서원' 원장이신 고석희 박사님께서 '두나미스 신학대학교(원) 글로벌총장이 되셨다. 이번에 졸업생으로서 글로벌총장(고석희 박사)상을 받게 되어 내게는 큰 영광이기도 했다. 참으로 존경스러운 분의 상을 받는다는 것이 하나님께 감사하고 내 인생 가운데 오래도록 남을 자랑이고 축복임을 알기에 더욱이 감사한 날을 보냈다. '두나미스' 다이나마이트의 성령의 폭발적인 기운으로 기도꾼, 전도꾼, 선교꾼이 되어 '두나미스 영원히 불타오르리!!'

'최남단마라도교회' 300용사 부흥단
횃불 들고 다녀오다

　7월은 방학 동안에 한국을 방문 중이다. 해마다 한 번 정도는 한국에 가족도 방문하고 행사도 있기에 일정을 맞춰 다녀가는 편이다. 이번 여행은 여느 때와는 사뭇 다르다. 이유는 〈300용사 부흥단〉과 인연이 되어 '횃불기도회'가 있는 곳에 함께 움직일 수 있음이 '하나님께는 영광'이고, '내게는 큰 기쁨'이다. 여기저기 움직이는 내내 감사가 차오른다. 하나님 나라 확장에 일꾼이 되어 군사로 용사로 쓰임 받을 수 있음이 감사한 것이다. 세상의 나이가 뭐 중요할까마는 세 아이 다 키워놓고 편안하게 손자·손녀 보며 즐거울 나이 예순에 '하나님의 일꾼'이 되어 뛰어다닐 수 있음이 참으로 감사이지 않던가.

　〈300용사 부흥단〉 대표총재 정주갑 목사를 위시해 임원들과 용사들 20여 명이 1박 2일 일정으로 제주도를 향했다. 제주도에는 이미 〈300용사 부흥단 지부〉 세계평화의섬교회(담임 방다락 목사)가 형성되어 있었다. 또한 마라도에 '최남단마라도교회(대한예수교장로회)'가 1984년 개척해 지금까지 방다락 목사가 시무하고 있는 교회이다. 제주에서 마라도까지 40여 분 배를 타고 마라도를 향했다. 바람과 돌이 많다는 제주는 역시 바람도 시원했다. 제주와 마라도를 잇는 뱃길에서 함께한 용사들은 기도와 기쁨이 씨실과 날실처럼 엮인 이미 감사가 차오른 시간이었다.

땅끝, 바다의 시작인 마라도 '최남단마라도교회'에서 우리 300용사 부흥단은 횃불의 기도의 소리가 하늘길을 타오르기 시작했다. 마라도교회 표어에는 "세계인의 가슴속에 예수복음 심자", "물 위를 걸으며 바다에 나무를 심자"라고 강단 양벽에 붙여 있었다. 섬마을이 작은 교회였지만, 40여 년의 기도와 눈물의 정성의 흔적이 여기저기 묻어 있었다. 하나님께서 얼마나 기뻐하실까. 이처럼 땅끝까지 이르러 내 증인이 되라고 말씀하신 주님의 목소리가 귀를 타고 가슴속 깊이 머문다. 이 작은 마을 사람의 발걸음이 없었을 그때부터 하나님의 예비하신 그 손길 '여호와 이레' 신묘막측하신 손길이시다.

마라도에 도착하니 몇 년 전 '포르투갈, 리스본' 여행이 떠올랐다. '카보 다 호카(Cabo Da Roca)' 유럽 대륙의 땅끝이라 불리는 곳이 생각났다. "이곳에서 땅이 끝나고 바다가 시작된다"라고 하는 리스본 여행이 생각났다. 그렇다, 마라도 역시도 최남단의 땅끝이고 바다의 시작이 되는 곳이다. 이처럼 포르투갈 리스본과 한국의 마라도가 내게 오버랩되면서 남다른 깊은 생각에 머물렀다. 포르투갈은 여행을 위한 여행이었지만, 마라도는 하나님 나라 확장을 위한 횃불기도회로 참석을 한 것이다. 이 모든 것들을 떠올리고 생각하며 남다른 여행이 되었다. 이들의 웃음마저도 세상과는 구별되는 웃음이었음을 직감하고 말았다.

이번 '마라도 횃불기도회'의 참석에서 지난 나의 삶이 스쳐지나갔다. 아, 그때와 지금 나에게 무엇이 달라져 있는가. 하나님의 사역자로서 나의 소명과 사명은 무엇일까. 하나님의 자녀로서 일꾼으로서 군사로서 용사로서 나는 무슨 일을 담당하면 될까. 깊은 생각에 머문 시간이었다. 바람처럼 오가는 수많은 사람들 속에서 내게 주어진 인연들 속에서 내게 주어진 역할과 내가 해야 할 역할은 무엇일까. 깊은 생각 속에 머물렀지만, 언제나처럼 대답은 말씀과 기도와 순종 그리고 겸손과 섬김이다. 바로 나의 땅끝이다.

〈방다락 목사의 이달의 글〉

가지마라 오지마라 마라의 섬/한 영혼 내사랑 찾아온 길/40년 세월이 가네요/하늘 향해 목놓아/기도하며 통곡했던 곳/"땅끝까지 이르러 내 증인 되라"신/명령에 순종하여 이르른 이곳/이젠/"복음의 섬 성령의 섬" 되는 그날을 품고/하늘 보좌 향하다 부르시면/이곳에 묻히리라/한번 순종은 끝까지 순종이니…/뒤돌아보면 일주일에 한 번 있었던 뱃길/전기는 없고, 빗물 받아 마셔야 했던 20년/한달 사례비 10만 원으로/다섯 가족이 10여 년을 살아내야 했던/이곳에 내가 반드시 묻히리라/이제는 하나님의 은혜의 세월은 잊고/천사장의 호령 소리와 함께/구름 타고 영광스럽게 빛으로 오실/나의 주 나의 하나님을/맞으러 가는 그날을 사모하며/내 육신을 잠들게 하리라/

하나님 사랑합니다, 교회를 사랑합니다, 영혼을 사랑합니다, 할렐루야 아멘 감사합니다.
마라나타! 주 예수여 오시옵소서!
최남단 마라도교회, 교회 앞에는 우뚝 선 "제주기독교백주년 기념비"도 세워져 있었다. 그 앞에는 연보라 수국이 그날 내린 비에 더욱 짙은 초록잎에 어우러져 싱그렇게 우리를 마중했다. 하나님의 나라 확장에 쓰임 받는 〈300용사 부흥단〉 "큰 용사여 여호와께서 너와 함께 계시도다(삿 6:12)"

4부

사이판 〈태평양 교회(TaePyungYang Church)〉 에도 "횃불"이 지펴지고

지난 7월 21일부터 25일까지 3박 5일의 일정으로 〈300용사 부흥단 /대표총재 정주갑 목사〉 사이판 〈태평양 교회(담임 장연자 목사 시무)〉에 발대식을 위해 대표총재 정주갑 목사님을 위시해 임원 목사님들 그리고 지부장 목사님들, 용사 목사님들 18명이 횃불을 붙이러 다녀왔다. 나도 여름방학 동안 한국 가족을 방문하며 〈300용사 부흥단〉 몇 곳의 발대식과 횃불집회에도 참여하게 되었다. 사이판은 미국 연방에 속한 섬이기도 한데, 처음 〈사이판지부 발대식〉으로 참여할 수 있어 참으로 감사했다. 인천공항에서 출발하는 시간부터 부산, 대구, 가평, 인천, 서울 각처에서 모인 목사님들의 얼굴이 환한 웃음꽃이다.

"사이판(Saipan)은 서태평양에 있는 북마리아나 제도의 가장 큰 섬이며, 미국령 북마리아나 제도 연방의 수도이다. 북마리아나 제도 전체 인구의 90% 이상이 이 섬에 거주하고 있고, 옛날부터 휴양지로 유명했던 만큼 일반적으로 '사이판'이라고 하면 북마리아나 제도 전체를 뜻하기도 할 만큼 북마리아나 제도의 대표적인 섬이다. 지리적으로는 괌의 북쪽 끝에서 대략 200km 북쪽에 위치한다. 대한민국에서는 동남쪽으로 3,000km 떨어져 있고, 길이 약 19km, 폭 약 9km의 대각선으로 길쭉한 모양의 섬으로서, 면적은 115.4km로 울릉도의 1.6배쯤 되며 수원시와 비슷하다."

　인천공항에서 밤 비행기를 타고 6시간 정도 가서 새벽 2시가 다 되어 사이판 공항에 도착했다. 이것저것 수속을 마치고 밖으로 나오니 사이판 태평양 교회 담임 목사이신 장연자 목사님과 부군 되시는 김성철 목사님이 우리 모두를 마중하며 환영하고 있었다. 열기와 습기 속 두 부부 목사님의 사랑이 합해지니 그 뜨거움이란 말로 표현할 수 없는 '예수쟁이들의 사랑" 그 자체였다. 두 분이 라이드를 두 차례씩 움직이시며 모두를 교회와 함께 이어진 숙소(선교관)에 안내를 해주셨다. 두 분을 뵈면서 마음이 짠해 왔다. 오래되었을 자동차와 세상 나이 70이 다 되신 두 목사 부부를 뵈면서 말이다.

　그 늦은 시간 18명의 숙소 배치를 다 마치고 잠깐의 소개와 나눔이 있었다. 그 다음날 아침부터 식사 당번 목사님들의 발걸음이 분주하기 시작했다. 뚝딱 차려진 음식은 맛나고 멋진 하루를 약속하는 것이 아닌가. 각처에서 몇 목사님들이 참여는 못하더라도 음식을 담당해 챙겨주셨고 참석하는 목사님들도 음식을 각자 챙겨 넉넉한 식탁을 이뤘다. 인사가 빠질까 싶어 얼른 인사를 드려야겠다. 공항에서 배웅하시며 두 부부 목사님(황우선 목사님과 김소영 전도사님)이 모두에게 챙겨주신 맛난 간식 속에는 내가 좋아하는 옥수수가 들어있었다. 이 지면을 통해 감사한 마음 전해드린다. 기내에서 음식 제공이 없었는데 두 분 덕분에 모두에게 넉넉한 기내식이 되었다.

　그 다음 날 저녁에는 〈사이판지부/장연자 지부장〉 발대식과 '횃불기도회'가 시작되었다. 강대상 뒤에 걸린 현수막에는 〈300용사 부흥단 사이판지부 횃불기도회〉 '시간 : 매주 목요일 오후 8시 장소 : 태평양교회'라고 쓰여 있지 않은가. 참으로 감명 깊었다. 사이판 섬에서 느낀 마음은 모든 환경이 우울하고 열악해 보였다. 그 누구도 비켜갈 수 없었던 코로나로 인해 그리고 여러 해 동안 태풍으로 인해 여기저기 파헤쳐진 나무뿌리들의 흔적과 잔여들 그 상흔의 골짜기는 여기저기 남아 가슴을 아리게 했다. 이곳에 하나님의 손길이 닿아 희망을 품게 하고, 소망을 갖게 하신 그 은혜에 찬송과 영광을 올려드린다.

사이판지부 지부장이신 장연자 목사님이 들려주시는 이런저런 이야기를 들으며 모두가 마음이 뭉클하고 눈물마저 고였다. 절망의 끝에서 그 손을 놓지 않으시는 하나님의 손길을 또 체험한다. 아, 감사한 날이다. 영적 땅을 갈아엎고 기경(起耕)하여 하나님 나라 확장에 쓰임받는 300용사 부흥단 용사들이여 영원하라. 이 자리에서 나는 또 귀한 감동과 감사함을 올려드렸다. 내가 이렇게 이 용사들과 함께 하나님 나라에 쓰임 받는다는 것이 얼마나 큰 축복인가를 또 체험하면서 뜨거운 눈물로 내 마음을 씻는다. 할렐루야, 주님을 찬양하라!!

이렇게 〈사이판지부〉 발대식을 마치고 지부장이신 장연자 목사님과 김성철 목사님 그리고 대표총재 정주갑 목사님과 그 외 17명의 목사와 선교사들이 모여 서로의 이야기를 나누는 시간을 가졌다. 사이판 교회가 1995년 4월 25일 개척을 하게 되었다고 하신다. 30여 년 동안 수많은 일들이 있었지만, 지금까지 지켜주신 하나님의 은혜에 감사를 드린다고 장연자 목사님은 말씀해 주신다. 300용사 부흥단을 만나 앞으로의 비전과 꿈이 생겼다고 두 부부 목사님은 환한 웃음으로 전해주신다.

Hallelujah!! Praise the Lord!!

강남순종교회 '횃불기도회'에 참석하고 돌아와서

여름 방학 동안에 한국에 다녀왔다. 가족들을 만나고 오는 즐거움과 행복도 컸지만, 무엇보다도 이번 한국 방문은 〈300용사 부흥단〉 '횃불기도회'에 참석하고 온 것이 참으로 감사하다. 정주갑 총재목사님을 비롯 미국에 다녀가신 목사님들을 만나니 어찌나 반갑던지 가족만큼이나 반갑고 행복했다. 그것은 '횃불기도회'의 기도로서 매일 서로를 챙겨주고 '하나님 나라 확장'을 위한 용사로서 만났기에 더욱이 가깝게 느껴지는 것이리라. 용사의 자격이 '기도하는 겸손한 사람'이라 했는데, 다시 만난 〈300용사 부흥단〉 목사님들의 얼굴에서 '기도하는 겸손한 사람'을 읽고 말았다.

한국에 도착해 며칠을 보내고 7월 16일(화) 〈강남순종교회(담임 오승준 목사)〉 '횃불기도회'가 4시에 있어 참석하게 되었다. 정주갑 총재목사님을 비롯 강남순종교회 담임이신 오승준 목사님과 사모님이신 전수영 선교사님을 만나니 더욱 감사한 시간이었다. 이 두 분은 본 교회 뿐만 아니라 한국 8도의 〈300용사 부흥단〉 '횃불기도회'에 매번 참석하며 찬양을 인도하는 '찬양사역자'이기도 하다. 참으로 귀한 분들이시다. 어디 그뿐일까. 요즘은 '강남순종교회' 오 목사님과 전 사모님(선교사님) 그리고 교인(권사님, 집사님) 다섯 분들 정도가 '300용사 부흥단 드림팀'이 되어 활발한 활동을 하고 계신다.

처음 '강남순종교회'를 들어서며 느낀 것은 '기도의 사람들'임을 깨닫게 되었다. 예배와 횃불기도회 시작 1시간 전부터 교인들이 조용히 기도로 준비하고 있음을 보았다. 그리고 차분하게 각자의 맡은 역할들을 담당하는 것이었다. 또한 이 교회에 참석하는 다른 목사님들과 선교사님들을 겸손하게 섬기는 태도에서 감동을 받았다. 어찌 이렇게 훈련이 잘 되어 있을까. 너무도 궁금해졌다. 사모이신 전수영 선교사님께 슬쩍 여쭈었다. 성도님들의 겸손한 섬김에 감동하며 놀라고 말았다고 말이다. 10여 년 '영적 훈련'으로 담임 목사님의 기도와 성도들의 화합이 열매를 맺게 된 것 같다고 답을 주신다.

겸손한 태도는 겸손한 마음에서 나오는 것이다. 타고난 성품도 있을테지만, 늘 말씀과 기도로 영적인 부분의 훈련에서 온 결과(열매)가 맞겠다 싶었다. 겸손과 섬김은 바로 우리 예수님이 공생애 기간 사역하셨던 마음이고 실천이었다. 우리는 이처럼 '예수님의 성품을 닮아가는 것'이 크리스천의 참 삶의 모습이기도 하고 실천하며 성장해가는 것이 또한 성화의 단계를 오르는 일인 것이다. 강남순종교회 성도님(권사, 집사)들의 섬기는 모습에서 감사한 마음과 함께 한국 방문 중에 얻어 온 나의 '최고의 선물'이기도 하다.

'영의 생각으로 시작하는 왕의 오늘'을 지은 이가 바로 〈강남순종교회〉 담임 목사이신 오승준 목사님이시다. '왕의 오늘 시리즈1'으로 시작해 '영의 생각 훈련하기 교육과정'을 통해 성도를 세우고 사람을 살리는 길 오직 '영의 생각' 뿐이라는 것이다. 다음에 기회가 되면 이 책에 관한 자세한 내용을 함께 나누고자 한다. 물론 지은이를 모시고 만남을 가질 수 있다면 더 없을 감사이고 축복일 것이다. 하나님이 이끄시는 대로 기다려 볼 생각이다. 우리가 미지의 처음 길을 떠날 때 나침반(네비게이션)이 필요한 것처럼 성경과 더불어 영적인 부분의 툴(연장)을 가질 수 있다면 더욱 복된 일이라 생각해본다.

〈강남순종교회〉 '횃불기도회'에 화요일마다 3회를 참석하고 돌아왔다. '횃불기도회'가 시작되기 전 '나의 간증'도 하게 되었다. 그것은 〈300용사 부흥단/대표총재 정주갑 목사〉을 만난 '만남의 축복' 이야기와 겸손하고 순수한 기도하는 목사님들을 만나며 감동했다는 나의 솔직한 이야기를 나눈 것이다. 이처럼 세상 사람들과 구별된 순수한 열정의 '하나님의 사람'들을 만난 것은 내게 큰 축복이라고 생각한다. 얼마나 많은 이들이 세계의 심장이라 불리는 '대 뉴욕'을 다녀가지 않았던가. 결국은 각자의 입맛에 맞지 않아 흐지부지 흩어지고 만 일들이 다반사이지 않았던가.

〈300용사 부흥단 (대표총재 정주갑 목사)〉의 활동을 한국 방문 중에 눈으로 보고 마음으로 느끼고 몸으로 체험하며 '귀한 사역'임을 깨닫고 돌아왔다. 진정한 '하나님이 쓰시는 단체'임을 다시 나는 고백한다. 이 혼돈의 시대에 크리스천인 우리는 무엇을 해야 할 것인가. 또한 나의 역할은 무엇일까. 세상 나이 예순을 오른 지금 나는 인생 2막의 커튼을 걷어 올린다. '강남순종교회(담임 오승준 목사)'에서 배워 온 '겸손과 섬김'을 실천하며 살아가길 기도하면서 감사한 오늘을 맞는다.

〈예수서원〉 고석희 목사님을 뵙고 오면서

지난 8월 18일 주일 저녁부터 시작해 8월 20일 수요일 저녁까지 2박 3일의 일정으로 '두나미스 신학대학교(원)' 가을 개강 수련회가 있어 다녀왔다. 30여 명이 참석한 가운데 〈예수서원〉 원장이신 고석희 박사님의 강의는 신학생들과 졸업생(목사, 강도사, 전도사 등)들에게 서로 웃고, 울며 감동적인 수업이 되었다. '오직 예수'만을 이야기해 주시는 고 목사님의 간절한 마음에서의 강의는 이 시간이 지나면 다시는 들을 수 없을 것만 같아 눈들이 초롱초롱 귀를 열고 마음을 열며 그 누구 하나 헛되이 보내지 않았다.

수련회 동안 "예수혁명 : 내가 불을 땅에 던지러 왔노라"고 하는 제목으로 강의는 시작되었다. '두나미스' 이름이 '다이나마이트' 권능을 뜻하기도 하지만, 제목을 만나니 이번 강의는 여느 강의와는 분명 다르겠다는 생각을 했다. "예수님은 누구일까?" "나에게 예수님은 누구일까?" 우리는 입으로 얼마나 많이 '예수의 이름'을 고백하고 말하고 들으며 지내고 있는가. 특별히 사역자들은 더욱이 그렇지 않던가. 진정 나에게 '예수'는 누구일까. 나하고 예수님과의 거리는 어디쯤 머물고 있는 것일까.

최초의 고딕 성당인 프랑스 생드니 대성전(Basilique-cathdrale

de Saint-Denis)을 이야기하시기 전 3세기의 순교자인 파리의 첫 번째 주교 '생(성) 드니(Saint-Denis)'에 관한 이야기를 해주신다. 성 드니는 3세기에 지금의 프랑스인 갈리아를 재복음화하기 위해 파견되었다. 그러나 성 드니와 두 동료는 그리스도교 신앙을 전파했다는 이유로 250년경에 몽마르트에서 참수당했다. 그런데 그는 잘린 머리를 들고 계속 설교하면서 지금 대성전이 지어진 곳까지 왔다. 그 후 이 성인의 무덤은 순례자들의 중심지로 성장하여 313년경 그의 무덤 위에 순교자 기념경당(martyrium)이 세워졌다.

고석희 목사님의 말씀이 마음에 와 닿는다. 순교한 목 잘린 생(성) 드니가 잘린 목을 들고 북쪽 8Km 걸어서 왔다는 것이다. 그것은 바로 자신이 죽을 자리와 죽을 시간을 정하고 알았다는 것이다. 목 잘린 생 드니 속에는 예수님이 계셨다는 것이다. 목이 잘렸어도 잘린 자신의 목을 들고 그렇게 먼 거리를 걸을 수 있었다는 것이다. 목 잘린 죽은 이도 예수가 안에 있으면 그렇게 하는데, 살아서 숨쉬는 나와 우리 안에 예수가 함께 계신다면 무엇을 망설이고 못하겠는가. 우리는 그저 핑계와 합리화를 하며 사는 것일 뿐이다.

"내가 그리스도와 함께 십자가에 못박혔나니 그런즉 이제는 내가 산 것이 아니요 오직 내 안에 그리스도께서 사신 것이라 이제 내가 육체 가운데 사는 것은 나를 사랑하사 나를 위하여 자기 몸을 버리신 하나님의 아들을 믿는 믿음 안에서 사는 것이라(갈 2:20)"

바울이 만났던 예수, 그 예수는 어디에 있는가. 그 바울이 만난 예수를 나도 만난 적 있는가. 아니면 아직도 만나지 못해 '그 예수'를 찾고 있는 것은 아닌가. 바울이 만난 예수를 만났다면 나는 이미 죽었어야 하는 것이다. 죽은 사람이 뭔 말이 그리 많은가. 죽은 사람은 말이 없어야 한다.

　이번 수련회를 보내며 '예수'를 많이 만나고 돌아왔다. 그 전에도 내 안에 예수가 분명 계셨는데, 왜 이렇게 고석희 목사님의 강의를 듣고 난 후에야 내 안에 계신 예수가 더 커진 것일까. 예수를 내 안에 모셨다고는 했지만 여전히 '나의 중심성(축)'으로 살아온 이유이다. 바로 중심이 내가 아닌 예수님에게 '중심성(축)'을 온전히 내어드릴 때 내가 예수님보다 앞서지 않고 뒤따를 수 있는 것이다. 이제야 제대로 깨닫게 된 것이다. 그렇다면 남은 과제는 삶에서의 실천이다. '신앙은 관념이 아니고 삶인 까닭이다'

　〈예수서원〉에서 만난 귀한 분은 고석희 목사님뿐만이 아니었다. 2박 3일을 지내는 동안 때때마다 맛난 음식과 섬김과 사랑과 정성으로 챙겨주신 사모님과 전도사님께 이 자리를 통해 감사의 마음과 말씀을 전해드린다. 또 그곳에서 '겸손과 섬김'을 배우고 돌아왔다. 참으로 아름다운 만남의 축복이다. "사랑의 본질은 기쁨이다" 내가 기뻐야 다른 사람에게도 기쁨을 나눌 수 있다. 이렇듯 내 안에 계신 '예수'를 만났다면 어찌 기쁘지 않겠는가.

〈300용사 부흥단〉 '뉴욕횃불기도회'
뉴욕 지부장 김영환 목사

뜨겁다. 〈300용사 부흥단〉 '뉴욕의 횃불'로 텍사스에 머무르던 김영환 목사가 다시 뉴욕으로 거처를 옮겼다. 하나님 앞에서 어찌 우연이 있을까. 지난 4월경부터 '뉴욕횃불기도회'에 참석차 텍사스에서 비행기를 타고 오셨다는 이야기를 들었었다. 그렇게 인연이 닿았다. '여호와 이레' 미리 준비하시는 하나님의 그 손길을 또 체험한다. 몇 달을 왔다 갔다 움직이시더니 지난 2주 전에는 2021년 팬데믹의 시작으로 목회를 잠시 내려놓고 텍사스로 갔었는데, '목회사역 연장 감사예배'를 드렸다.

3여 년 정도의 시간 동안 얼마나 많은 기도와 간구로 있었겠는가. 그렇지만, 20여 년을 목회를 하며 뉴욕에서 전도 사역과 병원 사역 등 그 많은 사역을 담당했었는데 어찌 그리 쉬이 놓여질까. 〈300용사 부흥단〉 '횃불기도회'를 통해 마음의 큰 변화를 받았다는 말씀도 해주신다. 그 뜨거운 열정의 가슴을 혼자 끌어안고 계시기에는 너무도 뜨겁고 감당하기 어렵기에 하나님께서 '뉴욕횃불기도회'의 지부장으로 인도하신 모양이다. 곁에서 뵈면서 참으로 감사한 마음이다. 세상 나이로 하면 쉬어도 좋을 연세라 할지 모르겠으나, 목회와 사역에 대한 열정은 청년이시다.

〈300용사 부흥단〉 '뉴욕횃불기도회'는 매주 월요일 저녁 7시에 하고 있다. 세계가 어수선하고 뒤숭숭한 요즘의 때 뉴욕은 세계의 심장의 도시라고 하지 않던가. 뉴욕도 예외는 아니다. 팬데믹 이후로 교회의 문을 닫은 곳도 많을 뿐더러, 주일 교회에 나가 예배를 드리던 이들도 유튜브 온라인 예배에 익숙해져 집안에서 예배를 드리고 마치는 이들도 많다. 오늘의 나의 신앙을 지키기가 어려운 시대를 살아가고 있는 것이다. 여기저기서는 이해할 수 없는 일들이 일어나고 전쟁과 기근과 시끄러운 소리들로 가득 차 있지 않은가.

이 때에 우리가 나 편안한 대로 손 놓고 있을 수는 없지 않은가. 목회자들이 깨어나서 어둠의 권세에 눌린 이들을 일깨워 다시 이 뉴욕이 살아나야 하지 않겠는가 말이다. "이르시되 기도 외에 다른 것으로는 이런 종류가 나갈 수 없느니라 하시니라(막 9:29)" 기도밖에는 우리 믿는 자들이 할 일이 없음을 말해준다. 말씀 앞에서 바로 서고 무릎 꿇고 간절히 기도하고 회개하는 역사가 뉴욕 땅에서 일어나야 하지 않겠는가. 뉴욕의 그 '기도의 불을 지피는 역할을 담당할 이'가 바로 뉴욕지부장 김영환 목사인 것이다.

뉴욕의 주변을 둘러보면 어찌 그리 사역자들이 많은지 모를 일이다. 모두 각자의 자리에서 역할을 잘 감당하리란 생각을 하면서도 뭔지 모를 석연치 않은 이 마음은 어디에서 온 것일까. 누구를 탓할 것인가. 우선 '나 자신'을 먼저 돌아보는 것이 답인 것을 말이다. 〈300용사 부흥단〉 '뉴욕횃불기도회'는 울부짖으며 하는 기도이다. 피를 토해내듯이 간절한 마음을 모아 사람의 눈치 보지 않으며 하나님과 나와의 철저한 관계만을 고집하며 기도하는 것이다. 옆에 있는 남편이나, 아내의 눈치를 볼 필요가 없다.

〈300용사 부흥단 표어〉는 "큰 용사여 여호와께서 너와 함께 계시도다(사사기 6:12)" 또한 "오늘부터 내가 천하 만민이 너를 무서워하며 너를 두려워하게 하리니 그들이 네 명성을 듣고 떨며 너로 말미암아 근심하리라 하셨느니라(신 2:25)" 용사의 자격은 '기도하는 겸손한 사람'을 찾고 모신다. 혹여 〈300용사 부흥단〉 가입을 원하시거나 '뉴욕횃불기도회'에 관심이 있는 분들은 〈뉴욕지부장〉 김영환 목사(914-393-1450), 〈홍보위원장〉 신 영 선교사(617-780-6521)에게 연락주시면 답을 드리겠다.

김영환 목사는 '뉴욕지부장'으로서의 든든한 뚝심과 뜨거운 열정과 하나님에 대한 경외와 사역에 대한 헌신과 영혼 구원에 대한 간절함이 주변의 사람들에게 큰 힘과 용기를 준다. 세상 나이 칠십이 되어 다시 목회 사역 연장을 이뤄가는 모습은 놀랍고도 신기하고 감사한 일이 아니던가. 감사예배 때 축사를 맡아주신 방지각 목사의 "닫는 교회가 많은 시대에 여는 교회가 있음을 축하한다"고 하지 않았던가. 하나님은 어찌 이리도 '신묘막측'하신지 정말 놀랍고 신기하기 그지 없다. 〈300용사 부흥단〉 '뉴욕횃불기도회' 홧팅!!

'강도사(講道師, preacher) 고시'를 마치고

지난 2024년 9월 11일 〈한미두나미스 예수교 장로회〉 각종 고시 (목사, 강도사, 전도사, 장로)가 Elmhurst 소재 '뉴욕주찬양교회'에서 치러졌다. 이번 고시에는 목사고시 2명, 강도사 고시 1명, 전도사 고시 1명이 고시에 응했다. 하나님의 소명을 받아 사명을 가지고 하나님의 길에서 사역자가 되어 2년 전 '전도사 고시'를 마치고 2년이 다 되어 응한 '강도사 고시'였다. 예상 문제지 교회사, 미국기독교 역사, 조직신학, 교회정치 외 설교 1편, 설교해석 1편, 논문 1편을 미리 받아놓고 걱정이 시작되었다. 모두가 주관식의 문제이니 이해하고 외워야 할 터였다.

강도사(講道師, preacher)는 개신교의 한 분파인 장로교의 일부 분파 교단(범 합동 계열, 고신측)에서 신학대학원 3년을 졸업한 전도사가 목사가 되기 바로 직전에 받는 직분이다. '강도사'라는 직분의 이름을 처음 들었을 때 어감이 참 편치 않게 들렸다. 시험공부를 여름방학 동안 전부터 걱정이 일어 준비를 했지만, 제대로 고시 공부를 시작한 때는 8월 초부터 시작했다. 시험 전 일주일은 마음의 부담이 크게 다가왔다. 세상 나이 60이 되어 하는 공부이니 쉽지 않은 것은 당연한 일이다.

'강도사(講道師, preacher) 고시'를 준비하면서 우리 집 큰 녀석을 생각했다. 뉴욕 맨해튼의 로펌에서 텍스 변호사로 일하고 있는 녀석이 Bar Exam을 통과하면서 얼마나 힘든 공부를 했었을까 고마운 마음이 가득했다. 그 공부에 비하면 엄마의 '강도사 고시'는 아주 작은 분량의 공부이지만 어려서 공부하던 그때와는 너무도 다르지 않은가. 그래서 더욱 하나님께 감사와 찬양을 올려드렸다. '저를 어디에, 무엇에 쓰시렵니까??!!' 하고 여쭈며 감사의 뜨거운 눈물이 가슴에 차오르더니 눈시울을 적시고 말았다.

우리는 이처럼 한 걸음 한 걸음 각자에게 맡겨진 삶 속에서 인생의 가치를 찾는 것이다. 이 세상에 나를 왜 보내셨을까. 나만 내 가족만 호의호식하면 되는 것일까. 우리는 주변을 둘러봐야 한다. 혼자서는 살 수 없는 이유이다. 더불어 살아야 하는 세상이 아니던가. 세상에 와서 나와 더불어 맺어진 모든 인연들에 소홀히 여기지 않는 마음이길 오늘 이 아침도 기도한다. 이제는 사역자의 길에 들어서니 더욱이 마음과 어깨가 무거워졌다. 둘러봐야 할 사람들이, 일들이, 챙겨야 할 사람들이, 일들이 있는 것이다.

무엇인가 변화되어야 하지 않겠는가. 요즘처럼 교역자들이 다른 이들의 입에 오르내리는 이 때는 말이다. 다른 사람이 변하길 원하지 않으면 변화의 시작은 이미 나로부터 시작된 것이다. 누가 누구를 탓할 수 있을까. 우리는 모두가 부족하고 나약한 존재가 아니던가. 누가 누구를 가르칠 수 있겠으며, 누가 누구를 자신의 마음대로 휘두를 수 있겠는가. 그저 나의 부족함을 깨달아 말씀 앞에 서고 꿇는 무릎으로 기도할 뿐인 것을 말이다.

전도사에서 강도사로 강도사에서 목사로 정해진 순서에 의해 그 길을 갈 테지만, 두렵고 떨리는 마음으로 말씀 앞에 서며 기도한다. 주변의 목사님들을 뵈며 닮고 싶은 분들도 많지만, 정말 고개가 절레절레 흔들어지는 목사님들도 몇 있지 않던가. 아래 후배 목사들을 그저 가르치려 들려고만 하고 본인을 돌아보지 못하는, 어쩌면 세상 사람보다도 부끄러울 만큼의 말과 행동을 보게 된다. 무엇보다도 '돈' 그 '돈'에 목숨 거는 목사님을 만나면 내 얼굴이 화끈 달아오른다.

누구를 탓하랴. 그저 거울 삼아 '나는 저런 목사는 되지 말아야지!' 하고 달아오른 얼굴의 열기를 삭이는 것이 답인 것을 말이다. 무엇보다 누구를 가르치려 하지 않으면 좋겠다. 내가 얼마동안 목회를 했는데, 요즘 목사 된 것들은 선배 알아볼 줄도 모르고 이런 식의 언행 참 듣기 버겁다. 물은 위에서 아래로 흐른다. 어찌 거스르며 흐를 수 있을까. 그 말을 입으로 내뱉기 전 본인의 행실을 챙겨보시길 바라는 마음 간절하다. 존경받을 만한 목사님은 저절로 존경을 받는다.

최 에스더 권사님을 생각하며

"신영 작가님! 안녕하세요? 작가님 오랫동안 못 봐서 보고 싶어요. 박사 공부하신다는 거 신문에서 읽었어요. 훌륭한 박사님 되실 줄 믿습니다. 신영 작가님, 항상 건강하시고 훌륭한 박사님 되시길 기도합니다. 아멘!"

언제나 제게 힘찬 응원과 기도로 함께 해주셨던 최 권사님의 갑작스러운 비보에 마음이 너무 아프다. 늘 환한 웃음과 시원한 목소리에 젊은이들에게 인기가 좋으셨던 권사님을 하루 종일 떠올려 본다. 누구를 만나도 반가운 얼굴로 맞아주시던 모습 잊지 못합니다. 저의 삶 가운데 오래도록 기억하겠습니다.

최 권사님께서 병원에 입원 중이시라는 소식이 '노인회 모임'에 올라와서 기도를 시작했다. "이 아브라함 장로님께서 최 권사님의 병명을 알리시며 중증 환자라 면회도 되지 않는다는 말씀을 남기셨다. 병명은 '길랭 바래 증후군'이라는 희귀병이 감염이 되어 그 병균이 신경을 공격해서 전신이 마비되는 중증으로 발병 41일 입원 35일째로서 지금은 회복기간으로 가료 중이다"라고 '노인회' 전체 카톡방에 소식을 알려주셨다.

그렇게 남편이신 이 장로님께서 소식을 알리신 지 며칠 되지 않아 노인회 회장님의 카톡이 올라왔다. 9월 12일 오후 4시 16분에 최 에스더 권사님이 소천하셨다는 슬픈 소식이었다. 깨어나시길 간절히 기도했는데, 허탈한 마음이 되었다. 물론 여든을 넘기신 연세이시기는 하지만 요즘 어른들이 아흔을 넘기신 분들이 많아 더 살아 계셨더라면 하는 바람의 마음이 간절했다. 그 환한 웃음을 다시 한 번 만나고 싶은 마음이 들었다. 젊은이들에게 덕담을 주시며 응원해 주시던 최 권사님이 많이 그립다.

뉴욕에서 신학교 대학원(M.Div)을 시작하며 보스턴을 떠나왔다. 그 전에는 최 권사님을 주일마다 교회에서 뵙고 또 수요일마다 노인회 모임에서 뵙고 자주 뵙던 분이셨다. 남편이신 이 아브라함 장로님은 비즈니스를 하고 계시기에 미국 딸내와 함께 살고 계시던 최 권사님과는 오랫동안 미국과 한국을 오가시며 사시다가 함께 미국에서 사신지 10년쯤 살고 계시지 않으셨을까 싶다. 두 분이서 교회에서도 서로 챙겨드리며 보기에도 참 좋아 보이셨던 어른들이시다. 그렇게 밝고 맑던 최 권사님이 아프시다는 얘기를 듣고 놀랐는데, 며칠 후 소천하셨다니 믿기지 않았다.

그 슬픈 소식이 전해지던 바로 앞 무렵에는 노인회 어른들이 단체로 크루즈 여행에서의 사진이 올라와 있었다. 아, 최 권사님은 못 가셨구나! 아프지 않으셨으면 두 분이 함께 가셨을 텐데 싶었다. 교회의 권사님들과 노인회에서 함께 자주 뵙던 어른들 얼굴이 이분 저분 오버랩 되어 떠올랐다. 모두가 헤어짐은 슬픈 일이다. 작게 작게 쌓였던 추억들이 마음 가득 차오르면 더욱이 헤어짐은 마음 쓸쓸하고 가슴 아픈 일이다. 그러나 다시 또 하나님께 간구하며 기도한다.

최 권사님은 1942년 11월 9일 서울에서 태어나셨단다. 어려서부터 지혜롭고 총명하여 학업에 두각을 나타내었고 강한 책임감과 긍휼함으로 뛰어난 리더십을 갖춘 가족, 지역사회, 국가, 교회와 교회 공동체를 위해 헌신하고 공헌해 오셨다고 한다. 1964년 이 아브라함 장로님과 결혼을 했고, 슬하에 아들 하나와 딸 셋을 둔 다복한 가정을 이루셨다고 한다. 네 명의 자녀들에게 무한한 헌신과 애정을 쏟았으며, 사랑과 긍정적인 에너지로 자녀들에게 '어머니'이자 '참된 멘토'가 되신 자랑스러운 분이셨다고 한다.

이렇듯 아내를 떠나 보내신 이 아브라함 장로님과 따님 그리고 손자.손녀들 모든 유가족들의 슬픔에 하나님의 크신 위로와 평강이 함께하시길 기도한다. 장례 순서마다 하나님께서 함께해주시고 모든 일정이 순조로이 잘 마칠 수 있기를 간절히 기도한다. 9월 20일(금) 오후 6시에 장례예배와 9월 21일(토) 하관예배가 있다고 한다. 최 권사님 떠나시는 길에 배웅하려고 금요일 오전에 뉴욕을 출발해 금요일 장례예배와 토요일 하관예배를 마치고 보스턴에서 뉴욕으로 떠나오려고 한다.

참좋은우리교회 담임이신 '정원석 목사님'을 뵙고서

2년 전 정 목사님 내외 분이 뉴욕에 다녀가셨다. 연배가 비슷해서 이야기를 나누며 편안하고 좋았지만, 열린 마음으로 세상을 바라보고 사람을 품는 너른 가슴이 있어 넉넉하고 평안한 그 여유로움이 참 인상 깊었던 목사님이시다. 사모님은 또 얼마나 지혜롭고 사랑스러운 분인지 만남을 거듭할수록 귀한 분이심을 또 느낀다. 우리는 이처럼 만남 속에서 서로에게 힘이 되고 용기가 되고 감사가 가득한 서로를 세워주는 인연이길 기도한다. 누구에게나 부족함은 있다. 그러나 그 부족함을 함께 있으므로 채워갈 수 있는 신앙 안에서의 귀한 사역자임을 잊지 말아야 할 일이다.

한국에 머물고 있는 동안에 몇 분들은 뵙고 돌아가야지 하면서도 뭐가 그리 바쁜지 이제서야 뵐 수 있었던 것이다. 2년 전 인천시 연수구에 있는 '참좋은우리교회' 주일 예배를 참석했던 기억이 있다. 예배를 시작하며 찬양을 인도하는 찬양팀들의 정성 담긴 찬양과 그 외의 피아노와 올겐 드럼 등 아담한 교회에 아름다운 하모니였다. 정 목사님의 말씀(설교)도 귀하고 감사했다. 조용하신 사모님의 섬김은 성도들에게 귀감이 되고 지혜로워 보기에도 좋았으며 교회의 따뜻함이 바로 이렇듯 교인들을 말없이 챙기는 사모님의 기도와 역할임을 깨달았다.

마침 여 목회자 아는 지인이 계셔서 만나게 되었는데, 목양실에 들러 차 한 잔 하게 되었다. 목양실의 느낌은 가득찬 책장도 마음에 들었지만, 사진을 특별히 좋아하시는지 멋져 보이는 카메라가 둘 셋 보였다. 상담·심리를 공부하는 내가 그냥 넘어갈 리 없었다. 물론 마음 속으로만 정 목사님의 사역을 조금은 엿볼 수 있었던 것이다. 자상하시고 따뜻하신 성품을 가지신 분임을 잘 알고 있었지만, 참좋은우리교회 교인들의 복이라는 생각을 했다. 하나님이 선물로 주신 '담임 목사님의 복' 말이다.

 이렇듯 우리는 서로를 챙겨줄 수 있는 챙김과 배려가 필요하다. 세상 밖에서의 모습도 그러하거니와 특별히 주님의 자녀들의 모임인 교회 안에서의 모습은 더욱이 그러해야 할 것이다. 교회 안에서도 서로의 단점을 꼬집어 내고 잘못을 들추며 사람을 주눅들게 할 때가 얼마나 많은가. 서로의 단점은 감춰주고 부족함은 품어주고 장점은 대신 자랑해 주고 함께 화합하며 하모니를 이뤄가는 '참좋은우리교회' 모습처럼 말이다.

 2부 11시 주일예배를 마치고 점심 식사 시간이 되었다. 친교실은 다름 아닌 '예쁜 커피숍'에 들른 것처럼 사방이 참 곱고 편안했다. 여기저기 꾸며 놓은 데코레잇은 주인이 어느 성품의 소유자인지를 그대로 알아차릴 수 있을 만큼 깔끔하고 정갈했다. 그 친교실에는 성도 중 누군가 그림쟁이가 분명 있는가 싶었다. 사계절의 유화 작품이 몇 걸려져 있어 갤러리에 들른 것 같은 착각을 하게 했다. 또한 아주 오래 전 주인의 손때가 기름칠한 듯 보이는 오래된 카메라 몇 점 진열되어 있는 것이다.

맛난 점심을 준비한 손길들의 솜씨도 맛을 보며 놀라움을 금치 못했다. 그저 사모님한테만 살짝 너무 정갈하고 맛난 음식이라고 말씀드렸다. 이렇게 점심 후 친교실에서 커피 한 잔 함께 하고 다시 2시 예배를 드리러 예배실로 올라갔다. 2부 예배는 부목사님이 인도하시었다. 찬양단과 함께 찬양도 하시고 말씀도 전해주셨다. 이렇듯 담임 목사님과 부목사님과의 따뜻한 정감의 흐름을 느끼며 '참좋은 우리교회'이구나 싶었다.

　세상 나이 예순을 오르며 사람의 만남을 쉬이 생각하지 말아야겠다 싶다. '인연'을 쉬이 만들지 말아야겠다는 생각을 거듭해보는 것이다. 그것은 '만남'이라는 것이, '인연'이라는 것이 좋은 일도 있지만, 감당하기 어려운 일들도 얼마나 많은가 말이다. 2024년을 마무리하며 새로운 인연을 찾기보다는 지금 나와 인연이 된 이들과 더욱 진실한 만남으로 '소중한 인연'이길 기도해 본다.

『삶의 춤꾼이 되어』 여섯 번째 산문집 〈출판기념회〉를 마치고

  2024년 12월 27일 '환갑 생일'을 맞았다. 남편을 훌쩍 떠나보낸 지 3년 9개월 참 바쁘게 살아서 참 다행이라고 참으로 감사한 일이라고 기도를 올려드렸다. 2018년 다섯 번째 산문집 "자유로운 영혼의 노래를 부르며"를 출간하고 6년이 다 되어 여섯 번째 산문집을 출간하게 된 것이다. 2~3년 전부터 책을 한 권 내야겠다고 마음을 먹으면서도 사역지마다 도움이 필요한 곳들이 얼마나 많던지 '책'을 낸다는 것이 사치처럼 느껴졌었다. 이번에는 '환갑'이라는 핑계를 대고 시작하고 열매를 맺었다.

  〈작가의 말〉
  "사람이 마음으로 자기의 길을 계획할지라도 그 걸음을 인도하는 자는 여호와시니라(잠 16:9)"
  바람은 늘 분다. 동풍, 서풍, 남풍, 북풍 등 다만 방향에 따라 바람의 이름이 달라지는 것이다. 동풍은 샛바람, 서풍은 하늬바람, 미풍, 산들바람, 돌풍, 폭풍 등 바람의 세기에 따라 구분되는 것이다. 우리네 삶은 이렇게 내가 생각하지 않은 방향의 바람을 맞으며 걸어가고 뛰어가고 날아가는 것이리라. 이럴 때 우리는 온 우주만물을 창조하신 창조주의 이름을 찾고 부르며 바람에 나는 먼지 터럭만큼이나 작은 존재인 피조물임을 고백하는 것이다.

2018년 8월 8일 『자유로운 영혼의 노래를 부르며』(시와정신사) 다섯 번째 산문집을 출간하고 6년이 다 되어 여섯 번째 산문집을 나를 사랑하는 나의 가족들과 친구들 그리고 '하나님 나라 확장'을 위해 헌신하는 주의 종들(선교사, 목사, 강도사, 전도사, 그 외 섬기는 이들)과 함께 나누려 한다.

만 6세에 미국에 부모님 따라 이민자로 뉴욕 업스테잇 뉴욕의 '코넬대학교' 4학년이던 만 23살의 남편이 한국에서 뉴욕에 온 아내인 저(만 21살/아트쟁이)를 만나 2여 년 시간 열심히 연애를 하다가 남편은 만 26살(대학원생), 아내인 나는 만 24살 결혼을 하게 되었다.
2021년 3월 28일 코로나19가 한참이던 때에 남편은 하나님 나라에 부르심을 받았다. 1989년 3월 6일 결혼식을 올리고 90년에 딸아이를 낳고, 91년에 큰아들을 낳고, 92년에 막내아들을 낳았다. 결혼 32년 동안 세 아이와 함께 알콩달콩 남이 부러워할 만큼 참 잘 살았다.

그렇게 남편을 떠나보내고 하나님의 사역자의 길(방송미디어/문서선교사)에 서게 되었다. 전도사가 되고 강도사가 되어 방송사역(라디오코리아 뉴욕)과 상담사역(전화와 방송, 이메일), 문서사역(뉴욕일보 칼럼니스트/보스톤코리아 칼럼니스트)으로 하나님의 종이 되어 일하고 있다. 2025년도에 목사 안수를 받는다. 하나님이 기뻐하시는 선포외침전도사역, 하나님께 영광이 되는 말씀과 기도의 복음사역에 제대로 쓰임 받기를 늘 기도한다.

남편을 떠나보낸 시간을 생각해 보면 정신없이 흘러갔던 시간이었다. 신학공부를 시작하고 상담사역을 하고 방송사역을 하고 전도를 하고 횃불기도회에 참석하며 바쁘게 보냈던 시간이다. 지난 3여 년 시간을 생각하면 모두가 감사의 시간이었다. '하나님과의 아주 특별한 독대의 시간'이었다. '환갑'을 맞은 지금 앞으로의 시간을 '하나님 나라 확장'을 위해서 쓰임받는 일꾼으로 용사로 사역자로 만들어 주시니 감사하다고 오늘도 기도를 올린다.

전수영 목사(강남순종교회)와의 '만남의 축복'을

넉넉해서 좋은 사람이 있다. 특별히 많은 말을 하지 않더라도 곁에 있어도 채움을 받는 그런 느낌의 사람이 있다. 바로 그 사람이 전수영 목사이다. 지난해 처음 만났던 전 목사는 〈강남순종교회〉 오승준 목사의 아내이며 사모였었다. 사모 강도사로 있었던 것이다. 그러다가 지난해 가을 목사안수를 받게 되었다. 남편과 아내가 함께 목회자가 되어 하나님 사역을 하니 하나님이 얼마나 기뻐하실까 생각만으로도 기쁨이다. 친정 부모님이 목회자이셨기에 자연스럽게 가정에서 하나님의 사역을 몸소 배우고 익히고 실천하며 '사역자의 길'에 선 것이다.

부부 목사가 부르는 영적 찬양 인도는 예배를 열어가는데 진정한 기쁨과 경건으로의 가교 역할로 이어진다. 기타를 치며 찬양을 하다가 영적인 노래로 이어가는 남편 오 목사나 고운 목소리의 찬양과 함께 중간 중간에 토해내는 방언기도를 하는 전 목사는 예배의 자리에 나온 모두에게 배꼽 밑에 쌓여 있던 참았던 삶의 군더더기들을 끄집어내는 윤활유 역할을 해준다. 부부는 닮는다고 했던가. 어찌 그리도 닮았는지 오누이 같이 닮았다. 남편 목사를 섬기는 아내 목사의 모습은 믿는 우리에게 귀감이 된다.

성도들을 처음 만났을 때 여느 교회의 교인들과는 사뭇 다르다는 느낌을 받았었다. 섬김의 자세가 몸에 배어 있어 어색함이 없이 자연스럽게 자신들의 일을 당연히 하듯 하는 모습이지 않은가. 한참 후에 전 목사에게 어떻게 이렇게 교인들이 모두 친절하고 섬길 수 있는지 궁금하다고 물었다. 그간 10여 년의 세월의 영적 훈련이 있었다고 말해온다. 믿음의 사람으로 서는 것이 '예수님의 참 제자'가 되는 것이 저런 모습이겠구나 싶었다. 지금도 〈강남순종교회〉 권사와 집사들의 모습을 생각하면 마음이 따뜻해지고 꽉 찬 느낌이 온다.

전수영 목사와는 선교지에 가면서 두 번 한 방을 쓰게 되었다. 이런저런 신앙의 이야기를 나누며 더욱 그 속의 심지를 읽어가기 시작했다. 세상 나이로 보면 내가 언니이긴 하지만, 목회자 가정에서 자란 전 목사는 세상의 나이로 보면 칠순을 넘은 어른처럼 믿음직스럽고 든든한 목사이다. 어떤 일에 있어서도 서두르지 않고 급하지 않은 여유 있는 그 뜬뜬함은 내공이 깊은 까닭일 게다. 목회자라서가 아니라 누구든 리더의 자리에서 갖춰야 할 덕목이기도 하다. 이렇게 며칠을 함께 지내며 많은 것을 전 목사를 통해서 배우는 시간이 되었다.

우리는 살면서 이렇듯 서로의 만남을 통해 '하나님의 역사'하심을 알아가게 되고 믿게 된다. 때로는 어설픈 인연으로 고민하고 아파할 때도 있지만, 그것마저도 내게 필요한 고난이 주는 유익의 시간이라 여기면 될 것이다. 그것은 시간이 지나고 나중에 보면 나 자신이 많이 성장해 있는 까닭이다. 나도 누군가에게 '귀한 인연'만 되길 기도하지만, 또한 어느 누군가에게는 '어설픈 인연'으로 남지 않겠는가. 무엇이든 억지로 하려는 것은 탈이 나기 마련이다. 물 흐르듯이 자연스럽게 기도하며 놓아두면 된다.

  현대의 경쟁사회 속에서 여유를 갖기란 쉽지 않다. 누군가의 눈치를 살펴야 하고 쉼을 갖고 싶어도 바삐 움직이는 동료를 보면 이렇게 쉬다가 내가 뒤처지는 것은 아닌지 불안이 찾아오는 것이다. 바로 이것이 스트레스가 되어 쌓이고 쌓이다 굳어지면 몸과 마음의 병이 되는 것이다. 이런 이치를 알면서도 스스로 그 상황에 처해지면 결단하기가 힘들어진다. 우리의 생각대로 계획하고 일을 진행한다고 마음대로 되던 일이 몇이나 있었을까. 하나님 말씀 중에는 반복해서 이런 삶에 대한 이치와 경고의 말씀이 꽤 많다.

  우리는 사람을 살리는 일에 힘쓰고 기도하다 보면 그 일을 통하여 그 사람의 삶이 살아나고 중보하는 나도 살아나는 경험을 하게 된다. 그 '삶의 경험'을 넘은 '신앙의 체험'으로 서로가 살아나는 것이다. 서로의 마음을 알아가기 위해 그 사람이 들려주는 이야기를 진실된 마음으로 듣고 그 사람이 내 어깨에 기대고 싶을 때 등을 내어주면 아무런 탈이 없다. 도와주고 싶은 마음이 앞서서 무엇인가 미리 알려고 애쓰다 보면 '탈'이 나는 것이다. 이처럼 '귀한 만남의 축복'은 기다려주는 것임을 깨닫는 오늘 아침이다.

"제4회 두나미스 가족의 밤"에 참석하고

지난 2025년 1월 19일 주일 오후 6시 Flushing Northern Blvd 소재의 '삼수갑산2' 연회장에서 주최 두나미스 신학대학교(총장 최영식 목사/학장 김희복 목사), 두나미스 총동문회(회장 대행 문종희 목사) '제4회 두나미스 가족의 밤'이 있었다. 한미두나미스예수교장로회 교단 뉴욕뉴저지노회(노회장 김희복 목사), 두나미스 신학대학교 선, 후배 및 재학생, 월드 두나미스 선교합창단, 두나미스 맨하탄선포외침전도팀, 미국 50주 선포외침전도팀, 그 외 교수들과 가족들 40여 명이 함께 모여 1부는 예배, 2부는 신년하례, 3부는 친교 및 경품추첨의 순서로 이어졌다.

예배 시작의 1부 순서의 사회는 이광선 찬양사역자(월드 두나미스 선교합창단 지휘자)가 맡았으며, 대표 기도는 이도열 목사, 특송은 '월드 두나미스 선교합창단', 성경봉독(삼상 7:12)은 김민정 전도사, 말씀선포(에벤에셀의 하나님)는 김상근 목사(교수)가 말씀을 전했다. 헌금특주는 '두나미스 에어로폰연주팀' 헌금기도는 조대원 목사, 마침찬송은 1장 '만복의 근원 하나님'을 함께 부르며 1부 순서를 마쳤다.

신년하례 2부 순서의 사회는 김희복 목사(학장)가 맡았고, 인도는 두나미스 총동문 대행 문종희 목사가 맡았다. "동해물과 백두산이 마르고 닳도록 하나님이 보우하사 우리나라 만세" 애국가의 시작으로 미국의 "O say, can you see, by the dawn's ealy light, What so proudly" 우리의 조국 대한민국의 작금의 맞닥뜨린 어려운 상황을 생각하며 부르는 애국가는 모두의 마음을 뭉클하게 했다. 또한 미국 제47대 대통령 도널드 트럼프 취임식을 앞두고 미국에 사는 이민자로 만감이 교차하며 대한민국도 미국도 하나님의 보호하심의 우리 모두의 기도 밖에는 다른 방법이 없음을 고백하는 시간이었다. 시무기도는 최정애 강도사, 특송은 이광선 찬양사역자, 신년사 및 환영인사 문종희 목사, 축사는 김경열 목사(교수), 전광성 목사(교수)가 맡았다. 그리고 인도자의 광고가 있었으며, 식사기도는 송영희 목사가 맡았다.

친교 및 경품추첨의 3부의 시간이 시작되었다. 알록달록 포장된 선물들 무엇이 들어있을까. 궁금증이 일었다. 나에게까지 차례가 오려나 싶었다. 두나미스 총동문 회장 대행 문종희 목사의 자연스럽고 즐거움을 선사하는 모습이 이번 '제4회 두나미스 가족의 밤'에 특별함으로 다가왔다. 때로는 숨은 자신의 달란트들이 있는데, 찾지 못하고, 끄집어내지 못하고 묵혀두는 일이 얼마나 많을까 싶었다. 재치 있게 그리고 푸근하게 순서를 이끌어가는 선배인 문 목사를 보면서 큰 박수로 응원을 했다.

'선물'은 누구에게나 기쁨을 주는가 싶었다. 매주 토요일이면 맨하탄외침선포전도에서 큰 십자가를 들고 맨해튼 34 St, Penn Station을 시작으로 42St, Times Square까지 행진하는 김규석 전도사와 사모 그리고 예쁜 딸 선옥(3살)이가 함께 참석했다. 번호를 추첨해 선물을 받게 되었는데 세 살의 선옥이가 선물을 가지러 나왔다. 어찌나 그리 예쁘던지 '제4회 두나미스 가족의 밤'의 보석이었다. 까만 눈동자의 선옥의 눈을 보면 절로 감탄이 나오고 말았다. 모두에게 기쁨을 안겨주었다.

혹여 선물을 못 받는 이가 있을까 싶어 준비하며 수고한 '두나미스 총동문회' 임원들이 큰 Pepper Towel 한 두루마리씩 선물로 미리 준비해 놓았다. 다행히도 번호 14번을 갖고 있었는데, 호명이 된 것이 아닌가. 기분 좋은 '선물' 하나와 두루마리 큰 페퍼 타올을 선물로 받아왔다. 모두가 환한 웃음으로 함께했던 시간이었다. 이렇듯 서로의 또 다른 모습들을 만나며 행복해하고 서로 선·후배에게 격려하며 교수님들과 목사님들과 담소를 나누며 웃음이 가득했다. 이렇게 3부 친교 및 경품추첨 시간을 마무리하며 한삼현 목사(교수)의 마침 기도로 '제4회 두나미스 가족의 밤'이 막을 내렸다.

Hallelujah!!

Praise the Lord!!

〈뉴욕선교센터(New York Mission Center)〉를 시작하면서

"사람이 마음으로 자기의 길을 계획할지라도 그의 걸음을 인도하시는 이는 여호와시니라"(잠 16:9)

사역자의 길에서 더욱이 삶의 방향이 내 마음대로 되는 것이 아님을 깨닫는다. 그 깨달음이 바로 '순종'임을 알아가는 것이다. 또한 영적인 눈을 뜨게 하시고 어떻게 나의 삶의 가치를 두어야 하는지를 또 일러주신다. 사실 그동안 전도사가 되고, 강도사가 되고 사역을 하면서 다른 목사님들의 곁에서 '돕는 자'가 되고 싶었다. 물론 2025년 가을에 '목사안수'도 놓고 기도하고 있으니 여러가지로 '사역의 진로'를 정확히 할 필요는 있다.

하나님께서는 당신이 각 개인에게 주신대로, 성격대로 쓰시지 않을까 하는 생각을 많이 한다. 20여 년을 글쟁이로 살았으니 하나님은 그것으로 사용하시고 있음에 감사하다. 또한 방송사역도 할 수 있어 감사하고, 남을 도울 수 있는 여건과 환경을 주셔서 그 사역을 열어가 주심에 깊은 감사를 드린다. 여행하기를 좋아하는 나는 선교지를 찾아가 선교사님들의 사역과 그 현지에서의 상황을 영상으로 담아 방송을 하고 글로 정리해 신문에 내보내는 방송사역과 문서사역이 내게 제일 잘 어울리는 일(사역)이라고 늘 생각했다.

그렇게 3년을 지나고 4년째를 맞으며 이제는 어느 목사님 안에서의 선교사역보다는 '내가 직접 찾아가는 선교'를 선택하는 것이 좋겠다고 기도를 시작했다. 하나님께 이 사역을 놓고 3개월 동안 계속 기도 중 마음의 평안함과 꿈과 용기를 주시는 것이었다. 그렇다면 더 미루지 말고 결정을 해야겠다고 생각을 했다. 때마침 한국 방문 중 가깝게 지내는 지인 목사님께서 필리핀에서 선교사역을 하시는 김 선교사님을 소개해 주셨다. 선교사님이 보내주신 필리핀 교육사역 영상과 활동 사항들을 자세히 만날 수 있었다.

〈뉴욕선교센터(New York Mission Center)〉를 시작하며 첫 번째 선교지는 필리핀 김 선교사님으로 결정을 하게 되었다. 두 번째 선교지는 어디를 정할까 하고 기도 중에 일본에서 사역하고 계신 최 선교사님이 떠올랐다. 그리고 세 번째는 파키스탄에서 난민사역을 하고 계신 이 선교사님을 생각나게 하셨다. 네 번째는 터키에서 사역을 하고 계신 이 선교사님을 또 보여주신다. 또한 다섯 번째는 만국교회의 '다문화 사역'을 하고 계신 배 목사님을 마음에 주신다. 그리고 홍보위원장으로 있는 〈300용사 부흥단_뉴욕지부〉를 위해 계속 기도하며 후원하는 사역이 바로 '나의 사역'이라고 생각했다.

"각각 은사를 받은 대로 하나님의 여러 가지 은혜를 맡은 선한 청지기 같이 서로 봉사하라"(벧전 4:1) 무엇보다도 '선한 청지기'에 대한 깊은 묵상에 머물렀다. 어떻게 하는 것이 앞으로 나의 삶에서의 가치를 제대로 정하는 것인가. 내게 주신 것들(달란트, 물질 등)이 내 것이 아님을 알기에 진정 필요한 곳에 제대로 잘 전달되는 것이 우선이라는 생각을 했다. '하나님 나라 확장'을 위해 진정 순수하게 가감 없이 올바르게 전달되는 것을 오랫동안 기도하며 하나님의 음성을 기다렸다.

　30여 년 전부터 '단기선교'를 멕시코, 벨리즈, 과테말라 등에 여러 차례 다녀오곤 했었다. 그 모든 것들이 지금의 나의 사역을 준비하신 하나님의 손길임을 깨닫는다. 선교지에 함께 갔던 분들이 내게 '선교체질'이라며 우스갯소리를 하곤 했었다. 그것은 호기심 많은 내게 새로운 음식을 시식하는 것을 좋아했고, 사람들이 북적거리고 시끄러워도 개의치 않고 잠을 잘 잤고, 매일 거르지 않고 화장실에도 잘 다녀오는 내게 붙여진 이름이었다. 지금 생각해 보면 하나님께서는 그때부터 나를 훈련시키셨던 것이다.

　〈뉴욕선교센터(NYMC)〉를 시작하며 많은 분들께 기도를 부탁드렸다. 아직 눈에 보이는 건물은 없지만, 하나님께서 원하시면 세워 주실 것을 믿고 기도를 시작했다. 너무도 부족한 나를 지금까지 이끌어 주시고, 늘 귀한 자리에 세워 주시고, 인도하신 하나님의 섬세하고 세밀하고 완벽하신 손길을 알기에 앞으로의 걱정이나 염려는 없다. 언제나 나와 함께 하실 '하나님의 손길'을 알기에 기도하고 순종하며 따르는 것이다. 여러 분들에게 후원도 받을 것이다. 문의 : 신 영 선교사/전화 : 617-780-6521/이메일 : nymissioncenter@gmail.com

뉴욕 엘피스 장로교회 '영성 회복 기도집회'에 다녀와서

"일어나라 빛을 발하라 이는 네 빛이 이르렀고 여호와의 영광이 네 위에 임하였음이니라 보라 어둠이 땅을 덮을 것이며 캄캄함이 만민을 가리려니와 오직 여호와께서 네 위에 임하실 것이며 그의 영광이 네 위에 나타나리니 나라들은 네 빛으로 왕들은 비치는 네 광명으로 나아오리라"(이사야 60:1-3)

총주제의 말씀처럼 '뉴욕 엘피스 장로교회(담임 김정길 목사)' 영성 회복 기도집회는 우리의 영을 살리는 찬양과 말씀과 기도로 초대하는 귀한 자리이다. 김정길 목사와 함께 뉴욕에서 활발하게 활동하는 이광선 찬양사역자와 그리고 김여미마 집사가 함께 이끌며 20여 명의 귀한 목사들을 강사로 모시고 매주 화요일 저녁 7시 30분에 뉴욕 플러싱 린든 플레이스(뉴욕 타운홀 맞은편)에 자리한 '뉴욕 엘피스 장로교회'에서 있다. 오래 전부터 김 목사로부터 초대를 받아왔지만, 매번 바쁘다는 핑계로 참석을 못하고 있었다. 그러다가 참석하게 되었는데 참으로 은혜의 시간을 보내고 왔다.

은혜로운 찬양을 시작으로 귀한 말씀 그리고 뜨거운 회복과 기도(치유, 위로, 회복의 찬양) 이어서 하나님께 통성으로 함께 부르짖는 기도의 시간은 모두의 가슴을 뜨겁게 달구며 간절한 마음으로 우리가 살고 있는 미국을 위해 내 조국 대한민국을 위한 구국 기도를 올려드린다. 무엇보다도 첫 번째 뉴욕의 교회들에 회복과 부흥을 허락하소서!(Raise Up Together), 두 번째 연합영성회복집회를 위하여 동참을 위하여, 함께하게 하소서!(Recover Together), 세 번째 위로, 회복, 치유 새 힘으로 일어나게 하소서!(Stand Up Heal and new empower). 그리고 감사와 축복의 기도로 마무리한다.

여느 집회와는 달리 뜨거운 찬양과 부르짖음의 기도가 기도회를 통해 치유의 시간을 경험하게 한다. 뉴욕에서 활발한 활동을 하는 김광선 찬양사역자의 찬양은 조용하면서도 영혼을 뒤흔드는 하나님이 이 시대에 세우신 사역자라고 늘 마음에 담고 있다. 그의 찬양을 자주 만나게 되는 편이지만, 언제 들어도 함께 기도회에 참여해도 그 영성을 가늠하기 힘들만큼 하나님이 허락하신 치유의 힘과 능력이 있음을 다시 또 만난다. 뉴욕에 이처럼 귀한 찬양사역자가 있음이 은혜이고 감사라고 늘 고백하며 기도한다.

'뉴욕 엘피스 장로교회' 영성 회복 기도집회의 강사 목사들 중에는 뉴욕뿐 아니라 미국 전역에서도 존경받는 방지각 목사(뉴욕효신교회 원로목사)를 비롯해 20여 명이 다 되는 귀한 목사들이 이 사역에 동참하고 있는 것이다. 집회 방송은 라이브 방송으로 LA, GA, NC, NJ, MD, VA, WC, KOR 등과 환자와 전도용으로 방송 사역을 함께 한다. FM 87.7 94.7 HD3 방송으로 토요일 오전 9시 30분. YouTube 구독 : "ELPIS-엘피스", "정금같은복음TV"가 있다.

찬양영성회복기도집회(뉴욕 엘피스 장로교회)를 참석하며 갈급하던 마음에 여유의 틈이 조금씩 생기기 시작했다. 뉴욕의 희망을 본

것이다. 이렇게 울부짖으며 기도하는 사역자들의 모임이 있다는 것이 또한 이룰 소망이고 기쁨임을 알았기 때문이다. 이 예배를 준비하는 손길들에 감사를 드린다. 뉴욕 플러싱을 한 바퀴 돌며 연세 드신 어른들과 목회자(목사, 장로, 권사, 집사)들을 자동차로 찾아가 픽업하고 드랍하는 김정길 목사를 만나며 마음이 뭉클해졌다. 다녀온 후 '뉴욕 엘피스 장로교회'를 위해 쉬지 않고 기도하고 있다.

"할렐루야! 주 예수 그리스도의 은혜와 평강이 함께 하시기를 기도합니다. 찬양/말씀/기도 중심의 예배에 귀하신 여러분을 초대합니다. 이 모임은 행사가 아닙니다. 찬양과 기도를 통해 진심된 마음으로 회복을 간절히 소원하는 절박한 심령의 예배 기도 모임입니다." 〈뉴욕 엘피스 장로교회 찬양 영성 회복 기도집회(김정길 목사, 김광선 찬양사역자)〉에 다녀와서 '하나님 나라 확장'의 씨앗을 하나 심었다. 이 씨앗이 자라 큰 나무가 되고 그늘을 드리울 그 꿈을 생각하니 감사와 찬양이 절로 나온다. 할렐루야!!

〈라디오코리아 뉴욕〉 '신영 선교사의 하늘스케치' 녹화를 마치고 와서

방송국에 오랜만에 찾아갔다. 지난 10월 말에 한국 10도 전도를 시작으로 필리핀 선교를 다녀오고, '〈국제언론인클럽〉 제13회 글로벌 자랑스러운 세계인 13인 대상 특별수상(뉴욕일보 칼럼니스트)'을 받았으며, 여섯 번째 산문집 출판을 끝으로 2달여 만에 1월 초 뉴욕에 도착했다. 긴 여정이었다. 40여 년이 다 되도록 미국에 살면서 한국을 방문하며 2달여 시간을 머문 적이 없었다. 보통 1달여 시간을 보내고 돌아오곤 했었다. 지난 2024년 긴 방문은 '환갑'을 자축하는 시간이기도 했다.

〈신영 선교사의 하늘스케치〉 방송을 거의 석 달을 쉬었다. 방송을 하다 보면 방송이 나오는 시간보다 준비하는 시간이 더욱 감사한 시간임을 깨닫는다. 말씀을 준비하기 위해 기도하는 시간과 찬양을 듣는 시간은 '하나님을 만나는 귀한 시간(카이로스)'이기에 그러하다. 사역을 하느라 바쁘기도 하지만, 그 바쁜 가운데서도 하나님께 '부족한 저를 써 주시니 감사하다'고 고백을 올려드린다. 내 멋에 겨워 살아왔던 지난 날들을 돌아보며 단 한 순간도 나 혼자이지 않았음을 깨닫기에 오늘의 이 시간은 참으로 귀하다.

뉴욕에 도착해 기도로 준비했던 사역 〈뉴욕선교센터(New York

Mission Center)〉에 집중적인 시간을 보냈다. 하나님은 기도 중 마음의 것들을 입으로 '선포'하게 하신다. 그렇게 일정들을 정리하고 발표하고 마음의 쉼을 갖게 되었다. 방송국의 지인으로부터 인사를 듣는다. 한국에 잘 다녀왔냐고 말이다. 방송국으로 〈신영 선교사의 하늘스케치〉를 찾는 청취자 분들의 전화가 여러 차례 걸려왔다고 내게 전해주신다. 참으로 감사했다. 갑자기 마음이 뭉클해졌다. 추운 날씨에 다들 잘 계시려나 싶은 어른 권사님들이 떠올랐다.

방송은 내게도 참 행복한 시간이기도 하다. 어쩌면 사람마다 마음에 드는 옷이 있을 것이다. 그 옷을 입고 거울을 보며 흡족해하는 그런 느낌 말이다. 아마도 방송은 내게 그런 편안하고 자연스러운 일이 아닌가 싶다. 그것이 하나님이 내게 주신 달란트이고 아주 특별한 선물인 것이다. 글쓰기와 방송, 남들은 글쓰기가 힘들다고 하지만, 나는 편안한 마음으로 욕심부리지 않고 글을 쓰는 편이다. 일상에서의 소소한 일들, 삶에서의 평범한 이야기들을 마주하듯 그렇게 써 내려가는 것이 이유이지 않을까 생각한다.

자연스러움이란 말의 사전적 의미를 찾아보면 '억지로 꾸미지 않아 어색한 데가 없다'는 뜻이다. 이처럼 물 흐르듯이 일부러 꾸미거나 남을 의식할 그럴 필요가 없는 것이지 않은가. 내게 맞는 옷이 제일 편안하고 자연스러운 것처럼 말이다. 그럴 때 다른 사람이 나를 보더라도 편안하게 느끼게 되는 것이리라. 때로는 내게 맞지 않는 옷을 걸치면 나 자신도 무엇인가 어색할 뿐만 아니라 바라보는 상대도 불편하게 느끼게 된다. 자연들을 보면 알게 된다. 그들은 그저 제 모습대로 때를 따라 순응하며 제 자리에 있는 것이다.

오랜만에 〈라디오코리아 뉴욕/FM 87.7 or FM 94.7 HD3〉 방송국에 녹화를 위해 다녀왔다. 마음이 설렜다. 목소리로 들려주는 라디오 방송이지만, 설교방송을 준비하며 청취자 분들의 모습이 스쳐 지난다. 한 번도 보지 못했는데 나의 가슴으로 스치고 지나는 영상들은 무엇일까. 순간 또 기도를 올려드린다. 부족한 나를 이렇게 써 주시니 또 감사하다고 하나님께 간절한 마음으로 고백을 한다. 이 방송을 듣는 그 누군가에게 마음에 기쁨이 되고 소망이 되고 치유가 되고 회복이 되는 놀라운 역사가 있기를 간절히 바라는 마음으로 말이다.

'신영 선교사의 하늘스케치' 방송을 듣는 청취자 분들 중에도 나를 위해 기도해주는 분들이 분명 있음을 깨닫는다. 하나님은 나를 왜 여기에 세우셨을까. 무엇인가 분명 뜻 가운데 있음을 이미 안 까닭에 물음보다는 순종으로 감사함으로 기도한다. 아무 것도 염려하지 말고 기도와 간구로 구할 것을 감사함으로 구하라고 하신다. 그리하면 모든 지각에 뛰어난 하나님의 평강이 그리스도 예수 안에서 나의 마음과 생각을 지켜 주신다고 하신다. 그 약속을 나는 믿는다. 지금까지 나를 지켜주신 그 분의 약속을 나는 믿는다.

호성기 목사님을 모시고 '두나미스 신학수련회 및 영성집회'를 마치고

    감동, 감동이었다. 호성기 원로 목사님(필라안디옥교회)을 모시고 2월 17일부터 18일까지 '두나미스 신학교(원) 2025년 봄학기 신학수련회 및 영성집회'를 뉴저지 소재 '라마나욧' 기도원에서 1박 2일 일정으로 가졌다. 예수, 그 이름 예수를 다시 가슴 깊이 새겨보는 시간이었다. 인간에게는 다섯 가지의 고유한 역할을 담당하는 감각들이 있다. 이러한 오감(the five senses)에는 시각(sight), 후각(smell), 촉각(touch), 청각(hearing), 미각(taste)이 있다. 이러한 오감들은 눈(eye), 귀(ear), 혀(tongue) 등 특별한 장기(organ)가 담당하고 있다. 이번 수련회(영성집회)를 통해 새로운 영성과 각자에게 맡겨진 '선한 청지기'가 되길 기도하며 도전이 되었다.

    토요일 내린 눈으로 산 속에 있는 라마나욧 기도원 가는 길은 월요일 이른 아침 빙판으로 우리를 기다리고 있었다. 우리 전도차보다 먼저 강사 호성기 목사님의 차가 앞서 와 있었다. 오르기 힘든 빙판길에서의 애쓰던 시간이 '귀한 추억'으로 하나 더 쌓였다. 하나님께 감사기도를 올려드린다. 일흔을 넘기신 원로 목사님을 뵈며 하나님이 쓰시는 목사님은 이러시구나 싶은 마음에 감동이 절로 나왔다. 첫날부터 강의 시간은 빡빡했다. 1시간 30분의 강의가 네 차례나 되었으니 원로 목사님의 일정으로는 소화하시기 어려울 것 같았다. 그것은 나와 우리 모두의 착각이었다.

두나미스 신학대학교(원) 학장 김희복 목사의 사회를 시작으로 이광선 찬양사역자(전도사)의 찬양이 시작되고 모두의 뜨거움이 슬슬 오르기 시작했다. 이어서 호성기 원로 목사님(필라안디옥교회)의 제1강은 믿음(마 17:14-21) 피스테우스($\pi\iota\sigma\tau\epsilon\omega\varsigma$, pisteō) '물과 성령으로 거듭남'에 대한 강의는 신학생들과 사역자(목사, 강도사, 전도사)들에게 깊이 파고 들었다. '예수쟁이'로 살아야 한다. '예수에 미쳐야 산다'고 말씀하신다. '예수님을 믿습니다'가 아닌 '예수가 믿어집니다'라고 고백해야 한다고 재차 말씀해 주신다.

제2강은 청지기(일꾼) 오이코노모스($o\iota\kappa o\nu\acute{o}\mu o\varsigma$) '그리스도 일꾼으로 살라' 우리의 '정체성'을 거듭 강조해 주신다. 그것은 '정체성'이 나를 움직이기 때문이라고 말이다. 또한 우리가 죄를 짓기 때문에 죄인이 아니라, 죄인으로 태어났기 때문에 죄인임을 다시 또 일깨워 주신다. 율법에 얽매인 바리새인들의 옛 언약의 일꾼들이 아닌 "우리를 새 언약의 일꾼"(고후 3:6) 되기에 만족하게 하셨음을 다시 한 번 인식시켜 주시는 것이다. 바로 그리스도의 일꾼은 청지기 오이코노모스($o\iota\kappa o\nu\acute{o}\mu o\varsigma$)인 것이다.

또한 '하나님의 비밀 $\kappa\rho\upsilon\pi\tau\acute{o}\varsigma$(크룹토스)에 대해 말씀해 주신다. 창세 전부터 감춰졌던 예수그리스도를 맡겨 주셨다는 것이다. 주님의 몸 된 교회의 일꾼으로 사역을 담당하여야 함을 일깨워 주신 것이다. 이어서 충성 피스타스($\pi\iota\sigma\tau\iota\varsigma$, pistis)에 대해 강의를 해주신다. 우리에게 신랑이 되신 예수그리스도를 따라 끝까지 가는 일 말이다. 제3강의 주제는 '동반함으로'(아 2:10-17), 제4강은 '쓴뿌리를 태워 버림으로'(히 12:14-17), 제5강은 '교회의 본질을 회복함으로 1', 제6강은 '교회의 본질을 회복함으로 2', 제7강은 '습관의 능력'으로(눅 22:39-46) 이렇게 긴 강의는 아쉬움을 남기고 끝을 맺었다.

'일꾼'이란 단어는 원어로 '휘페레테스(ὑπηρέτης)'이다. '배 밑창에서 노를 젓는 노예'라는 뜻이다. 당시 큰 배 밑창에서 노를 젓는 노예 계층의 사람을 말한다. 노예 중에서도 최하층, 주로 전쟁 포로나 반역자, 우리말로는 격군이라고도 한다. 그 유명한 영화 '벤허'에 노를 젓는 노예들의 실상이 생생하게 그려지고 있다. 물론 전투함의 비극적인 모습이기는 하지만, 노를 젓는 노예는 쇠고랑에 묶여 배 밑창에서 노를 젓다가 생애를 마치게 된다. 바울 사도는 자신을 그리스도의 노를 젓는 노예라고 표현한다. 그리스도의 일꾼은 그리스도께 속하여 그리스도의 명령에 따라 배 밑창에서 죽도록 일하는 자를 말한다.

이번 호성기 원로 목사님(필라안디옥교회)을 모시고 '두나미스 신학대학(원) 학장 : 김희복 목사' 신학생 수련회 및 영성집회를 통해 '성육신 하신 하나님(Incarnation)' 육체(Car) + 안에(In) + 태어나는 것(Natus)을 합성한 단어이다. 영원하신 하나님이 사람이 되심을 뜻하며 우리의 죄를 사하시려고 사람(예수)이 되어 오신 하나님을 또 깊이 만나게 한 시간이었다. 할렐루야!!

〈300용사 부흥단〉
제3차 필리핀 40여 개 지부 발대식을 마치고

〈300용사 부흥단(대표총재 정주갑 목사)〉은 지난해 11월 '제2차 필리핀 16지부 발대식과 횃불기도회'를 마치고 2025년 2월 12일부터 22일까지 대표총재 정주갑(Paul Jung) 목사와 3명의 임원 목사들이 참여해 '제3차 필리핀 40여 개 지부 발대식과 임명장 수여 및 횃불기도회'가 있었다. 눈에 보이는 놀라운 하나님의 역사이다. 열악한 환경에서의 삶이지만, 하나님을 만나는 기쁨이 더욱 행복하고 감사하다는 현지인들의 말이다. 지난 2차 때의 칼로칸본부와 톤도본부에 이어서 제3차에는 퀘존본부, 블라칸본부, 베네수엘라본부를 포함 합하여 70여 지부가 생긴 것이다.

필리핀 지역은 무덥고 환경 조건이 열악한 곳이다. 그곳에 살고 있는 현지인들도 무더위를 식히기 어려운데 한국에서〈300용사 부흥단〉대표총재 목사와 임원목사들이 사역하기란 여간 쉽지 않은 곳이기도 하다. 한국의 용사들뿐만 아니라 뉴욕에 있는 용사들도 '필리핀 사역'을 위해 기도를 많이 했다. 하나님께서 그 기도를 들어주신 것이다. '하나님 나라 확장'의 일꾼으로 용사로 지치지 않고 낙오되지 않고 푯대를 향해 나아가기를 간절히 기도하는 것이다. 우리 각자가 자신의 선 위치에서 최선을 다하는 삶이면 족하지 않을까 싶다.

〈300용사 부흥단〉 표어 "큰 용사여 여호와께서 너와 함께 계시도다"(삿 6:12)
"오늘부터 내가 천하 만민이 너를 무서워하며 너를 두려워하게 하리니 그들이 네 명성을 듣고 떨며 너로 말미암아 근심하리라 하셨느니라"(신 2:25)

말씀을 표어로 삼아 한 걸음 한 걸음 전 세계를 향하여 나아가고 있으며 그 지부들을 중심축으로 하여 골목골목마다 소리가 끊어지지 않도록 하여서 천하만민이 하나님 앞에 무릎을 꿇고 회개하여 하나님께로 돌아오도록 하기 위해 최선을 다하고 있는 단체인 것이 확실하다.

단체(300용사 부흥단)가 시작된 지 이제 3년 밖에 되지 않지만, 뉴욕과 LA, 일본, 사이판 그리고 필리핀의 뜨겁게 타오르는 횃불기도회는 짐작하기 어려울 만큼 확산되고 있다. 놀라움이다. 그것은 사람의 힘으로는 할 수 없는 '하나님의 이루심의 역사'이다. '큰 용사여 여호와께서 너와 함께 계시도다' 사사기의 기드온을 세워 이끄시던 하나님의 군대 바로 〈300용사 부흥단〉이 그 용사들이다. 대표총재 정주갑(Paul Jung) 목사는 말한다. 나는 그저 '기드온의 역할'을 하나님께서 명령하셔서 순종하는 것뿐이라고 말이다.

필리핀 지역〈300용사 부흥단〉'횃불기도회'의 사역의 꿈이 현실로 펼쳐지고 있다. 지금도 지부를 하고자 하는 이들이 늘고 있단다. 30여 지부가 늘면 100개 지부가 탄생하는 것이다. 그렇게 되면 한 지부마다 100명의 성도들이 모여 뜨겁게 기도하고 하나님께 영광을 돌리게 되는 것이다. 대표총재 정주갑(Paul Jung) 목사는 말한다. 하나님이 원하시면 필리핀에서 '만명 집회'가 열리는 현실이 다 가올 것 같다고 말이다. 그렇게 될 줄로 믿고 기도한다. 그 시간은 우리는 알 수 없지만 하나님이 하시면 2025년에도 일어날 수 있는 일이라 생각된다.

필리핀 지역 본부장들과 지부장들의 얘기를 따르자면 지금까지 한국이나 미국에서 온 여러 단체가 집회를 열고 기도회를 해주고 먹을 음식을 나눠주고 갔지만, 〈300용사 부흥단〉'횃불기도회'는 지금까지의 여느 단체와는 사뭇 다르다는 이야기를 해준다는 것이다. 그렇다, 내가 보아도 여느 단체들처럼 화려하지도 않을 뿐더러 재정적인 부분에서도 넉넉하지 않은 단체라는 생각을 한다. 정말 하나님께서 가라고 하면 가고, 멈추라고 하면 멈추는 순종의 단체인 것이 분명하다. 그래서 그 순수함과 진실함에 더욱 신뢰할 수 있는 것이다.

〈300용사 부흥단〉'횃불기도회'는 그 어떤 기도보다도 나라와 민족을 위한 '구국기도회'를 최우선으로 한다. 지금에 처한 안타까운 대한민국을 위해 울부짖으며 기도하고 있다. 한국과 미국(뉴욕과 LA 지역), 일본, 사이판 그리고 필리핀에 이어 열방으로도 '횃불의 불씨'가 확장되기를 기도하고 있다. 지금 기도 중에 있는 곳은 '파키스탄', '튀르키예', '이스라엘'이 있다. 하나님이 움직이시면 그 어느 곳이 열릴지 우리는 모를 일이다. 말씀 앞에 순종하고 무릎 꿇고 울부짖으며 기도하며 나아가는 것이다. 할렐루야!!

GOODTV '러브쉐어' 방송 프로그램에 출연하고

지난 2024년 연말에 한국을 방문하며 GOODTV(기독교복음방송) '러브쉐어' 방송 프로그램에 출연을 하게 되었다. 프로그램 진행에는 이평찬 목사님과 나경화 목사님이 진행을 하시고, 특별한 경우 성두현 목사님이 함께 프로그램을 진행하고 계신다. 방송국을 찾아가야 하니 지인 목사님(정원석 목사님)의 라이드를 받아 함께 가게 되었다. 모두가 감사한 분들이시다. 사역 활동을 하다 보면 혼자서는 할 수 없는 일들이 얼마나 많은지 모른다. 이렇듯 모두가 서로를 위해 기도해주고 격려해 주며 동역하는 것이다.

이 프로그램을 매 회는 아니더라도 더러더러 보고 있었다. 30분 남짓 '간증 + 인터뷰' 형식의 프로그램은 진행하시는 두 분 덕분에 즐겁고 행복한 방송임을 이미 알고 있었다. 혼자서 보다가도 깔깔거리며 웃음을 토해내길 여러 번 했었다. 어디 그뿐일까. 삶을 살아오며 예수님을 만났던 이야기들을 듣다 보면 삶이 하도 무겁고 캄캄해 땅이 꺼질만큼 가슴이 무거워지다가도 갑작스런 반전의 시간(이야기)을 터트리면 모두가 '하나님의 선하신 능력'을, '그 가슴 벅찬 은혜'를 가슴으로 느낄 수 있어 눈물과 웃음이 뒤범벅이 되는 것이다.

"은사는 여러 가지나 성령은 같고 직분은 여러 가지나 주는 같으며 또 사역은 여러 가지나 모든 것을 모든 사람 가운데서 이루시는 하나님은 같으니 각 사람에게 성령을 나타내심은 유익하게 하려 하심이라"(고전 12:4-7)

하나님은 어찌 이렇게 각자에게 맡겨진 달란트(은사)대로 사용하시는지 신묘막측하시다. 이제는 누군가를 새롭게 만나게 되면 저 사람 속에는 하나님이 또 어떤 것을 넣어주셨을까 하고 궁금해지는 것이다. 나와 다른 또 하나의 창조물인 까닭에 신비롭기까지 해진다.

상담을 하다 보면 어느 경우에는 자신 속에 응어리진 오랜 상처들을 끄집어내는 작업에 두려움과 더불어 도망치려는 마음마저 갖는 내담자들을 만나게 된다. 이런 것처럼 내 속의 것들을 하나둘 끄집어 내는 연습, 훈련이 필요하다. 그렇게 되면 내가 자유로움을 느끼게 된다. 그것은 사실 쉽지 않은 일이다. 말씀 앞에서 순종하고 울부짖는 기도로 회개하게 되면 성령님께서 도와주신다. 나도 모르는 사이 눈물이 흘러내리다 못해 눈물과 콧물이 뒤범벅되는 경험을 하게 된다. 그것이 바로 '성령체험'인 것이다.

요한복음 3장 3절의 말씀처럼 '사람이 거듭나지 아니하면 하나님 나라를 볼 수 없다'고 하신다. 이처럼 우리는 매일 씻기고, 닦이고, 깎여야 한다. 생각으로만 갖고 있고 실천하지 않으면 아무런 소용이 없다. 물질에서의 10의 1조 11조 신앙생활이 필요하다. 그러나 특별하지 않은 일상 생활에서의 10의 1조도 꼭 필요한 것이다. 하루를 하나님께 올려드리는 기도와 말씀의 시간관리, 쇼핑(물건구입), 만남의 관계에서도 절제가 필요한 것이다. 삶에서 '우선순위'를 정하라는 것이다. 내 시간 관리가 철저해지면 다른 사람의 시간을 존중하게 된다.

GOODTV '러브쉐어' 방송을 시청하면서 천차만별의 삶과 각자마다에 오만 가지의 걱정들이 있음을 배우고 깨닫게 된다. 나와 다른 삶을 살아온 이들에게서 얻는 깊음의 경험들 그들이 경험한 것들과 체험들이 또 하나의 새로운 세상을 창조하는 '하나님 나라 확장'의 일꾼이 되고 용사가 되는 이야기들은 오늘을 사는 내게 큰 깨달음으로 다가온다. 이 방송을 시간이 날 때마다 차근차근 만나본다. 세상의 나이나 사역 안에서의 직분이 그리 중요하지 않음으로 일깨워 준다. 어느 장소, 어느 위치에 있든 하나님이 '떠나라' 명령하시면 그냥 순종하며 '떠나는 것'이다.

생각나는가. 초등학교 시절 '가을운동회' 때에 또래 친구들과 100미터 달리기 시합을 위해 그어진 흰 줄 선에 한 발을 내밀고 땅~ 하고 쏘아지는 총소리에 귀 기울이며 기다리던 그때를 말이다. 불안하고 긴장되어 화장실도 가고 싶고 아무 소리도 귀에 들리지 않는 그때 정확한 것은 결승선(폿대)을 향해 뛰어간다는 것이다. '믿음의 경주'를 하는 우리네 삶도 마찬가지다. 목적지와 방향이 확실하면 염려할 것 없다. 조금 이르고 느린 것뿐이지 틀리지 않았다는 것이다.

파키스탄(Pakistan)에 다녀와서

지난 3월 10일부터 3월 24일까지 2주를 선배 목사와 둘이서 '파키스탄(Pakistan)'에 다녀왔다. 뉴욕 JFK 국제공항을 출발 12시간을 가서야 Abu Dhabi 국제공항에서 2시간 정도 경유해 파키스탄의 최대 도시인 카라치(Karachi) Quaid-E-Azam 국제 공항에 도착했다. 그리고 택시를 타고 가서 미리 예약해 둔 카라치 호텔에 이틀 묵게 되었다. 긴 여정의 시작이었다. 처음 방문해 보는 파키스탄 이슬람공화국의 공기는 마음뿐만 아니라 몸으로도 새로웠다. 사실은 설렘도 있었지만 조금은 두려움마저 느끼기도 했다. 언제나처럼 새로운 곳으로의 여행은 설렘과 떨림의 그 중간쯤이지 않던가.

이번 선교여행은 〈뉴욕선교센터(NYMC)〉의 첫 방문지이기도 했다. 그곳에서 사역하시는 선교사님을 돕는 일이기도 했지만, 그곳의 상황과 실정을 직접 눈으로 보고 느끼고 체험하고 싶었다. 그래서 돕는 사역이라면 제대로 도울 수 있기를 기도했다. 하나님의 인도하심을 따라 세미한 음성을 들으며 가라면 가고, 멈추라 하시면 멈추는 사역이길 계속 기도하고 있다. 나의 생각과 나의 재주로 계획하는 것이 아닌, 온전히 하나님께 내어 맡기고 내가 가야 할 길을 한 걸음 한 걸음 인도하시는 그분의 인도하심으로 오늘을 맞는다.

"파키스탄 이슬람 공화국(Islamic Republic of Pakistan), 파키스탄은 남아시아에 위치한 국가이며 우르두어를 쓰고 영어를 간간이 쓰고 있다. 인구는 약 225,199,168명(2021년)으로 세계에서 5번째로 인구가 많은 나라이며, 무슬림의 수는 세계에서 2번째로 많다. 2024년 군사력 순위는 9위로 여겨진다. 면적은 약 796,095km²로 세계에서 33번째로 거대한 크기이다. 아라비아 해와 오만 만을 따라 1,046Km의 해안선을 남쪽에 맞대고 있으며, 동쪽으로는 인도, 북서쪽으로는 아프가니스탄, 서쪽으로는 옛 페르시아제국의 중심이였던 이란, 북동쪽으로는 중화인민공화국이 마주하고 있으며, 오만과의 해상 국경을 서로 접하고 있다."

열방을 향한 선교의 마음은 누구에게나 있을 것이다. 직접 선교지에 가지 못하더라도 기도로서 마음으로서 함께 동참하는 이들이 많음을 안다. 제일 중요한 것은 '중보기도'임을 이번 선교여행을 통해서 몸소 체험했다. 순간 순간의 아찔한 상황도 맞부닥칠 때가 있다. 무엇보다도 이슬람 국가이니 그곳에서 선교사님들의 정체성이 드러나면 추방을 당하게 되는 것이다. 하나님의 일을 하기 위해서는 지혜가 꼭 필요하다. 사람의 생각이 아닌 늘 깨어 있어 기도하지 않으면 안 된다. 하나님의 인도하심의 세심한 음성을 들을 수 있어야 한다.

"보라 내가 너희를 보냄이 양을 이리 가운데로 보냄과 같도다 그러므로 너희는 뱀 같이 지혜롭고 비둘기 같이 순결하라"(마 10:16). 특별히 열방을 찾는 이들은 더욱이 하나님께 지혜를 구하지 않으면 안 된다. 어느 한순간에 어떤 일이 벌어질지 모르기 때문이다. 이번 선교여행에 힘이 되어 준 이는 다름 아닌 가깝게 지내는 선배 목사였다. 열방의 꿈을 가지고 파키스탄 뿐만 아니라, 다른 나라에도 여러 차례 다녀온 선배 덕분에 마음의 준비를 하며 용기가 생겼던 것이다. 선배에게 지면을 통해 다시 한 번 고맙다는 인사를 전한다.

이번 선교여행은 세상을 더 넓게 깊이 바라보고 싶었다. 마음에 품는다는 것, 보지 않고서 어찌 할 수 있겠는가. 그들의 일상 생활에 단 며칠이라도 머물러 보고 싶었다. 같은 공기를 마시고 그들이 먹는 음식을 함께 먹어 보고 느끼고 싶었다. 잠깐의 맛보기였지만, 뙤약볕에 바싹 말라버린 땅, 먼지 풀풀 날리는 골목길을 걸으며 '살아 있음에 대한 감사'를 느낄 수 있었다. 모두가 숨 쉬고 살아있다는 것의 감동, 환경의 높낮이를 어느 잣대로 댈 것이며 누가 저들보다 행복하다고 말할 권리가 또 있겠는가. 행복의 반대말이 꼭 불행이 아니라는 것을 말이다.

아프가니스탄 난민들이 모인 초등학교 아이들이 모인 곳에 참여하게 되었다. 선배 목사와 나는 챙겨갔던 '에어로폰 연주'를 아이들에게 들려주었다. 함께 음악공부 시간을 마련한 것이었다. 영어도 곧잘 알아들었다. 그 이유는 한국 선생님들이 열악한 환경의 아이들에게 한국말과 영어를 가르쳐 주고 있었기 때문이다. 그곳에도 여전히 K문화가 인기가 있었다. K-드라마, K-푸드, K-뮤직. 중·고등학교 정도의 아이들은 한국 드라마를 보면서 한국말을 배운다고 했다. 이 모든 것들이 '하나님 나라 확장'의 가교 역할임을 깨달으며 감사했다. 할렐루야!!

허봉랑 선교사님 초청 뉴욕부흥성회

지난 2025년 3월 31일(월)~4월 2일(수)까지 뉴욕 플러싱 소재 뉴욕성지교회(담임 박휘영 목사), 뉴욕샬롬교회(담임 양미림 목사), 소자선교교회(담임 이현택 목사) 한국과 전세계의 복음을 위해 활발하게 활동하고 계시는 허봉랑 선교사님(만 87세)을 모시고 세 교회가 연합하여 '영적 대각성'이라는 주제를 가지고 3일 동안의 뉴욕의 영적 대각성의 집회가 열렸다. 첫날 참석하였는데 50여 명의 성도들이 모여 뜨거운 찬양과 통성기도 그리고 허 선교사님의 카랑카랑한 목소리의 힘 있는 말씀은 젊은 우리들에게 일침을 주시고 정신을 차릴 복음의 말씀을 전해주었다.

허 선교사님은 뉴욕에서 집회를 하시기 전 보스턴에서 집회를 하고 오셨다고 한다. 많은 이들과의 만남이 하나님의 은혜였음을 고백하시며 감사하다는 말씀을 하셨다. 그 연세에 단 하루를 쉬지 않고 뉴욕에 도착해 바로 집회 일정을 소화하시는 것을 보며 하나님의 은혜와 능력을 다시 한 번 느끼게 했다. 어른을 뵈면서 나도 저렇게 살기를 소망하며 기도를 올렸다. 세상 사람으로 본다면 집 안에서 성경이나 슬슬 읽으며 교회 담임 목사와 성도들을 위해 기도하며 사실 연세가 아니던가. 하나님이 꼭 쓰고자 하시니 90이 다 되시는 연세에도 눈감고 목소리만 들으면 50대의 목소리 같았다.

당신이 처음 하나님을 만났던 이야기와 목사였던 남편 그리고 목사인 아들의 이야기, 친정 오빠들의 이야기를 해주신다. 남편도, 오빠도 모두 군 출신이라 명령과 복종(순종) 밖에는 그 무엇이 없는 집안에서 자라고 또 결혼을 하였다면서 그 이야기를 재미있게 풀어 들려주신다. 불교 집안에서 자랐으며, 작은아버지는 절까지 지으셨단다. 어려서 시간만 나면 절에 올라가 부처님께 절을 하곤 하셨단다. '나를 중 안 만들고, 나를 종으로 만드신 하나님께 감사하고 하나님의 크신 은혜'라고 들려주신다.

"복음은 전투다!"
"너는 예수쟁이냐?"
"너는 종교인이냐?"

우리는 모두 믿음에 대해 확실해야 한다는 것이다. 예수님이 십자가에 달려 죽으시고 피 흘리시고 돌아가시고 부활하시고 승천하신 것이 나와 상관이 있어야 예수쟁이라는 것이다. 이와 상관없이 믿는다고 말로만 하는 것은 종교인이지, 예수쟁이가 아니라는 것이다. 우리가 꼭 명심하고 기억해야 할 말씀이다.

요즘 사람들은 얼굴을 뜯어고치고 예뻐지는 것에 시간을 보낸다. 몸을 뜯어고치지 말고 마음을 뜯어고쳐야 한다고 말씀해 주신다. 특별히 믿는 크리스천들은 밖에 보이는 외모에 치중하기보다는 마음에 예수를 모시고 닮아가는 제자로, 자녀로 살아야 한다. 나의 생각도 그렇다. 무엇이든 훈련이 필요하다. 그 무엇보다도 성경말씀을 나의 삶 가운데 최우선 순위에 놓고 가까이 해야 할 일이다. 그 말씀을 삶에서 실천하는 일이 또한 중요하다. 하루에도 기도의 시간을 놓치지 않고 우리가 숨을 쉬듯이 하지 않으면 우리는 금방 세상에 물들기 쉽다.

허봉랑 선교사님은 하얀 한복을 곱게 입으시고 정돈된 머리에서 단아함을 그대로 느끼게 했다. 저렇게 왜소하신 체격에 어떻게 저런 우렁찬 목소리가 담겨져 있었을까. 놀라움이다. 바로 하나님의 은혜임을 보는 것만으로도 깨닫게 되었다. 하나님의 은혜가 아니고서야 어찌 저런 쩌렁쩌렁 교회 전체를 흔들고도 남을 목소리를 간직할 수 있겠는가. 허 선교사님은 목소리에 힘을 주시며 말씀해 주신다. '자신의 위치와 자리를 지킬 줄 알아야 한다'고 말이다. 은혜는 내가 누구인가를 아는 것이 은혜이며, 내가 아무 것도 아니라는 것이 은혜라는 것이다.

'자신의 위치와 자리를 지킬 줄 알아야 한다'는 허 선교사님의 말씀이 내게 참 깊이 남았다. 그렇다, 사역자이든, 세상 사람이든 누구에게나 '자신의 위치와 자리'는 주어진다. 그 위치와 자리에 책임을 지라는 것이다. 그것은 바로 '너 자신을 알라'는 것이다. 하나님은 '창조주' 나는 '피조물'임을 기억하라는 것이다. 우리는 각자의 자리를 안다고 하면서도 제대로 알지 못해 시간을 낭비하는 것이다. 시간을 아낄 수 있는 것은 '바로 나의 위치와 자리를 지킬 줄 아는 지혜'이다. 하나님은 '토기장이' 나는 '진흙덩이'라는 사실을 다시 인식하는 것이 은혜이다.

이에서 지나는 것은(마 5:33-37)

"또 옛 사람에게 말한 바 헛 맹세를 하지 말고 네 맹세한 것을 주께 지키라 하였다는 것을 너희가 들었으나 나는 너희에게 이르노니 도무지 맹세하지 말지니 하늘로도 하지 말라 이는 하나님의 보좌임이요 땅으로도 하지 말라 이는 하나님의 발등상임이요 예루살렘으로도 하지 말라 이는 큰 임금의 성임이요 네 머리로도 하지 말라 이는 네가 한 터럭도 희고 검게 할 수 없음이라 오직 너희 말은 옳다 옳다 아니라 아니라 하라 이에서 지나는 것은 악으로부터 나느니라"(마 5:33-37)

우리는 세상을 살면서 알게 모르게 작고 큰 맹세를 많이 하며 산다. 어떤 큰 시험(학교 or 직장 등) 앞둔 상태에서는 걱정과 염려와 불안으로 '하나님 이 시험만 잘 통과되면 제가 하나님 일 열심히 하겠습니다' 이런 식으로 해왔던 일들이 얼마나 많은지 모른다. 중요한 것은 그 시험 결과가 좋아 기쁨과 행복으로 만끽했었건만, 어느샌가 그 약속은 뒷전이 되어버렸던 일들이 얼마였던가. 곰곰이 생각해 보면 하나님의 오래 참으심이 아니었다면 내가 어찌 이런 주님의 사랑을 받고 누리며 살고 있을까.

마태복음 5장 33절의 말씀을 보면 '헛 맹세'를 하지 말라고 하신다. 우리는 때로 마음의 없는 맹세가 아닌 그 사람의 형편을 너무도 잘 알아서 돕고 싶은 마음에 깊게 생각하지 않고 빨리 상대에게 내 마음을 말로 전달할 때가 있다. 그리고 그 약속을 지키지 못할 때 후회가 막심한 것이다. 조금 더 신중하게 생각하고 결정했더라면 이런 실수는 하지 않았을 것을 하고 말이다. 그러나 그 상대방의 입장에서는 고맙다고만 생각하고 있었는데, 지켜지지 않은 약속에 대한 실망과 함께 사람에 대한 신뢰가 땅에 떨어지고 만 것이다.

우리는 평소에 바른 삶을 살아야 한다. 특별한 날에 옷을 챙겨 입는 것처럼 '말'도 그랬으면 좋으련만 '말'이란 그렇지 않다. '말'이란 생각하던 것이 밖으로 표현되는 것이기에 우리가 평소에 훈련이 되지 않으면 어느 곳에 가든지 실수를 할 수밖에 없는 것이다. '말'에는 무게가 있어야 한다. 사람이 처음 만나면 외모를 볼 수밖에 없다. 명품 백에 명품 옷을 휘돌아 걸쳐도 입의 말이 명품이 아니고 거칠고 상식 밖이라면 실망하게 된다. 그와 반대로 수수하고 검소한 옷차림이지만, 입에서 나오는 생각의 말이 명품이라면 그에게서는 '말의 무게'를 느낄 수 있다.

마태복음 5장 37절 말씀처럼 "오직 너희 말은 옳다 옳다 아니라 아니라 하라 '이에서 지나는 것'은 악으로부터 나느니라" 이것은 말에 대한 단순함을 말씀하고 있으며, 내 말에 덧붙이거나 포장하지 말라는 것이다. 옳은 것과 옳지 않은 것을 분별할 수 있어야 답은 단순해진다. 무엇보다도 영적 분별력이 필요하다. 우리가 하나님 말씀에 나 자신을 조명해 보며 성령님의 도우심을 청해 기도로서 나의 부족함을 내어놓고 회개하여야 한다. 우리를 위해 피 흘려 십자가에 돌아가신 예수님의 보혈로 깨끗이 씻길 때만이 영적 분별력이 주어질 것이다.

"이는 우리가 이제부터 어린 아이가 되지 아니하여 사람의 속임수와 간사한 유혹에 빠져 온갖 교훈의 풍조에 밀려 요동하지 않게 하려 함이라 오직 사랑 안에서 참된 것을 하여 범사에 그에게까지 자랄지라 그는 머리니 곧 그리스도라 그에게서 온 몸이 각 마디를 통하여 도움을 입음으로 연락하고 상합하여 각 지체의 분량대로 역사하여 그 몸을 자라게 하며 사랑 안에서 스스로 세우느니라 이렇게 계획할 때에 어찌 경솔히 하였으리오 혹 계획하기를 육체를 따라 계획하여 예 예 하면서 아니라 아니라 하는 일이 내게 있겠느냐 하나님은 미쁘시니라 우리가 너희에게 한 말은 예 하고 아니라 함이 없노라 우리 곧 나와 실루아노와 디모데로 말미암아 너희 가운데 전파된 하나님의 아들 예수 그리스도는 예 하고 아니라 함이 되지 아니하셨으니 그에게는 '예'만 되었느니라 하나님의 약속은 얼마든지 그리스도 안에서 예가 되니 그런즉 그로 말미암아 아멘 하여 하나님께 영광을 돌리게 되느니라" (엡 4:13-20) 할렐루야!! 부활의 주님을 찬양하며….

그러므로 너희는 가서

지난 4월 15(화)일에는 뉴욕 시티홀 맞은편에 위치한 뉴욕 엘피스 장로교회(담임 김정길 목사)에서 매주 화요일 찬양/말씀/기도〈영성 회복 기도집회〉가 있다. '파키스탄 선교간증'을 부탁받아 부족한 모습으로 성도님들 앞에서 간증을 하고 왔다. 화요일 저녁 '영성 회복 기도집회'는 성도는 많지 않지만 찬양을 인도하는 김정길 목사와 이광선 찬양사역자, 김여미마 집사의 찬양은 참석을 하면 할수록 영혼을 흔드는 뜨거움과 감동이 있다. 하나님이 예배 중 찬양을 기뻐하심을 또 깨닫게 된다. 함께 찬양곡에 박수를 치며 입으로 고백하는 기도가 바로 찬양이 아니겠는가.

"그러므로 너희는 가서" (마태복음 28:16-20)

16 열한 제자가 갈릴리에 가서 예수께서 지시하신 산에 이르러 17 예수를 뵈옵고 경배하나 아직도 의심하는 사람들이 있더라 18 예수께서 나아와 말씀하여 이르시되 하늘과 땅의 모든 권세를 내게 주셨으니 19 그러므로 너희는 가서 모든 민족을 제자로 삼아 아버지와 아들과 성령의 이름으로 세례를 베풀고 20 내가 너희에게 분부한 모든 것을 가르쳐 지키게 하라 볼지어다 내가 세상 끝날까지 너희와 항

상 함께 있으리라 하시니라

　첫 번째, '너희는 가서'라고 말씀하고 계신다. '가라'라는 것은 우리의 몸으로 삶을 실천하라는 것이다. 말씀만 보고 기도만 하는 것으로는 부족하다는 것이다. 예수님도 3여 년 공생애 기간에 제자들에게 가르치시고 비유로 삼아 알게 하시고 떠나시기 전에 제자들에게 명령하신 말씀이 바로 마태복음 28장의 말씀이다. 말씀만 묵상하는 것으로는 부족하다는 것이다. 기도를 하는 것만으로는 부족하다는 것이다. '가서'라는 동사가 중요하다. 움직이며 실천하는 것이 우리 기독교 크리스천들이 몸소 실천해야 할 일이다.

　두 번째, '모든 민족을 제자로 삼아' 제자로 삼으라는 것은 십자가를 지시고 부활하신 예수님께서 하늘의 모든 권세를 부여받으셨다. 사망 권세를 깨뜨리고, 만물이 그 발 아래 굴복하고, 만왕의 왕, 절대적인 권세자가 되셨다. 제자들에게 당부한 이 말씀은 제자들뿐만이 아닌 오늘을 사는 우리에게 하신 말씀이다. 예수님의 이 말씀은 내가 선택해서 해도 되고 안 해도 되는 옵션이 아니라는 것이다. 그것은 절대적인 권위가 있는 예수님의 부탁이며 명령이다. 묵상 가운데 있어보라, 참으로 감사하지 않은가.

　세 번째, '세례를 베풀고'라는 것은 하나님의 자녀됨의 정체성을 깨닫게 해주고 선포하라는 것이다. 나의 정체성을 모르면 갈팡질팡 어디로 가야 할지, 어디에 서 있어야 할지 마음을 정하지 못하고 이리저리 헤매다가 시간을 낭비하고 만다. 우리는 우리의 부모의 자식인 것처럼, 하나님이 나의 하나님이라는 진정한 고백이 있어야 하루를 살아도 삶의 의미를 찾아서 '나'를 살 수 있는 것이다. 삶에서 어디에다 가치를 두고 사는가. 이것은 참으로 중요한 일이다. 나를 세울 수 있는 가장 중심점이 되기도 한다.

네 번째, '가르쳐 지키게 하라'라는 것은 예수님의 말씀으로 훈련시키는 것이다. 이 모든 말씀은 예수님이 공생애 기간 동안에 제자들에게 가르치시며 몸소 실천하셨던 사역들이다. 우리는 때를 얻든지 못 얻든지 복음을 전해야 한다. 우리는 복음의 증인으로서 예수님의 권세를 의지해서 세상 밖으로 나아가야 한다. "그러므로 너희는 가서 모든 민족을 제자로 삼아 아버지와 아들과 성령의 이름으로 세례를 베풀고" 영어로 보면 "Therefore go and make disciples of all nations"이다. 예수님은 제자들에게 제자 삼으라고 명하셨다. 제자를 삼는 일은 간단한 문제가 아니다.

"안식일이 지나고 안식 후 첫날이 되려는 새벽에 막달라 마리아와 다른 마리아가 무덤을 보려고 갔더니"(마 28:1) 두 여인이 그 새벽에 예수님의 무덤에 가서 시신에 향유라도 뿌려드리려고 간 것이다. 그 새벽에 남자도 무서울 그 시간에 무덤에 가는 일을 생각해 보자. 하필이면 여자였을까? 중동지방에서의 그 시대의 여자는 사람의 수에도 넣지 않을만큼 여자에 대한 차별이 심했던 시대이다. 이처럼 예수님은 이 세상을 구원하러 오신 목적을 분명히 하고 계신 것이다. 남, 녀를 구분짓지 않으셨다는 것이다. 또한 어떤 상, 하 신분에 대한 것도 구분짓지 않으셨다. 모두와 상관없이 예수님의 부활에 증인이 될 수 있음을 보여주신 것이다. 대역전의 출발이다.

찬양사역자 '이광선 전도사'를 만나며

귀한 사람이 있다. 만나면 겸손함에 절로 나도 고개가 숙여지는 그런 사람 말이다. 세상 사람도 그럴진대 '하나님의 사람'이 내 곁에 있다는 것만으로도 내게는 큰 축복이지 않은가. 뉴욕의 교회 행사 때에 가끔씩 눈인사만 전하고 지났던 이광선 사역자와의 인연이 된 것은 2024년 1월 〈월드두나미스 선교합창단/단장 김희복 목사〉 창단식과 함께 나는 이사장 취임을 하게 되었다. 또한, 이광선 찬양사역자는 지휘를 맡게 되었다. 이렇게 인연이 되었다. 지난 시간들을 하나하나 생각해 보면 모두가 하나님의 은혜인 것이다.

그런 후 이광선 찬양사역자는 '두나미스 신학대학교' M.Div 과정을 공부하게 된 것이다. 미국에 어릴 적 이민을 온 영어권에 속한 사역자가 나의 후배가 된다는 것은 내게도 큰 기쁨이 되었다. 인연은 참으로 귀한 것이다. 나는 그런 인연들을 '하나님의 특별한 선물'이라고 생각한다. 그 선물을 귀하게 간직하는 것은 서로를 존중하는 마음에서의 시작인 것이다. 선·후배라는 것이 말하지 않아도 늘 든든한 마음 안에 있음을 안다. 사모님을 만나며 더욱 귀한 사역자라는 생각을 하게 되었다. 남편 곁에서 신실한 믿음으로 간절한 기도로 동역하는 모습이 참으로 아름다웠다.

지난 2025년 4월 29일(화) 제46차 〈한미두나미스예수교장로회 뉴욕.뉴저지노회(노회장 김희복 목사/서기 유윤섭 목사)〉가 있었다. 전도사 고시를 마친 이광선 찬양사역자가 이날 '전도사 임명장 수여식'도 함께 하게 되었다. 많은 노회원들(목사, 강도사, 전도사 등)이 큰 박수로 축하를 해주었다. 그 누구보다도 내가 제일 기쁜 마음이지 않았을까 싶었다. 무엇보다도 '하나님 나라 확장'에 쓰임 받는 기도하는 신실한 사역자(전도사)가 되었다는 것이 마음 든든하고 넉넉하고 감사하고 행복했다. 맘껏 마음의 축하를 큰 박수로 전해주었다.

그렇다, 우리가 꼭 전도사가 되고 강도사가 되고 목사가 되어야 하나님의 일을 하는 것은 아니다. 사실, 하나님 나라 확장을 위한 용사가 된다는 것, 하나님 나라 군대의 군사가 된다는 것이 무서운 일이 아닌가. 그것은 분명 직분에 대한 책임을 하나님이 꼭 물으심을 알기 때문이다. 그래도 하나님이 명령하신 일이며 피해갈 수 없기에 순종하며 따르는 일이다. 이광선 찬양사역자의 찬양집회나 치유와 회복 기도회에 참석해보면 성령님의 임재하심을 느끼기에 나 역시도 참여할 때마다 간절한 마음으로 기도하며 응원한다.

"한 사람이면 패하겠거니와 두 사람이면 능히 당하나니 삼겹 줄은 쉽게 끊어지지 아니하느니라"(전도서 4:12)

세상은 칠흑같이 어둡고 캄캄하고 터널을 지나는 것처럼 앞이 보이지 않는 요즘을 산다. 혼돈의 시대이다. 그 사방 어느 곳을 둘러봐도 안정되지 않고 혼란스럽다. 이때에 '하나님의 사람들'은 무엇을 해야 할 것인가. 말씀과 기도로 분별력을 가져야 한다. 그렇지 않으면 이 어둠가운데 휩쓸려 밤바다의 파도에 나를 놓칠 수밖에 없다. 정신줄을 바짝 동여매야 한다.

이 혼돈의 시대에 하나님의 명령이 무엇인지 알아야 한다. 답은 하나님의 '말씀과 기도'밖에 없다. 어둡고 혼탁한 이 시대에 사명자들의 역할이 무엇인지 정확히 알아야 한다. 빛과 소금의 역할이 절실하다는 생각이 절로 드는 요즘 마음이 가볍지만은 않다. 그것은 거룩한 부담감일지도 모른다. 생각 하나 잘못하면 결과는 말과 행동의 실수로 남고 남에게 상처를 주게 되는 것이다. 우리네 삶 속에서 사람을 살리는 회복의 말, 치유의 말이 필요한 때이다. 특별히 사역자들이 해야 할 일이다. 생각의 결과는 언어와 행동이다. 말 한마디에 사람을 살리고 또 사람을 죽이기도 한 까닭이다.

말은 그 사람의 생각과 사고의 밑그림을 볼 수 있는 이유이다. 이처럼 곁에 마음 따뜻한 사람이 있다는 것은 축복이다. 또한 진심어린 긍정적인 소망의 말과 희망의 말을 나눌 수 있는 사람이 곁에 있다는 것은 나를 넉넉한 부자로 만들어 주는 것이다. 넉넉히 받아 넉넉히 나눌 수 있는 삶이면 이보다 더 좋은 일이 또 있겠는가. 바로 그런 사람이 내 곁에 있다. 그 사람이 바로 찬양사역자 이광선 전도사이다. 서로에게 힘을 주고 용기를 주고 꿈을 주고 '하나님 나라 확장'의 일꾼으로서의 만남이고 나눔인 것이다. 할렐루야!!

300용사 부흥단 '창단 3주년 기념 감사예배'에 참석하고

지난 2025년 5월 24일(토) 경기도 평택 소재 '300용사 부흥단 영성원'에서 〈300용사 부흥단(대표총재 정주갑 목사)〉 '창단 3주년 기념 감사예배'가 있었다. 대표총재 정주갑 목사, 사무총장 신요한 목사, 서기 진장용 목사, 회계 이학재 목사, 예배위원장 황우선 목사, 관리위원장 임통개 목사, 봉사위원장 김경혜 목사, 홍보위원장 신영 선교사, 임원들과 함께 전국 각 지역 지부장들과 용사들, 찬양 사역자들과 그 외 각 단체의 귀한 대표 목사들 100여 명이 모여 하나님께 영광과 찬양을 올려드렸으며 감사와 축하의 은혜로운 기념 감사예배를 드렸다.

〈300용사 부흥단 표어〉 "큰 용사여 여호와께서 너와 함께 계시도다"(삿 6:12)

"오늘부터 내가 천하 만민이 너를 무서워하며 너를 두려워하게 하리니 그들이 네 명성을 듣고 떨며 너로 말미암아 근심하리라 하셨느니라"(신 2:25)

〈300용사 부흥단 '횃불기도회'〉는 한국 10도의 각 지부(서울 → 제주도까지)가 있고 사이판, 일본, 미국 LA본부(본부장 백지영 목사 7개 지부), 미국 뉴욕 효성지부(지부장 김영환 목사), 뉴욕 퀸즈침례

지부(지부장 최웅석 목사), 필리핀 총괄본부장(양승원 목사), 필리핀 현지 본부장들 관할 아래 150여 개의 지부가 있다. 지금 준비하고 있는 100여 지부를 합하면 300개 정도의 지부가 세워진다.

한국 본부에서는 대표총재 정주갑 목사를 위시해 임원들과 용사들이 2025년 11월 11일 11시에 '필리핀 2만 명 집회(횃불기도회)'를 계획하고 기도하고 있다. 창단 3주년을 맞아 이렇게 활발한 활동이 이뤄지는 것을 보며 놀라우신 하나님의 손길을 느끼는 것이다. 사람의 눈으로 보면 불가능한 것을 지금 눈으로 확인하는 것이다. 이것이 바로 기적이 아니겠는가. '하나님 나라 확장'에 쓰임 받는 용사로서 군사로서 감사하며 각자에게 주신 달란트대로 최선을 다하는 삶이 목적 있는 삶이고 가치 있는 삶이 아니겠는가.

여느 단체와는 사뭇 다르다는 것을 매번 참여하며 느낀다. 참석하는 임원 목사들과 용사 목사들을 만나면 참으로 겸손하고, 검소하고, 배려있고, 말씀 중심과 기도 중심의 사역자들임을 느낀다. 매 기도회 때마다 구국기도회로 나라와 민족을 위해 울부짖으며 혼신을 다해 〈300용사 부흥단 '횃불기도회'〉는 뜨겁게 이어가고 있는 것이다. 여느 단체들처럼 재정적인 부분이 넉넉하지도 않다. 다만 하나님께 기도로 아뢰고 주신 명령에 따라 순종하며 한 걸음 한 걸음 나아가는 단체인 것이다. 참으로 하나님이 쓰시는 귀한 사역임에 틀림없다.

한국이나 미국이나 목사들은 여기저기 참으로 많은데 '진정 하나님께 무릎 꿇고 기도하는 목사'는 그리 많아 보이지 않는다. 나와 나의 가족의 안위와 내 것을 먼저 챙기고자 하는 그 욕심으로 더 깊고 더 넓고 더 높은 곳을 바라보지 못하는 것이다. 참으로 안타까운 심정일 때가 많다. 한국에 나와서 함께 하나님 말씀을 나누고 기도로 함께하는 소박한 목사들을 만나며 마음이 평안하고 넉넉해지는 것이다. 세상의 욕심을 내려놓고 오로지 하나님 나라 확장에 혼신을 다하는 이들을 만나며 바로 여기에서 '예수의 십자가'를 만나고 '예수의 부활'을 만나는 것이다.

우리는 세상을 살면서 나 자신을 잘 안다고 생각하지만 진정한 나를 제대로 볼 수 없다. 내가 살고 싶은 '나'를 '나'라고 착각하고 사는 것이다. 이럴 때 가장 나를 제대로 볼 수 있는 것은 서로에게 있는 '하나님의 형상'을 만나면 그때서야 '제대로인 나'를 만나게 되는 것이다. 참으로 신기하고 놀랍다는 생각을 거듭해 본다. 아, 그렇구나! 하고 말이다. 자연을 보면서 그런 느낌으로 하나님을 만날 때가 참 많았다. 요즘은 사람을 만나며 그 사람 속에서의 진정한 참사람을 만난다.

모두가 감사이다. 하나님은 사람을 통해서 역사하신다. 때로는 관계 속에서 실망과 절망을 하게 하는 것도 사람이요. 또한 기쁨과 행복을 주는 것도 사람이다. 나도 그 속에 속한 창조주가 빚어주신 하나의 작은 피조물임을 깨달을 때 겸손과 사랑이 절로 흘러 넘치게 되는 것이다. 아직도 먼 길 그러나 가야 할 길, 그 길 가운데서 만나는 또 하나의 '나'를 발견하는 참 삶의 춤꾼이길 기도한다. 〈300용사 부흥단 창단 3주년 기념 감사예배〉에 참석하고 하나님께 감사와 찬양을 또 올려드린다.

홍콩 마카오까지 '횃불바람'이 불다

지난 2025년 6월 9일~14일까지 일주일 일정으로 〈300용사 부흥단(대표총재 정주갑 목사)〉 '홍콩 마카오' 횃불기도회 발대식이 있어 다녀왔다. 참석자는 6명으로 대표총재 정주갑(Paul Jung) 목사, 사무총장 신요한 목사, 회계 이학재 목사, 필리핀 총괄본부장 양승원 목사, 남혜정 선교사, 신 영 선교사가 동행하였다. 홍콩 공항에 도착해 마카오까지 1시간 여 버스를 타고 이동하여 도착했다. 높은 습도의 무더운 열기가 시작되었다. 〈300용사 부흥단〉 '횃불기도회'가 이곳 홍콩의 마카오까지 열린다는 것이 참으로 감사했다. 하나님의 인도하심은 끝이 없구나 싶었다.

마카오에 도착하여 다음날 일정을 위하여 저녁 시간은 쉼을 가졌다. 이번 횃불기도회 발대식은 홍콩에 사는 필리핀 성도들을 위한 기도회였다. 필리핀에 150개 지부(필리핀 총괄본부장 양승원 목사)가 있는데 이곳 홍콩 마카오에서 12지부(지저스 더 그레이트지부, GCF지부, 크리스챤 피스지부, 샬롬지부, 그레이스 크리스챤지부, 피스 코비넌트지부, 샨투아레이지부, 갓 리빙지부, 갓 위드 어스지부, 바이블센터지부, 얼라이브지부, 인터내셔널 크리스챤지부) 발대식을 가졌으며, 또한 앞으로 필리핀에 150여 지부가 준비 중에 있다. 필리핀에만 300 지부가 채워진 것이다.

11월 11일 11시에 '필리핀 2만 명 집회'를 놓고 〈300용사 부흥단〉 용사들이 합심하여 기도하고 있다. 한국 10도의 각 지부(서울 → 제주도까지)와 사이판(지부장 장연자 목사), 일본(지부장 신현진 목사), 미국 LA본부(본부장님 백지영 목사 7개 지부), 미국 뉴욕 효성지부(지부장 김영환 목사), 미국 뉴욕 퀸즈침례지부(지부장 최웅석 목사)가 있는 것이다. 놀라운 일이다. 사람의 눈으로 보면 어떻게 이렇게 단 시간에 '횃불기도회'의 불이 타오를 수 있을까 하고 놀라움을 금치 못한다. 그러나 하나님이 앞장서시고 친히 이끌어가시는 일임을 또 깨닫는 것이다.

　"큰 용사여 여호와께서 너와 함께 계시도다"(삿 6:12)

　"오늘부터 내가 천하 만민이 너를 무서워하며 너를 두려워하게 하리니 그들이 네 명성을 듣고 떨며 너로 말미암아 근심하리라 하셨느니라"(신 2:25)

　〈300용사 부흥단 표어〉의 말씀이다.

　이번 홍콩 마카오 발대식을 참여하며 각 교회의 목사와 성도들이 얼마나 하나님을 향한 마음이 간절한지 그대로 느끼게 되었다. 세상 밖은 온통 사원들로 들어차 있고 집집마다 현관(대문) 문 앞에 향불을 피워 머리가 아프다 못해 지끈지끈 견디기 힘든 상태에 놓여 있었다. 이것은 다만 눈에 보여지는 것이 아님을, '영적인 전쟁'임을 직시할 수 있었다. 왜 우리가 이곳 '홍콩 마카오'까지 횃불을 들고 와야했는지 깨닫는 순간이었다. 어디 그뿐일까. 온통 여기저기 번쩍거리는 현란한 불빛과 오가는 인파들 속 거대한 '카지노 거리'를 만나며 혼돈의 '소돔과 고모라'를 연상하게 되었다.

"하나님, 우리가 할 일이 무엇입니까?" 하나님께 묻고 또 묻는 시간이었다. 답은 한 가지였다. 영혼 구원을 위한 간절한 마음, 하나님 나라 확장을 위한 용사로 보내신 것임을 또 깨달았다. 이렇듯 귀히 쓰임 받을 수 있음이 감사하다고 고백하는 시간이었다. 진정 하나님이 우리에게 바라는 것은 '진정한 예배'를 원하시는 것이다. 이 혼탁한 마카오에서 현란한 잡신들이 아우성치는 이곳에서 '참 신이 바로 나(하나님)'라고 말씀하시는 하나님의 음성을 들으며 '왜 이곳에 우리를 보내셨는지 감사한 고백'을 올리는 시간이 되었다.

〈300용사 부흥단〉 '횃불기도회'를 하나님이 쓰시며 이끌어가시는 손길을 보면 참으로 감동과 감격의 시간이다. 정주갑 총재 목사를 비롯해 임원 목사들 그리고 단체 용사들 그 누구나 넉넉하지 않은 분들이 모여진 단체이다. 때로는 정말 저 큰 일을 잘 감당할 수 있을까 싶을 때가 있지만, 그것은 사람의 생각이다. 매일 내려주시는 만나로 족히 여기는 그 마음을 하나님은 어여삐 봐 주시는 것이다. 눈에 보이지 않지만 하나님을 신뢰하는 그 믿음으로 순종하는 마음으로 사람의 눈치 살피지 않고 묵묵히 하나님만 바라보며 나가는 것이다. 할렐루야!!

오승준 목사의 '영의 생각'으로 시작하는 왕의 오늘

'영의 생각' 경계를 넘어선 삶의 혁명적 통찰, 급변하는 시대 속에서 우리는 더 나은 삶, 성공적인 미래를 갈망한다. 한국에서는 치열한 스펙 경쟁에, 미국에서는 아메리칸 드림을 좇아 밤낮없이 질주한다. 서점가는 자기 계발 서적으로 가득하고, 우리는 끝없이 무언가를 채우려 애쓴다. 하지만 이 피로한 경주의 끝에서 우리는 진정한 행복과 평안을 찾을 수 있을까? 많은 이들이 안정적인 직장과 높은 연봉을 목표로 삼지만, 정작 그 목표에 도달한 후에도 "전혀 행복하지 않다"고 고백하는 경우가 허다하다.

혹자는 "직장이라는 틀에 갇혀 살아가는 그들이 미친 사람으로 보였다"고 말하며, 모든 것을 포기하고 진정한 자신을 찾아 나서는 과감한 선택을 하기도 한다. 이들은 책을 통해 "마음이 훈련되자, 자신이 누구인 줄 아는 통찰력과 스스로 생각할 수 있는 힘이 생겨났다"고 증언한다. 여기서 우리는 중요한 질문과 마주한다. '세상 사람들은 책을 읽으며 자신을 알아가는데, 전능하신 하나님의 말씀인 성경을 읽고 기도하는 우리는 왜 정작 나 자신을 몰랐던 것일까?' 이 질문에 대한 해답은 바로 '영의 생각'에 있다.

자기 계발의 덫, 그리고 '영의 생각'의 단비, 세상의 자기 계발은 '부족하니 채워야 한다'는 인식에서 출발한다. 더 높은 성적, 더 좋은 직장, 더 많은 부를 향한 끝없는 욕망과 경쟁을 부추긴다. 이러한 방식은 우리를 '언제든 대체 가능한 톱니바퀴'로 만들 뿐이며, 결국 소모되고 제거될 수 있는 존재로 전락시킨다. 성경은 이러한 '육신의 생각'이 곧 사망이며, '욕심이 잉태한즉 죄를 낳고 죄가 장성한즉 사망을 낳는다'고 분명히 경고한다. 세상의 모든 노력과 성취가 결국 허무와 죽음이라는 궁극적인 한계에 부딪힐 수밖에 없는 이유이다.

하지만 '영의 생각'은 다르다. 이는 세상이 요구하는 스펙을 맞추려다 지쳐 있던 우리에게 '단비와도 같은 혁명적인 통찰'이다. 영의

A10 뉴욕일보·THE KOREAN NEW YORK DAILY　전문가칼럼·독자한마당　FRIDAY, JULY 25, 2025

신영의 행복스케치

오승준 목사의 '영의 생각'으로 시작하는 왕의 오늘

신영
《칼럼니스트, 상담사역자》

'영의 생각' 경계를 뛰어넘은 삶의 혁명적 통찰, 급변하는 시대 속에서 우리는 더 나은 삶, 성공적인 미래를 갈망한다. 한국에서는 치열한 스펙 경쟁에, 미국에서는 아메리칸 드림을 좇아 밤낮없이 질주한다.

서점에는 자기 계발 서적으로 가득하고, 우리는 금같이 무언가를 채우려 애쓴다. 하지만 치열한 경주의 끝에서 우리는 진정한 행복과 평안을 찾을 수 없을까? 많은 사람들이 안정적인 직장과 높은 연봉을 목표로 삼지만, 정작 그 목표에 도달한 후에도 "전혀 행복하지 않다"고 고백하는 경우가 허다하다.

흑자는 '직장이라는 틀에 갇혀 살아가는 그들이 미친 사람으로 보였다'고 말하며, 모든 것을 포기하고 진정한 자신을 찾아나서는 과감한 선택을 하기도 한다. 이들은 책을 통해 마음의 훈련이지, 자신이 누구인 줄 아는 본질력과 스스로 생각할 수 있는 힘이 생겼다'고 고백한다. 여기서 우리는 중요한 질문과 마주한다. '세상 사람들은 책을 읽으며 자신을 알아가는데, 전능하신 하나님

의 말씀인 성경을 읽고 기도하는 우리는 왜 정작 나 자신을 몰랐던 것일까?' 이 질문에 대한 해답은 바로 '영의 생각'에 있다.

영의 생각의 및, 그리고 '영의 생각'의 단비. 세상의 자기 계발 논리는 '부족하니 채워야 한다'는 인식에서 출발한다. 더 높은 성적, 더 좋은 직장, 더 많은 부를 향한 끝없는 욕망과 경쟁을 부추긴다. 이러한 방식은 우리를 '언제든 대체 가능한 톱니바퀴'로 만들 뿐이며, 결국 소모되고 제거될 수 있는 존재로 전락시킨다. 성경은 이러한 '육신의 생각'이 곧 사망이며, '욕심이 잉태한즉 죄를 낳고 죄가 장성한즉 사망을 낳는다'고

분명히 경고한다. 세상의 모든 노력과 성취가 결국 허무와 죽음이라는 궁극적인 한계에 부딪힐 수밖에 없는 이유이다.

하지만 '영의 생각'은 다르다. 이는 세상이 요구하는 스펙을 맞추려다 지쳐 있던 우리에게 '단비와도 같은 혁명적 통찰'이다. 영의 생각은 우리가 '자기 계발을 위해 노력해야 하는 존재'가 아니라, 이미 그리스도 안에서 완전하게 자기 계발된 새로운 피조물로서 충만함을 누리며 사는 존재임을 깨닫게 한다. 즉, 우리가 '외부에서 무언가를 채워 넣으며 애쓰기'보다, 우리 안에 이미 있는 충만함을 발견하는 여정이다.

영의 생각이 가져오는 놀라운 변화의 물결. '영의 생각'은 우리 삶을 근본적으로 변화시키는 강력한 힘을 지닌다. 잠된 정체성 발견, 우리는 더 이상 세상의 기준에 따라 자신을 인식하는 존재가 아니다. 영의 생각을 통해 '내가 누구인지' 나의 참 모습을 알게 될 것이며, '하나님께서 인정하신 것들 영의 생각을 통해 발견하고 인식하며 일상을 재료로 해 보라'고 권면한다. 최소 90일의 훈련 기간을 통해

상의 빛'이라고 선포하는 이러한 정체성 확립은 삶의 방향을 명확히 제시해 준다.

문제 해결과 기적, 영의 생각을 하면, 인생의 문제가 해결됨을 보게 된다. 영의 생각은 단순한 사고가 아니라 '성취된 믿음'이기 때문에, 우리 삶에 기적이 일상이 되는 것을 경험하게 된다.

마치 성경 속 엘리사가 물에 빠진 도끼를 떠오르게 하고, 여호수아의 이스라엘 백성이 여리고 성벽을 무너뜨렸듯이, 하나님의 능력은 영의 생각을 통해 우리 삶에 실제화 된다. 사고의 확장과 돌파력, 영의 생각을 많이 한 후 하나님의 인정함에 순종하게 되고 자신을 인식하는 영의 생각이 높아지고 영의 생각의 수준이 높아질 때 더 많은 것을 얻게 된다.

'왕의 오늘' 날의 영의 생각 훈련. 이러한 '영의 생각'은 저절로 얻어지는 것이 아니다. 꾸준한 훈련과 습관이 필요하다. 립자는 '공부 세계 방을 먹듯이 영의 생각을 재료로 해 보라'고 권면한다. 최소 90일의 훈련 기간을 통해

"... 영의 생각 이 가져오는 놀라운 변화의 물결. 영의 생각 은 우리 삶을 근본적으로 변화시키는 강력한 힘을 지닌다. 참된 정체성 확립되, 우리는 더 이상 세상의 기준에 따라 자신을 인식하는 존재가 아니다. 영의 생각을 통해 '내가 누구인지'나의 참 모습을 알게 될 것이며, '하나님께서 인정하신 것들의 생각을 통해 발견하고 인식 하며 되는 것이 중 같은 재사장 이며 세상의 빛 이라고 선포한다. 이러한 정체성 확립된 삶의 방향을 명확히 해준다. ... "

우리는 '놀라운 의식의 성장'이나 어는 것을 경험할 것이며, 변화된 나 자신을 발견하게 될 것이다.

이 훈련은 '자신의 기준을 버리는 것'에서 시작된다. 과거의

외곡된 생각과 편견, 세상이 주입한 '부족하다, 채워라'는 사고의 방식에서 벗어나야 한다. 대신 하나님의 인정함 을 믿음으로 받아들이고, '성취된 말씀을 마음으로 믿고 입으로 시인하는 것'이다.

생각은 우리가 '자기 계발을 위해 노력해야 하는 존재가 아니라, 이미 그리스도 안에서 완전하게 자기 계발된 새로운 피조물로서 충만함을 누리며 사는 존재'임을 깨닫게 한다. 이는 우리가 외부에서 무언가를 채워 넣으려 애쓰기보다, 우리 안에 이미 있는 충만함을 발견하는 여정이다.

'영의 생각'이 가져오는 놀라운 변화의 물결, '영의 생각'은 우리 삶을 근본적으로 변화시키는 강력한 힘을 지닌다. 참된 정체성 발견, 우리는 더 이상 세상의 기준에 휘둘리는 존재가 아니다. 영의 생각을 통해 '내가 누구인지 나의 참 모습을 알게 될 것'이며, '하나님께서 인정하신 것을 영의 생각을 통해 발견하고 인식'하게 된다. 성경은 우리가 '택하신 족속이요 왕 같은 제사장'이며 '세상의 빛'이라고 선포한다. 이러한 정체성 확립은 삶의 방향을 명확히 제시해 준다.

문제 해결과 기적, 영의 생각을 하면 '인생의 문제가 해결된 것을 보게' 된다. 영의 생각은 단순한 사고가 아니라 '성취된 말씀'이기 때문에, 우리 삶에 '기적이 일상이 되는 것'을 경험하게 된다. 마치 성경 속 엘리사가 물에 빠진 도끼를 떠오르게 하고, 여호수아와 이스라엘 백성이 여리고 성벽을 무너뜨렸듯이, 하나님의 능력은 영의 생각을 통해 우리 삶에 실체화된다. 사고의 확장과 통찰력, '영의 생각을 많이 한 만큼 하나님의 인정함에 순종하게 되고 자신을 인식하는 영의 생각이 높아지고 영의 생각의 수준만큼 말씀을 통해 더 많은 것을 얻게' 된다.

'왕의 오늘'을 위한 영의 생각 훈련, 이러한 '영의 생각'은 저절로 얻어지는 것이 아니다. 꾸준한 훈련과 습관이 필요하다. 필자는 '하루 세끼 밥을 먹듯이 영의 생각을 제대로 해 보라'고 권면한다. 최소 3년의 훈련 기간을 통해 우리는 '놀라운 의식의 성장이 일어나는 것'을 경험할 것이며, '변화된 나 자신을 발견'하게 될 것이다. 이 훈련은 '자신의 기준을 버리는 것'에서 시작된다. 과거의 왜곡된 생각과 편견, 세상이 주입한 '부족하다, 채워라'는 사고방식에서 벗어나야 한다. 대신 '하나님의 인정함'을 믿음으로 받아들이고, '성취된 말씀을 마음으로 믿고 입으로 시인하는 것'이다.

하나님의 춤꾼이 되어

ⓒ신 영, 2025

초판 1쇄 | 2025년 8월 8일

지 은 이 | 신 영
펴 낸 곳 | 시와정신
주   소 | (34445) 대전광역시 대덕구 대전로1019번길 28-7
            시와정신아카데미
전   화 | (042) 320-7845
전   송 | 0504-018-1010
홈페이지 | www.siwajeongsin.com
전자우편 | siwajeongsin@hanmail.net
편   집 | 정우석 010-9613-1010
공 급 처 | (주)북센 (031) 955-6777

ISBN 979-11-89282-79-0   03810

값 15,000원

· 이 책의 판권은 신 영과 시와정신에 있습니다.
· 지은이와 협약에 의하여 인지를 생략합니다.
· 잘못된 책은 바꿔드립니다.